Falko Bause
Wolfgang Tölle

Programmieren mit

C++ Version 3

W0232490

Falko Bause
Wolfgang Tölle

Programmieren mit
C++ Version 3

Eine Anleitung für Studium und Praxis

vieweg

Die Deutsche Bibliothek - CIP-Einheitsaufnahme

Bause, Falko:
Programmieren mit C++ Version 3 : eine Anleitung für
Studium und Praxis / Falko Bause ; Wolfgang Tölle. -
Braunschweig ; Wiesbaden : Vieweg, 1993
  ISBN 3-528-05324-0
NE: Tölle, Wolfgang:

Druck und buchbinderische Verarbeitung: Lengericher Handelsdruckerei, Lengerich
Gedruckt auf säurefreiem Papier
Printed in Germany

ISBN 3-528-05324-0

INHALT

VORWORT

Dieses Buch ist eine Einführung in C++-Version 3. Es wendet sich an alle, die den Einstieg in eine sehr zukunftsträchtige Programmiersprache im **Selbststudium** betreiben wollen. Zum anderen bietet dieses Buch denjenigen, die die AT&T C++-Versionen 1.2 und 2.0 bereits kennen, die Möglichkeit, die neueste Version 3 in kurzer Zeit zu erlernen. Zusätzlich dient dieses Buch u.a. durch den Anhang und das ausführliche Register als schnelles **Nachschlagewerk** für praktische Probleme und ist durch seinen Aufbau (mit Aufgaben und ausführlichen Musterlösungen) als **Lehrbuch** geeignet. Der Inhalt samt der **übersichtlichen Darstellung** und der Vielzahl von **praktischen Beispielen** ist so ausgelegt, daß ein Selbststudium möglichst effektiv unterstützt wird. Angefangen bei den für ein praktisches Erproben von Beispielen wichtigen Ein- und Ausgabeanweisungen wird das Wissen des Lesers schrittweise erweitert, ohne ihn gleich mit komplizierten Anweisungen zu überfordern. Querverweise sind auf ein Minimum reduziert worden, dafür aber bezüglich der Praxis wichtige Randbemerkungen eingebracht worden. Nach Bearbeiten des Hauptteils und der Aufgaben hat der Leser ein Wissen, auf deren Grundlage er auch größere praktische Probleme lösen kann.

Zum Verständnis sind Kenntnisse der Programmiersprache C nicht notwendig. Insofern bietet dieses Buch die wohl seltene Gelegenheit, gleich **zwei Programmiersprachen** auf einmal zu erlernen. Allerdings ist dies keine Einführung in die Programmierung an sich. Daher sind Kenntnisse mindestens einer anderen höheren Programmiersprache (z.B. Pascal oder Modula) hilfreich. Auch erhebt dieses Buch nicht den Anspruch auf eine vollständige Beschreibung aller Feinheiten. Vielmehr liegt die Konzentration auf einer umfassenden und ausreichend motivierten Beschreibung aller Sprachmittel, die teilweise ausführlich, teilweise aber auch etwas knapper dargestellt werden. Dem Leser wird daher die Möglichkeit gegeben, sämtliche wesentlichen Sprachelemente kennenzulernen, ohne daß ihm der Blick für das Wesentliche verstellt wird.

In den Kapiteln 2 - 7 wird der Anteil von C++ beschrieben, der, bis auf wenige Ausnahmen (insbesondere syntaktischer Art), identisch zu C ist. In den restlichen Kapiteln werden dann die o.g. Unterschiede zwischen C++ und C behandelt. Kenner von C wiederum können die ersten Kapitel "querlesen" und sich auf die Besonderheiten von C++ konzentrieren.

Die Autoren dieses Buches können bereits auf eine lange Erfahrung mit C++ zurückblicken. Die ursprüngliche Idee entstammt einer Vorlesung über die AT&T C++-**Version 1.2**, welche die Autoren an der Universität Dortmund im Sommersemester 1988 gehalten haben. In bereits drei beim Vieweg-Verlag veröffentlichten Büchern (Einführung in die Programmiersprache C++ (1989), C++ für Programmierer (1991), Das Vieweg-Buch zu C++ (1992)) haben die Autoren dieses Buches die unterschiedlichen Versionen von C++ für unterschiedliche Zielgruppen beschrieben. Wurde bisher bei allen Büchern der Autoren versucht, den Aufbau der Bücher möglichst ähnlich zu halten (um so insbesondere Kennern älterer C++-Versionen das Erlernen der neuen Sprachmittel wesentlich zu erleichtern), so haben die Autoren auch in diesem Buch besonderen Wert auf eine ähnliche Struktur gelegt. Angefangen mit einem einführenden Beispiel und den - für ein praktisches Erproben von Beispielen wichtigen - Ein-/Ausgabeanweisungen wird das Wissen des Lesers schrittweise erweitert, ohne ihn gleich mit komplizierten Anweisungen zu überfordern. Im übrigen wurden vielfach solche Hinweise in das Buch eingearbeitet, die sich für die Programmierpraxis als wesentlich erwiesen haben und auf Besonderheiten oder Gefahren der Sprache hinweisen.

Ein einführendes Beispiel in **Kapitel 2**, anschließend in **Kapitel 3** die Beschreibung von grundlegenden Konzepten über Kommentare, Bezeichner, Deklarationen und Definitionen, Initialisierung von Bezeichnern, etc., gefolgt von Grundlagen über Typen, Konstanten und Operatoren in **Kapitel 4** bilden die Basis für das Erproben kleinerer praktischer Probleme und für Aufgabenstellungen komplexerer Natur. Eine ausführliche Beschreibung von Anweisungen in **Kapitel 5**, Funktionen in **Kapitel 6** und Structures in **Kapitel 7** beenden den C-spezifischen Teil von C++, der im wesentlichen identisch zu C ist, trotzdem aber einige wichtige Unterschiede beinhaltet.

Kapitel 8 leitet über zu den wichtigen Neuerungen von C++. Hier werden die Grundlagen des Konzepts der Klassen aufgezeigt und motiviert. Dieses Konzept wird anschließend in **Kapitel 9** in Form von abgeleiteten Klassen erweitert und vertieft. **Kapitel 10** beschäftigt sich sodann mit dem ebenfalls neuen Konzept des Überladens von Operatoren und **Kapitel 11** mit dem seit C++-Version 3.0 neuen Sprachmittel der Schablonen. Bemerkungen zur Ein-/Ausgabe in **Kapitel 12** bilden den Abschluß des Hauptteils.

Übungsaufgaben in **Kapitel 13**, die sich an der Reihenfolge im Hauptteil orientieren und sukzessive immer anspruchsvoller werden, samt **ausführlichen Musterlösungen** in **Kapitel 14** unterstützen den Leser bei seinen ersten praktischen Schritten. Der **Anhang** listet in kurzer Form die wichtigsten syntaktischen Regeln der Spache auf und führt die Unterschiede zwischen den verschiedenen Versionen auf, so daß sich erfahrene Programmierer hier schnell einen Überblick über die wesentlichsten Bestandteile und Unterschiede verschaffen können. Ein sehr detailliertes **Register** erlaubt schließlich ein gezieltes Nachschlagen ganz bestimmter Sprachmittel.

1 EINLEITUNG

C++ ist eine relativ junge Programmiersprache, welche von den AT&T Bell Laboratories entwickelt wurde. Eine erste Version dieser Sprache ist unter dem Namen "C with Classes" 1980 erstmals bekannt geworden, und seit dieser Zeit unterlag die Sprache einer ständigen Weiterentwicklung. Der Name C++ tauchte zuerst im Jahre 1983 auf, als "C with Classes" erweitert und reimplementiert wurde (für die Interpretation des Namens C++ gibt es mehrere Versionen. Die geläufigste ist, daß der Name aus dem C und dem Inkrementoperator ++ der Programmiersprache C entstand). Nach weiteren Veränderungen wurde die C++ Version 1.0 im Jahre 1985 generell verfügbar und in 1988 erschien die Version 1.2. Nach wesentlichen Erweiterungen wurde Mitte 1989 die Version 2.0 verfügbar und 1990 dann die Version 2.1. Ende 1991 wurde schließlich die Version 3.0 herausgebracht.

Zum Zeitpunkt der Entwicklung der Programmiersprache C wurden hauptsächlich Assemblersprachen zur Programmierung von Betriebssystemroutinen eingesetzt. Eine wesentliche Intention bei der Entwicklung von C war, diese Assemblersprachen weitgehend zu ersetzen, um insbesondere die Fehlerhäufigkeit bei der Programmerstellung zu reduzieren. Grob ausgedrückt bietet C insbesondere die Möglichkeit, fundamentale Objekte der Hardware (Bits, Worte, Adressen) mittels einfacher Befehle effizient zu manipulieren, wobei die Sprachelemente mit denen anderer Programmiersprachen, wie z.B. Pascal, durchaus vergleichbar sind; andererseits ist C jedoch auch universell einsetzbar. Allerdings läßt C einige Konzepte vermissen, welche in anderen höheren Programmiersprachen vorhanden sind. Dies war einer der Gründe zur Weiterentwicklung von C zur Programmiersprache C++. Die wesentlichen Erweiterungen gegenüber C sind - neben allgemeinen Verbesserungen und Verfeinerungen existierender C-Sprachmittel - die Unterstützung der Kreierung und Benutzung von Datenabstraktionen sowie die Unterstützung von objektorientiertem Design und objektorientierter Programmierung. Die Mächtigkeit von C++ liegt somit insbesondere in der Unterstützung von neuen Ansätzen zur Programmierung und in neuen Wegen, über Programmierprobleme nachzudenken.

Wesentliche Änderungen gegenüber C waren zunächst die Einbettung des Klassenkonzeptes, welches z.B. in Simula67 vorzufinden ist, zum anderen die Möglichkeit des sogenannten Überladen von Operatoren (Operator Overloading). Speziell die Verwendung von Klassen und die explizite Trennung der Daten in "öffentlich" zugreifbare und "private" Teile ermöglichte es schon in den ersten Versionen, das grundlegende Konzept der abstrakten Datentypen mit einfachen Mitteln zu realisieren. Ein Anwender der Sprache war in der Lage, die Sprache durch selbstdefinierte Datentypen zu erweitern, die dann mit der gleichen Flexibilität und Einfachheit verwendet werden konnten wie die standardmäßig vorhandenen Typen. Außerdem unterstützte C++ den Aufbau von Klassenhierarchien und ermöglichte so objektorientiertes Programmieren. In der Version 2.0 kamen - neben Verfeinerungen und Verbesserungen bereits vorhandener Sprachelemente - insbesondere die mehrfache Vererbung sowie virtuelle Basisklassen hinzu. Die Version 3.0 schließlich beinhaltet - neben weiteren Verfeinerungen und Verbesserungen - zusätzlich sogenannte Schablonen ("Templates") und als zukünftige Erweiterung wird die Ausnahmebehandlung ("Exception Handling") in C++ integriert werden.

Bei der Entwicklung von C++ ist von Anfang an auf Standardisierungs-möglichkeiten geachtet worden; die Bemühungen um einen ANSI C++-Standard sind dafür ein gutes Beispiel. Laufzeiteffizienz, Speichereffizienz und Portabilität von C++-Implementationen waren andere wesentliche Designziele. Es gibt viele Vorteile durch die Entscheidung, C++ auf der Basis von C zu entwickeln. Zum einen existieren bereits eine Vielzahl von Bibliotheks-funktionen in C (einige hunderttausend Programmzeilen), die weiterhin genutzt werden können. Zum anderen ist der große Bekanntheitsgrad von C zu nennen, so daß C-Programmierer die Sprache mit recht geringem Aufwand erlernen können. Um aber C++ effektiv einsetzen zu können, reicht es nicht aus, nur einen neuen Satz an syntaktischen Strukturen zu erlernen. Die neuen Denkweisen im Vergleich zu C müssen eindeutig motiviert werden, um so die sinnvollen Verwendungsmöglichkeiten der neuen Sprachmittel grundlegend zu unterstreichen. Die Motivation für den Einsatz dieser - auch und insbesondere für den C-Programmierer - neuen Sprachelemente ist daher ein besonderes Anliegen dieses Buchs.

Seit der Geburt von C++ haben Anwender die Evolution der Sprache wesentlich beeinflußt. Die Erfahrung von Anwendern in verschiedensten Anwendungsgebieten hat nicht nur dazu geführt, daß C++ heute auf breiter Ebene akzeptiert wird; C++ ist dadurch auch eine sehr reife und stabile Programmiersprache geworden. Die Verfügbarkeit einer Vielzahl von Compilern und insbesondere die enormen Möglichkeiten der Sprache zeigen deutlich ihre Bedeutung für die Zukunft.

Die meisten der im folgenden ausgewählten Beispielprogramme bzw. -fragmente sind nicht unbedingt unter Effizienzaspekten entworfen worden. In vielen Fällen liegt die Darstellung der Sprachmittel und ihrer möglichen Verwendung bzw. Gefahren eindeutig im Vordergrund. Weiterhin wird darauf verzichtet, an jeder Stelle ausführliche Programmbeispiele zu verwenden, da hierdurch dem Leser der Blick für das Wesentliche verstellt wird; vielmehr wird Programmfragmenten zur Erläuterung der Sprach-elemente häufig der Vorzug gegeben.

2 EIN EINFÜHRENDES BEISPIEL

Zu Beginn ein einfaches C++-Programmbeispiel. Es soll ein erstes Gefühl für die Programmiersprache C++ vermitteln und auch bereits auf einige Unterschiede zur Programmiersprache C aufmerksam machen:

```
1    /*  Dieses Programm berechnet für eine eingegebene Zahl
2        n die Potenzen 2ⁿ, 3ⁿ,...,11ⁿ und speichert diese
3        Ergebnisse in einem Vektor(Array). Anschließend
4        werden die Inhalte des Vektors ausgegeben. */
5
6    #include <iostream.h>
7
8    int i, n;
9
10   // Definition eines 10-elementigen Vektors v mit den
11   // Komponenten v[0], v[1], ..., v[9] vom Typ integer
12   int v[10];
13
14   /* Definition einer Funktion mit Namen b_hoch_n und
15      zwei Parametern b und n. Das Ergebnis der Funktion
16      ist ein Integer-Wert, der dem Wert von bⁿ
17      entspricht. */
18
19   int b_hoch_n(int b, int n)
20   {
21       // Definition einer lokalen Integer-Variablen
22       // ergebnis mit Anfangswert 1.
23       int ergebnis = 1;
24
25       while (n > 0)
26       {
27           ergebnis = ergebnis * b;
28           n = n - 1;   // = ist der Zuweisungsoperator, in
29                        // Pascal z.B. unter := bekannt
30       }
31
32       return ergebnis;      // Ergebnisrückgabe
33   }
34
35   main( )                   // Beginn des Hauptprogramms
36   {
37       i = 0;
38       cout << "Geben Sie eine ganze Zahl ein: \n";
39                             // schreiben
40       cin >> n;             // lesen
41       while (i < 10)
42       {
43           v[i]    =    b_hoch_n( (i+2), n);
44           i       =    i + 1;
45       }
46
```

```
47        cout << "\nDie Ergebnisse sind: \n";
48        i = 0;
49
50        while (i < 10)
51        {
52            cout    <<   (i+2) << " hoch " << n  << " = " << v[i]
53                    <<   "\n";
54            i = i + 1;
55        }
56 }
```

Bemerkung:

Im diesem Beispielprogramm sind am linken Rand Zeilennummern aufgeführt worden, da wir uns so leichter auf Teile des Programms beziehen können. Sollte das Programm vom C++-Compiler übersetzt werden, so dürfen diese Zeilennummern nicht vorkommen. Das Übersetzen eines C++-Programmes kann im übrigen von Compiler zu Compiler unterschiedlich sein: bei einigen Compilern wird zur Erzeugung des ausführbaren Codes der C-Compiler zwischengeschaltet, bei anderen wird direkt ausführbarer Code erzeugt (native compiler). Bei allen Compilern übernimmt ein sogenannter Präprozessor die Auflösung von Compiler-Anweisungen (wie z.B. die #include-Anweisung). Zur Vereinfachung werden wir im folgenden diese Schritte nicht mehr getrennt betrachten, sondern alle Vorgänge zusammenfassen und nur noch vom C++-Compiler bzw. vom Kompilieren sprechen.

Ein C++-Programm besteht aus einer oder mehreren Dateien, die zusammen-gebunden werden. Jede Datei besteht dabei aus einer Folge von Anweisungen. In Zeile 6 wird durch den Befehl **#include** die Datei **iostream.h** beim Kompilieren an dieser Stelle eingefügt, welche u.a. die Deklarationen der Funktionen zur Ein- und Ausgabebehandlung beinhaltet. Ohne diesen *include*-Befehl wären die im Programmbeispiel verwendeten Ein- bzw. Ausgabe-anweisungen **cin >>** bzw. **cout <<** nicht bekannt (mittels **cout <<** werden Ausgaben vorgenommen und mittels **cin >>** werden Eingaben von der Tastatur einer angegebenen Variablen zugewiesen). Die Ein-/Ausgabe wird ausführlicher in Kapitel 12 behandelt.

Bemerkung:
#include-Anweisungen sind auch Bestandteil des Sprachumfangs von C, wobei zur Ein-/Ausgabe jedoch üblicherweise die Funktion *printf ()* verwendet wird (in <stdio.h>).

Das obige Programmbeispiel beginnt mit einem **Kommentar** (Zeilen 1 - 4), in dem beschrieben wird, welche Funktionalität dem Benutzer zur Verfügung gestellt wird. Auch die Zeilen 10 - 11, 14 - 17 und 21 - 22 sind Kommentare. Die Verwendung von Kommentaren wird ausführlich in Kapitel 3 diskutiert.

In den Zeilen 8 und 12 werden Variablen vom Typ **int** (Integer = ganze Zahlen) definiert. Die Variable *v* ist dabei ein n-Tupel (Array, Vektor) mit 10 Komponenten. Die Deklaration und Definition von Variablen sowie ihre Initialisierung wird in Kapitel 3 diskutiert, die verschiedenen Typen der Sprache C++ in Kapitel 4.

In der Zeile 23 wird eine Variable vom Typ Integer namens *ergebnis* definiert und *ergebnis* wird mittels des Zuweisungsoperators der Wert 1 zugewiesen. Operatoren werden ausführlich in Kapitel 4 vorgestellt. Der Gültigkeitsbereich von Variablen wird in Kapitel 5 diskutiert.

Die Zeilen 19 - 33 enthalten die Definition einer Funktion mit Namen *b_hoch_n*. Wird diese Funktion mit zwei aktuellen Parametern für *b* und *n* aufgerufen, so wird das Ergebnis b^n in der Variablen *ergebnis* berechnet. Die Ergebnisrückgabe erfolgt durch das Schlüsselwort **return**. Funktionen werden in Kapitel 6 behandelt. In den Zeilen 35 - 56 steht das Hauptprogramm, gekennzeichnet durch das Schlüsselwort **main**. *main* ist eine spezielle Funktion (hier mit leerer Parameterliste, daher die beiden runden Klammern), welche in jedem lauffähigen C++-Programm vorhanden sein muß. Denn wird ein Programm aufgerufen, so wird nach der speziellen Funktion *main* gesucht, welche automatisch aufgerufen wird. Die Funktion *main* wird ebenfalls in Kapitel 6 näher behandelt.

Die geschweiften Klammern { bzw. } kennzeichnen den Beginn bzw. das Ende eines Blockes. So ist z.B. der Funktionsrumpf (-block) von *b_hoch_n* durch die geschweiften Klammern in den Zeilen 20 und 33 gekennzeichnet. Die Bedeutung von { und } ist z.B. vergleichbar mit den Schlüsselwörtern *begin* und *end* der Programmiersprachen Pascal und Simula. Blockstrukturen und elementare Anweisungen sind in Kapitel 5 beschrieben.

Für diejenigen, die bisher noch kein C++-Programm (oder auch C-Programm) gesehen haben, jedoch Kenntnisse in anderen Programmiersprachen haben, erscheinen einige der im obigen Beispiel verwendeten Sprachmittel sicherlich ungewohnt. Insofern soll dieses einführende Beispiel auch dazu dienen, einen ersten Überblick zu gewinnen und ein erstes Gefühl für diese ungewohnten Sprachelemente zu entwickeln. Obiges Programm ist dabei, bis auf zwei Ausnahmen (Ein-/Ausgabe-anweisungen und Kommentare), gleichzeitig auch ein korrektes C-Programm.

In den nachfolgenden Kapiteln (bis einschließlich Kapitel 6) wollen wir die im Beispiel aufgezeigten Grundlagen der Sprache C++ vertiefen. Diese Kapitel (und zuzüglich das Kapitel 7) beschreiben auch gleichzeitig den Sprachumfang der Programmiersprache C. Insoweit dabei Unterschiede zwischen C und C++ vorhanden sind, werden diese explizit angesprochen.

Bemerkung:
C unterscheidet mehrere Dialekte, die aber allesamt auf dem "klassischen C", beschrieben von Brian W. Kernighan und Dennis M. Ritchie, basieren. Hinter ANSI C verbirgt sich die Anstrengung, C zu standardisieren; dabei wiederum existieren einige Unterschiede zwischen dem klassischen C und ANSI C. Diese verschiedenen Dialekte werden in dieser Einführung nicht behandelt. Wir verwenden daher im folgenden die allgemeine Bezeichnung C.

3 GRUNDLAGEN

3.1 Kommentare

Das Programmbeispiel aus Kapitel 2 beginnt mit einem **Kommentar** (Zeilen 1 - 4), in dem beschrieben wird, welche Funktionalität dem Benutzer zur Verfügung gestellt wird. Auch die Zeilen 10 - 11, 14 - 17 und 21 - 22 sind Kommentare. Kommentare sind wichtige Hilfsmittel für den Ersteller und andere Leser eines Programms. Sie haben ausschließlich Erklärungsfunktionen und können etwa Algorithmen verdeutlichen, den Zweck von Variablen erklären oder besondere Programmstellen hervorheben. Kommentare vergrößern den ausführbaren Programmcode nicht; sie werden vom Compiler (genauer: vom Präprozessor) vor der Codegenerierung entfernt. In C++ gibt es - im Unterschied zu C - zwei Möglichkeiten, Kommentare zu verwenden:

1) durch Einschachtelung der zu kommentierenden Zeilen durch die Zeichenkombinationen /* und */. Hier wird der Beginn eines Kommentars durch /* gekennzeichnet und mit */ abgeschlossen. Alle Zeichen, die sich zwischen diesen Zeichenkombinationen befinden, werden als Kommentar angesehen.

```
int b_hoch_n(int b, int n);
/* Definition einer Funktion mit Namen b_hoch_n und zwei
   Parametern b und n. Das Ergebnis der Funktion ist ein
   Integer-Wert, der dem Ergebnis von b^n entspricht. */
```

2) durch Voranstellen der Zeichen //, um den Rest einer einzigen Zeile als Kommentar zu kennzeichnen. Alle Zeichen, die sich rechts von diesen beiden Zeichen (aber nur in dieser einen Zeile) befinden, werden vom Compiler ignoriert.

```
int ergebnis = 1;
// Definition einer lokalen Integer-Variablen ergebnis
// mit Anfangswert 1.
```

Nur die erste der beiden Möglichkeiten existiert auch in C. Die Kommentarzeichen(-folgen) //, /* und */ haben keinerlei Bedeutung innerhalb des "Zeilenkommentars //" und werden wie jedes gewöhnliche Zeichen behandelt. Das gleiche gilt für die Kommentarzeichen(-folgen) // und /* innerhalb des "Blockkommentars /* .. */". Bei beiden Möglichkeiten darf zwischen den beiden kennzeichnenden Zeichen kein Leerzeichen stehen, da dies sonst beispielsweise zu folgenden Schwierigkeiten führen kann:

```
int ergebnis;
int i    =    10;
int k    =    5;
int *z   =    &k; /*   Definition eines Integer-Zeigers z
                       (Sprachliches Hilfsmittels dazu ist der
                       *), welcher mit der Adresse von k
                       initialisiert wird */
ergebnis      =    i  / *z;
                       /*   Division von i durch den Wert, auf  den
                            z verweist: ergebnis hat den Wert 2   */
ergebnis      =    i  /*z;
                       /*   Direkt hinter i beginnt ein Kommentar */
```

Im letzten Beispiel ist etwas Unerwünschtes passiert. Die zusammenhängende Schreibweise von /* (ohne Leerzeichen dazwischen) kennzeichnet den Beginn eines Kommentars und nicht - wie offensichtlich gewünscht - eine Division. Direkt dahinter steht der Beginn des eigentlichen Kommentars. Der Compiler wird hier aber (glücklicherweise) eine Fehlermeldung generieren, da hinter i das notwendige Semikolon fehlt; dies hängt allerdings von der nächsten Programmzeile ab.

Hinweis:
Da der "Zeilenkommentar //" in C nicht existiert, kann dies dazu führen, daß die C++- und C-Compiler gleiche Programmteile unterschiedlich interpretieren. Dazu folgendes Beispiel:

```
int y, z;
int x =    y//* Teile durch 10 */10;
           +z;
```

"Interpretation" des C-Compilers   "Interpretation" des C++-Compilers

```
int x =    y/10;                                int x = y + z;
           +z;
```

3.2 Bezeichner

Bezeichner werden in C++ genauso gebildet wie in vielen anderen Programmiersprachen. Ein **Bezeichner (Identifier)** besteht aus einer Folge von Buchstaben und Ziffern, wobei das erste Zeichen (Character) eines Bezeichners ein Buchstabe sein muß. Das spezielle Zeichen _ (Unterstrich) wird ebenfalls als Buchstabe gewertet. Gültige Bezeichner sind beispielsweise

```
kurzer_name
sehr_langer_variablen_name
_beispiel
_Beispiel           // ist ein anderer Name als _beispiel!
b78u8
```

Man beachte, daß C++ zwischen Groß- und Kleinschreibung der Zeichen unterscheidet, und daß es bei der Namensbildung keine Beschränkung bzgl. der zugelassenen Länge (der Anzahl der Zeichen) gibt. Bezeichner, die mit __ (zwei aufeinanderfolgende Unterstriche) beginnen, sind reserviert für C++-Implementierungen und -Standardbibliotheken und sollten daher vom Anwender vermieden werden. Dies gilt ebenso für Bezeichner, die mit _ (einem Unterstrich) beginnen, da diese in C-Implementationen besondere Bedeutung haben.

3.2.1 Reservierte Wörter

Reservierte Wörter (Schlüsselwörter), wie z.B. die bereits aus dem einführenden Beispiel bekannten *return, int, while*, etc. sind nicht als Bezeichner in einem Programm zugelassen. In C++-Version 3.0 sind folgende Wörter reserviert:

```
asm          auto        break       case
catch        char        class       const
continue     default     delete      do
double       else        enum        extern
float        for         friend      goto
if           inline      int         long
new          operator    private     protected
public       register    return      short
signed       sizeof      static      struct
switch       template    this        throw
try          typedef     union       unsigned
virtual      void        volatile    while
```

3.3 Deklarationen und Definitionen

Bevor ein Bezeichner, wie z.B. *ergebnis* aus unserem einführenden Beispiel, in C++ benutzt werden darf, muß angezeigt werden, in welchem Kontext dieser Bezeichner verwendet werden wird. Bezeichner gehören immer einem **Typ** an, welcher die erlaubten Operationen auf dem Objekt, welches durch den Bezeichner angegeben wird, bestimmt (vgl. Kapitel 4). Bezeichner können nur in einem bestimmten Programmbereich verwendet werden, im sogenannten **Gültigkeitsbereich** (oder **Scope**; vgl. Kapitel 5). Bezeichner werden innerhalb eines Programms durch **Deklarationen** bekannt gemacht. Beispiele für Deklarationen von Bezeichnern sind:

```
int      zaehler;
char     ch;
float    x;
```

Deklarationen sind zugleich auch **Definitionen**, wenn bei der Deklaration direkt der entsprechende Speicherplatz für das bezeichnete Objekt reserviert wird. Obige Beispiel-Deklarationen sind in C++ auch Definitionen. Folgendes Beispiel für eine Deklaration

```
extern   int re;
```

ist dagegen keine Definition. Hier wird dem Compiler lediglich mitgeteilt, daß die Variable *re* vom Typ *int* ist und extern (z.B. in einer anderen Datei) definiert ist. Es wird für *re* kein Speicherplatz zum Zeitpunkt der Deklaration reserviert.

In C++ müssen Variablen und Funktionen deklariert werden. Dies macht in einigen Fällen eine sogenannte **Vorwärtsdeklaration** notwendig; solche Vorwärtsdeklarationen verdeutlichen den Unterschied zwischen Deklaration und Definition:

```
int drucke (int a, int b); // Vorwärtsdeklaration von drucke

main( )
{
    int  c, d;
    drucke (c, d);   //  Aufruf wegen Vorwärtsdekl. möglich
}

int drucke(int a, int b)
{ ... }            // Definition der Funktion
```

Durch die erste Anweisung wird dem Compiler bekannt gemacht, daß eine Funktion *drucke* existiert und daß ihre konkrete Definition anderswo im Programm stattfindet (vielleicht auch in einer anderen Datei). Auch wenn an dieser Stelle noch nicht angegeben wird, wie die Funktion konkret aussieht: der Name der Funktion (hier *drucke*), ihr Ergebnistyp (hier *int*) und die Parametertypen (hier *int* und *int*) sind jedoch bekannt gemacht worden (die Parameternamen (hier *a* und *b*) sind dabei optional). Ohne diese Vorwärtsdeklaration wäre der Aufruf der Funktion im obigen Hauptprogramm nicht möglich gewesen, da der Compiler keine Möglichkeit gehabt hätte, zu überprüfen, ob *c* und *d* als Aufrufparameter erlaubt sind (Typüberprüfung). Der Compiler hätte daher eine Fehlermeldung ausgegeben.

Mehrfache Deklarationen ein und derselben Variable sind durchaus gestattet (da kein Speicherplatz reserviert wird), jedoch ist für eine Variable nur genau eine Definition erlaubt.

3.4 Speicherklassen und Bindung

Ein C++-Programm besteht aus einer oder mehreren Dateien, die zusammen-gebunden werden. Eine Datei besteht aus einer Sequenz von Anweisungen. Jede der Dateien wird in mehreren Phasen übersetzt. Da also Anweisungen eines einzigen C++-Programmes über mehrere Dateien verteilt sein können, ist es wichtig zu wissen, wie Objekte (Objekte hier im Sinne von bezeichneten Speicherbereichen) gespeichert werden, wie lange sie gültig sind und wie die Bindung von Objekten an Dateien verwaltet wird. Es existieren zwei implizit vorhandene, aber auch explizit spezifizierbare **Speicherklassen:**

*   automatisch und statisch.

Automatische Objekte sind lokal innerhalb ihres umschließenden Blockes (also z.B. innerhalb von *{* und *}*) bekannt und verlieren bei Verlassen dieses Blockes ihre Gültigkeit. Statische Objekte existieren zur gesamten Laufzeit des Programms und behalten somit immer ihre Gültigkeit. Es gibt insgesamt vier Schlüsselwörter, die Einfluß auf die Speicherklasse nehmen:

*   auto, register, static und extern

auto und *register* können nur auf Bezeichner von Objekten angewandt werden, die innerhalb eines Blockes deklariert sind, sowie auf formale Parameter von Funktionen. Die korrekte Anwendung von *auto* und *register* hat zur Folge, daß die Objekte zur Speicherklasse *automatisch* gehören. *auto* ist dabei redundant und wird daher selten verwendet (eine Einsatzmöglichkeit von *auto* ist beispielsweise die Verdeutlichung des Unterschieds von Deklarationen und Ausdrücken).

Eine *register*-Deklaration ist automatisch auch eine *auto*-Deklaration, jedoch mit dem zusätzlichen Hinweis an den Compiler, daß die im folgenden deklarierte Variable sehr häufig benutzt wird; dem Compiler wird somit die Möglichkeit gegeben, Variablen direkt in (nicht adressierbaren) Registern anstatt im Hauptspeicher zu plazieren, um so die Ausführung des Programms zu optimieren. Dieser Hinweis kann allerdings vom Compiler ignoriert werden.

Hinweis:
Es gibt in C++ zwei weitere sehr maschinennahe Deklarationen: **asm** und **volatile** (reservierte Wörter in C++). Beide sollen hier nur angedeutet werden.

1) Die **asm**-Deklaration kann benutzt werden, um Informationen durch den Compiler weiter an den Assembler zu reichen. Sie hat die Form

    asm (Textkonstante);

2) Die volatile-Deklaration:
Objekte können zusätzlich als volatile (**flüchtig**) definiert werden. Volatile ist ein Hinweis an den Compiler eine eventuelle Optimierung an den Stellen zu vermeiden, an denen die so gekennzeichneten Objekte auftreten. Dies ist zum Beispiel erforderlich, wenn der Wert des Objekts nicht nur durch das Programm geändert wird, sondern auch durch andere laufende Programme; dies ist für den Compiler nicht unbedingt erkennbar.

static und *extern* können nur auf Bezeichner von Objekten und auf Funktionen angewandt werden. Ihre Anwendung bewirkt, daß die Objekte zur Speicherklasse (!) statisch gehören. Zusätzlich hat ihre explizite Verwendung Auswirkungen auf die **Bindung (linkage)** von Objekten. Ein als *static* deklarierter Bezeichner hat **interne Bindung**, d.h. der Bezeichner für dieses Objekt ist nur in dieser Datei gültig, in der die *static*-Deklaration auftritt. Es ist nicht möglich, dieses Objekt durch Angabe einer *extern*-Deklaration des Bezeichners in einer anderen Datei zu verwenden (importieren). Ein als *extern* deklarierter Bezeichner hat **externe Bindung**, d.h. das entsprechende Objekt ist mittels Angabe des Bezeichners auch in anderen Dateien verwendbar. Der Leser beachte den Unterschied zwischen Speicherklasse und Bindung: so ist ein Objekt mit externer Bindung während der gesamten Programmlaufzeit gültig, gehört also der Speicherklasse *static* an.

3.5 Initialisierung von Bezeichnern

3.5.1 Explizite Initialisierung

Definitionen von Bezeichnern haben allgemein die folgende Form (wobei die Angabe eines Anfangswertes optional ist):

```
<Typ_name> <Bezeichner_name> [ = <Anfangswert> ];
```

In einer Definition ist es also gleichzeitig möglich, einen Bezeichner zu initialisieren, d.h. ihm einen Anfangswert zuzuweisen:

```
float   x    =    5.1; /* Semantisch äquivalent zu
                          float x; x = 5.1;   */
int     i    =    16;
char    ch   =    'c';
```

3.5.2 Implizite Initialisierung

Der Gültigkeitsbereich und die Speicherklasse (statisch oder automatisch) von Bezeichnern haben direkte Auswirkungen auf den Anfangswert dieser Bezeichner, falls keine Initialisierung durch den Programmierer vorgenommen wird. Statische Objekte (z.B. globale Variablen) werden - falls

bei der Definition keine Zuweisung durch einen Ausdruck mit konstantem
Wert erfolgt - automatisch mit 0 (im entsprechenden Typ) initialisiert.
Globale, statische Objekte werden dabei vor der Initialisierung von
automatischen Objekten initialisiert; die Initialisierung eines statischen, lokalen
Objekts wird genau einmal durchgeführt, und zwar wenn der Kontrollfluß des
Programms die entsprechende Definition zum ersten Mal erreicht.
Automatische Objekte (z. B. lokale Variablen innerhalb von Funktionen)
werden immer genau dann erneut gemäß ihrer Definition initialisiert, wenn
der Kontrollfluß des Programms die Definition dieser Variablen erreicht; eine
automatische Initialisierung mit 0 erfolgt dabei nicht!

Wird bei lokalen Variablen also kein Anfangswert angegeben, so ist der Wert
der Variablen undefiniert. Zu beachten ist aber, daß sie trotzdem einen Wert
besitzen, nämlich den Inhalt der Speicherzellen, die für diese Variablen
reserviert worden sind! Dies liegt daran, daß eine einfache Definition ohne
Inititialisierung nur den Namen und den Typ der Variablen bekanntmacht, für
die dann Speicherplatz reserviert wird. Dieser Speicherbereich muß jedoch
nicht "sauber" sein. Das, was in diesem Speicherbereich durch vorherige
Nutzung stand, bleibt erhalten.

3.5.3 Initialisierung von Bezeichnerlisten

In einer Definition können nach der Typangabe auch Bezeichnerlisten
vorkommen. In der Liste werden die Bezeichner dabei durch ein Komma
getrennt. Doch Vorsicht ist angebracht bei der Definition abgeleiteter Typen
(siehe auch Kapitel 4) innerhalb von Bezeichnerlisten:

```
int      x, y, z;     // Entspricht int x; int y; int z;
int*     p, y;        /* Entspricht int *p; int y;
                         und nicht    int *p, int *y!
                         Bessere Schreibweise: int *p, y;   */
```

Es ist auch möglich, die verschiedenen Variablen innerhalb der Bezeichnerliste
gleich mit Anfangswerten zu initialisieren:

```
int x = 0, y = 1, z;    /* Entspricht der Definition
                           int x = 0; int y = 1; int z;   */
```

4 TYPEN, KONSTANTEN UND OPERATOREN

4.1 Typen

Jeder Bezeichner in einem C++-Programm muß mit einem Typ assoziiert werden. Die Angabe des Typs bestimmt die erlaubten Operationen auf diesem Bezeichner. C++ bietet bestimmte elementare Typen und Konstruktoren zur Erzeugung weiterer (abgeleiteter) Typen an.

4.1.1 Elementare Typen und Typkonvertierung

C++ besitzt folgende vier elementare Typen:

1) **char**   zur Darstellung eines Zeichens aus der darstellbaren Zeichenmenge,
2) **int**   zur Darstellung einer geordneten Teilmenge der natürlichen Zahlen (Integer),
3) **float**   zur Darstellung einer geordneten Teilmenge der reellen Zahlen,
4) **double**   zur Darstellung einer geordneten Teilmenge der reellen Zahlen, allerdings mit höherer Genauigkeit.

Hinweis:
Der Name *char* ist in C zwar bekannt, der Typ selbst ist dagegen unbekannt; dort werden Zeichen mittels des Typs *int* repräsentiert. Dennoch gibt es zwischen C++ und C kaum Unterschiede und Portierungsprobleme bei der Behandlung von Zeichen.

Ein Objekt vom Typ *char* kann explizit als *signed char*, *char* oder *unsigned char* deklariert werden. Wird diese explizite Deklaration als *signed* oder *unsigned* nicht verwendet, ist es implementationsabhängig, ob das höchste Bit eines Objekts vom Typ *char* als Vorzeichen behandelt wird:

```
char                zeichen_1;
signed      char    zeichen_2;
unsigned    char    zeichen_3;
```

Ein Objekt vom Typ *int* kann explizit als *short int*, *int* oder *long int* deklariert werden. Dadurch kann erreicht werden, daß die so definierten Objekte verschiedene Zahlenbereiche repräsentieren; da dies allerdings implementationsabhängig ist, ist dies nicht zwingend (s. u.):

```
            int      zahl_1;
short       int      zahl_2;
long        int      zahl_3;
```

Bei der Definition von Objekten vom Typ *int* kann zusätzlich das Schlüsselwort **unsigned** verwendet werden. Auf solchen als *unsigned* definierten Bezeichnern wird eine Arithmetik modulo 2^n (n = Anzahl der Bits) durchgeführt. Das Schlüsselwort *int* kann auch weggelassen werden (dies ist aber u. a. aus Übersichtlichkeitsgründen nicht zu empfehlen):

```
unsigned            int x;      // x ist immer >= 0
unsigned    short   int y;      // y ist immer >= 0
unsigned    long    int z;      // z ist immer >= 0
short               a;          // entspricht short int a;
long                b;          // enstpricht long int b;
```

Sämtliche Kombinationen von *char* und *int* repräsentieren Integer verschiedener Größe. Man beachte also, daß auch der Typ *char* (der zur Darstellung von Zeichen verwendet wird) Integerwerte repräsentiert. Allerdings belegen Objekte vom Typ *char* im allgemeinen nur 1 Byte, welches zur Darstellung von Zeichen in den meisten Zeichensätzen ausreicht, zur Darstellung ganzer Zahlen aber oft unzureichend ist. Die Schlüsselworte *short* und *long* dienen der Größenangabe des definierten Objektes, d.h. wieviel Speicherplatz durch das vom Bezeichner angegebene Objekt tatsächlich belegt werden soll. Hierdurch wird natürlich auch der darstellbare Zahlenbereich bestimmt.

Objekte vom Typ *double* stellen mindestens einen genauso großen Zahlenbereich dar wie Objekte vom Typ *float*. Ein Objekt vom Typ *double* kann zusätzlich explizit als **long** *double* deklariert werden. Dadurch kann erreicht werden, daß das so definierte Objekt einen größeren Zahlenbereich repräsentiert als ein Objekt vom Typ *double*; dies ist allerdings - wie bei *int* - ebenfalls implementationsabhängig und daher nicht zwingend (siehe 4.1.1.1):

```
            float    zahl_4;
            double   zahl_5;
long        double   zahl_6;
```

4.1.1.1 Darstellbare Zahlenbereiche elementarer Typen

Der für die definierten Objekte (elementaren Typs) reservierte Speicherplatz ist abhängig von der Implementation des Compilers und der zugrundeliegenden Hardware. Die Größen von Typen (und Ausdrücken) und damit die darstellbaren Zahlenbereiche lassen sich mit dem Operator **sizeof()** (*sizeof* ist reserviertes Wort in C++!) ermitteln, der die Größe eines Bezeichners als Vielfaches der Größe eines Bezeichners vom Typ *char* angibt.

Per Definition gilt: *sizeof(char) == 1*. Das einzige, was unabhängig von der zugrundeliegenden Hardware bzw. von der Implementation des Compilers gewährleistet ist, sind folgende Ungleichungsketten:

```
1    ==   sizeof(char)    <=   sizeof(short)
     <=   sizeof(int)     <=   sizeof(long)          sowie

     sizeof(float)    <=   sizeof(double).
```

Zum Beispiel kann durch Angabe von *long int* auf einer DEC VAX® kein größerer Zahlenbereich dargestellt werden als mittels *int*:

```
int        x;  //  sizeof(x) ergibt 4
long int   y;  //  sizeof(y) ergibt 4
```

4.1.1.2   Implizite Typkonvertierung

In der Regel lassen sich elementare Typen beliebig in Zuweisungen und Ausdrücken mischen. Wo immer es möglich ist, werden Werte automatisch konvertiert, so daß keine Information verloren geht. In arithmetischen Ausdrücken wird - falls die Operanden unterschiedlichen Typs sind - eine implizite Typkonvertierung vorgenommen. Die Konvertierung ist hierfür durch folgende Vorgehensweise und Reihenfolge bestimmt:

1) Falls einer der Operanden vom Typ *long double* ist, so wird der andere Operand in *long double* konvertiert.

2) Falls einer der Operanden vom Typ *double* ist, so wird der andere Operand in *double* konvertiert.

3) Falls einer der Operanden vom Typ *float* ist, so wird der andere Operand in *float* konvertiert.

4) Falls einer der Operanden vom Typ *char*, *short int* (oder auch ein Objekt vom Typ Aufzählung bzw. Bitfeld; vgl. Kapitel 4.2.6 respektive 8.10) ist, wird der andere Operand in *int* konvertiert, falls *int* alle Werte des Originaltyps repräsentieren kann. Ist dies nicht der Fall, wird der andere Operand in *unsigned int* konvertiert.

5) Falls einer der Operanden vom Typ *unsigned long* ist, so wird der andere Operand in *unsigned long* konvertiert.

6) Falls ein Operand vom Typ *long int* und der andere Operand vom Typ *unsigned int* ist, so wird der Operand vom Typ *unsigned int* in *long int* konvertiert, falls *long int* alle Werte eine Objekts vom Typ *unsigned int* repräsentieren kann. Ist dies nicht der Fall, werden beide Operanden in *unsigned long int* konvertiert.

® DEC und VAX sind Warenzeichen der Digital Equipment Corporation

7)   Falls ein Operand *long* ist, so wird der andere Operand in *long* konvertiert.

8)   Falls ein Operand *unsigned* ist, so wird der andere Operand in *unsigned* konvertiert.

9)   Liegt keiner der oben genannten Fälle vor, sind beide Operanden vom Typ *int*.

Prinzipiell läßt sich also sagen: Wird ein Operator auf Operanden unterschiedlichen Typs angewendet, wird der Operand mit dem "kleineren" Typ automatisch in den "größeren" Typ konvertiert. Ist beispielsweise ein Operand vom Typ *double* und der andere Operand vom Typ *int*, so wird letzterer in den Typ *double* konvertiert:

```
int     i   = 20;
int     n   = i * 2.5;   /*  n erhaelt den Wert 50 und nicht
                             40 wegen:
                             n   = double(20) * 2.5
                                 = 20.0 * 2.5 = 50.0 = 50 */
```

Bei solchen Zuweisungskonvertierungen kann es zu Informationsverlusten, z.B. durch verschiedene Interpretationen des Bitmusters, kommen:

```
float   x   = 2.4;
int     i;
        i   = x;     //  i = 2, d.h. Informationsverlust

int     i   = 256 + 255;
char    ch  = i;
int     j   = ch;
        /*  j ≠ 511; j enthält ein anderes Ergebnis als 511.
            Der aktuelle Wert von j hängt vom jeweiligen
            Rechnertyp ab (der  Typ char belegt nur ein
            Byte). Ist char signed, so gilt j = -1; ist char
            unsigned, gilt  j = 255. */
```

Bemerkung:
Die implizite Typkonvertierung elementarer Typen in C++ weist einige Unterschiede zum klassischen C auf. Weiterhin ist zu beachten, daß einerseits die zugrundeliegende Hardware - insbesondere aufgrund der möglicherweise unterschiedlichen Größe darstellbarer Zahlenbereiche - wesentlichen Einfluß auf die Konvertierung hat; andererseits kann es signifikante Unterschiede bei verschiedenen C++-Implementationen geben. Es ist also - nicht nur wegen der Portierbarkeit von Programmen - Vorsicht angebracht.

4.1.1.3   Explizite Typkonvertierung

Eine explizite Typkonvertierung läßt sich durch Aufruf spezieller Konvertierungsfunktionen vornehmen, die allgemein als **cast**-Funktion bezeichnet werden. Diese Funktionen haben den gleichen Namen wie der entsprechende Typ, der als Ergebnis der Konvertierung vorliegen soll:

```
float    r1  =    float(1);   // Konvertierung der Integer-
                              // zahl 1 in die reelle Zahl 1.0
double   r2  =    double(5);  // Konvertierung der Integer-
                              // zahl 5 in 5.0   */
```

Folgende - nicht funktionale - Notation ist ebenfalls erlaubt:

```
float    r1  =    (float)1;
double   r2  =    (double)5;
```

Die funktionale Notation kann aber nur für Typen verwendet werden, die einen einfachen Namen haben. Um z.B. einen Integerwert in eine Adresse zu konvertieren, muß die Konvertierung in cast-Notation angegeben werden:

```
char     *p = (char*)0777;
```

oder es muß ein einfacher Name für den Typ *char** mittels **typedef** definiert werden (vgl. 4.1.3):

```
typedef char* Pchar;
char*    p = Pchar(0777);
```

4.1.2 Abgeleitete Typen

Aus den elementaren Typen lassen sich mittels der folgenden Operatoren weitere Typen ableiten:

*	**Zeiger**	(Präfix-Operator)
&	**Referenz**	"
[ ]	**Vektor**	(Postfix-Operator)
( )	**Funktion**	"

Diese Operatoren beziehen sich jeweils auf den angegebenen Bezeichner, d.h. in der Definition von Bezeichnerlisten ist Vorsicht angebracht. Diese Prioritätsreihenfolge läßt sich aber durch explizite Klammerung beeinflussen. Die Operatoren zur Definition von Vektoren und Funktionen sind uns bereits aus dem einführenden Beispiel bekannt. Zwischen diesen Operatoren besteht folgende Prioritätenregelung (vgl. auch die Tabelle der Operatoren im Anhang):

1)	( ) und [ ]	besitzen höhere Priorität
2)	* und &	besitzen niedrigere Priorität

Hierzu einige Beispiele:

```
int      *a;      // Zeiger auf eine Integer-Zahl
float    v[10];   // Vektor bestehend aus 10 reellen Zahlen
```

```
char    *p[20];  // Vektor bestehend aus 20 char-Zeigern
int     *& w;    // Referenz auf einen Zeiger auf int
int     f(int);  /* Deklaration einer Funktion mit Namen
                    f und einem formalen Parameter vom
                    Typ int und Ergebnistyp int. */
int (*p)[10];    // Zeiger auf einen Vektor von 10 Integern
int (*fp)(char, char*);
                 /* Zeiger auf eine Funktion mit formalen
                    Parametern vom Typ char und char* und
                    Ergebnistyp int */
```

Weitere abgeleitete Typen sind Konstanten, Structures, Unions, Klassen und
Zeiger auf Klassen; Konstanten werden in diesem Kapitel und die
letztgenannten werden in späteren Kapiteln diskutiert. Für eine explizite
Typkonvertierung und als Argumente für *sizeof* oder den *new*-Operator (vgl.
Kap. 6) ist es notwendig, den entsprechenden Typnamen auch für abgeleitete
Typen anzugeben. Man erhält den Typnamen einfach durch Streichen des
Bezeichners in der Deklaration. Die Typnamen in obigen Deklarationen sind:

```
int*
float[10]
char*[20]
int*&
int(int)
int(*)[10]
int(*)(char, char*)
```

4.1.2.1 Referenz

Eine **Referenz** ist ein anderer Name für ein Objekt. *T &Bezeichner1* =
Bezeichner2 bedeutet, daß *Bezeichner1* ein anderer Name für das bereits
definierte und durch *Bezeichner2* angegebene Objekt vom Typ T ist.

```
int i   = 1;
int &r  = i;     // r und i bezeichnen dasselbe Objekt
int x   = r;     // x = 1
    r   = 2;     /* r wird der Wert 2 zugewiesen, somit
                    gilt auch i = 2 (aber x = 1) */
```

Da eine Referenz nur ein anderer Name für ein Objekt ist, werden alle
Operatoren, die auf die Referenz angewandt werden, direkt auf das
referenzierte Objekt angewandt:

```
int i   = 0;
int &r  = i;     // r = 0
    r   = r + 5; // r = 5 und i = 5
```

Eine Referenz muß initialisiert werden, außer wenn die Deklaration als *extern*
erfolgt, es sich um einen Klassenmember (siehe Kapitel 8) bzw. um die
Deklaration innerhalb einer Klassendeklaration (Kapitel 8) oder um die

Deklaration eines Parameters oder Ergebnistyps einer Funktion handelt (Kapitel 5). Die Initialisierung der "Referenz vom Typ *T*" muß mit einem Objekt vom Typ *T* oder einem in *T* konvertierbaren Objekt erfolgen. Wenn die Referenz einmal initialisiert wurde, kann sie nicht mehr zum "Alias" eines anderen Objekts werden. Referenzen auf Referenzen, Vektoren von Referenzen, Zeiger auf Referenzen und Referenzen auf Bitfelder sind nicht erlaubt; ebenso gibt es keine Referenz auf den Typ *void*.

4.1.2.2   Zeiger

Für einen Typ T ist T* der Typ *Zeiger auf T*. D.h. eine Variable vom Typ T* kann die Adresse eines Objektes vom Typ T enthalten. Die fundamentalste Operation, welche für **Zeiger** definiert ist, ist das **Dereferenzieren**, also der Zugriff auf das Objekt, auf welches der Zeiger verweist.

```
char    c1   =   'a';
char    *p   =   &c1;     // p enthält die Adresse von c1
char    c2   =   *p;      // c2 = 'a', Dereferenzieren von p
```

Die Variable, auf die *p* zeigt, ist *c1* mit Wert *'a'*. Somit ist der Wert von **p*, welcher *c2* zugewiesen wird, ebenfalls *'a'*. Würde das Dereferenzieren nicht angewendet, würde die Variable mit der (Speicher-)Adresse des Zeigers initialisiert, was so syntaktisch aber nicht erlaubt ist:

```
int i    =   100;
int *z   =   &i;      // z zeigt jetzt auf i
int s    =   z        // Fehler
```

Zeiger 'zeigen' auf Speicherzellen. Sie enthalten also Adressen, welche durch ganze Zahlen angegeben werden. Mit diesen Adressen können arithmetische Operationen durchgeführt werden; man spricht dann von Zeigerarithmetik:

```
int i    =   100;
int *z   =   &i;      // z zeigt jetzt auf i
*z       =   *z + 1;  // i = i + 1, d.h. i = 100 + 1
z        =   z + 1;   /* Erhöht den Wert von z um
                         1*sizeof(int), d.h. z zeigt jetzt
                         auf eine andere Speicheradresse */
```

Zeiger auf Referenzen und Zeiger auf Bitfelder (vgl. Kapitel 8) sind nicht erlaubt. Ein Zeiger kann auch auf "Nichts" verweisen, d.h. er enthält keine relevante Adresse. Man sagt, der Zeiger verweist auf **NULL** (in Pascal und Simula spricht man beim Verweis eines Zeigers auf "Nichts" von NIL). Als Wert für NULL wird die 0 genommen:

```
char    *pc = 0;      // Zeiger pc "verweist" auf NULL
```

4.1.2.3   Vektoren

Für einen Typ T ist T[Anzahl] vom Typ *Vektor von Anzahl Elementen des Typs T*. Die Elemente eines **Vektors** (häufig auch Arrays, Felder oder Reihung genannt) sind indiziert mit den Werten 0 bis (Anzahl - 1):

```
float     v[3];        /* Vektor von 3 reellen Zahlen: v[0],
                          v[1], v[2] */
int       a[2][3];     /* Zwei Vektoren (d. h. ein zwei-
                          dimensionales Array) bestehend aus
                          jeweils 3 Integer-Zahlen    */
char      *vcp[32];    // Vektor von 32 char-Zeigern
```

Eine Initialisierung von Vektoren bei der Definition erfolgt durch Angabe der jeweiligen Elemente (man beachte die Reihenfolge):

```
char v[2][5] = {
                 'a', 'b', 'c', 'd', 'e', // 1. Vektor
                 '1', '2', '3', '4', '5'  // 2. Vektor
               };
```

Obige Initialisierung kann auch - optional - vollständig geklammert angegeben werden, um die Übersichtlichkeit zu erhöhen:

```
char v[2][5] = {
                 {'a', 'b', 'c', 'd', 'e'},
                 {'1', '2', '3', '4', '5'}
               };
```

Wie später gezeigt wird, kann man Vektoren auch dimensionslos definieren. Hat man sich aber für die Angabe der Dimension entschieden, darf die Anzahl der in den Initialisierungsklammmern angegebenen Werte diese Dimensionsgröße nicht überschreiten. Die Angabe einer geringeren Anzahl von Anfangswerten ist allerdings erlaubt. In diesem Fall werden die restlichen Werte implizit mit 0 initialisiert, sofern ein statisches Objekt vorliegt:

```
int vektor[6] = { 1, 2, 3, 4 };
      // Entspricht int vektor[6] = {1, 2, 3, 4, 0, 0};
```

Die Dimension eines Vektors muß immer mittels Konstanten (bzw. mittels konstanter Ausdrücke) angegeben werden, damit die Dimension des Vektors zur Kompilierzeit berechnet werden kann (und somit der entsprechende Speicherplatz reserviert werden kann). Konstanten können - wie oben - Integerwerte sein oder als solche definierte Konstanten, wie sie noch später beschrieben werden. Folgende Definition führt deshalb zu einem Fehler:

```
int       i        = 5;
int       vektor [i] = {0, 1, 2, 3, 4};  // Fehler
```

Der Zugriff auf die Komponenten eines Vektors erfolgt durch Angabe der entsprechenden Indizes, also gilt z.B. für den vorher definierten Vektor *v* :

```
v[0][0] enthält den Wert 'a'
v[1][2] enthält den Wert '3'
v[0][3] enthält den Wert 'd'.
```

Zwischen Zeigern und Vektoren besteht eine enge Beziehung. Ein Vektor ist nämlich im wesentlichen ein konstanter Zeiger, der auf das nullte Element des Vektors verweist. Man kann auf den Anfang eines Vektors einen Zeiger setzen und mit diesem die Elemente des Vektors genauso einfach manipulieren wie durch den oben beschriebenen Zugriff auf die Vektorkomponenten.

```
int     a[10];      //  Vektor aus 10 Integer-Zahlen
int     *pa;        //  Zeiger auf Integer
pa  =   &a[0];      /*  Zuweisung der Adresse von a[0], dem
                        Anfang des Vektors   */
int x = *pa;        //  x = a[0]
```

Mit der letzten Anweisung erhält man eine Integervariable *x* mit Wert *a[0]*, d.h. den Inhalt des nullten Elements des Vektors. Mittels des Zeigers *pa* läßt sich nun auf beliebige Vektorkomponenten zugreifen. Per Definition zeigt nämlich *(pa + 1)* auf das nächste Vektorelement, also *a[1]* und **(pa + 1)* ergibt den Wert, der unter *a[1]* abgespeichert ist. Allgemein gilt , daß

* (pa + i) auf a[i] verweist und
* *(pa + i) den Wert a[i] besitzt (vorausgesetzt pa verweist auf a[0]).

Analog läßt sich mit *(pa - i)* die i-te Komponente vor der Komponente, auf die *pa* verweist, ansprechen. Es ist sogar erlaubt, den Zugriff **(pa + i)* wie den üblichen Zugriff auf Vektoren zu spezifizieren, also *pa[i]*, sofern *pa* ein Zeiger auf einen Vektor ist.

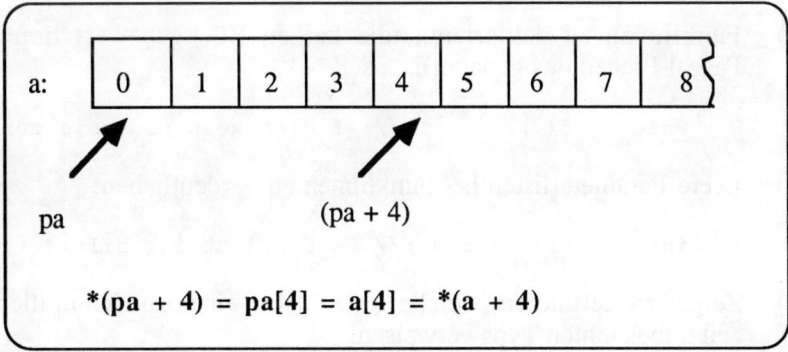

Man bedenke also immer, daß ein Vektor nichts anderes ist als ein **konstanter Zeiger** (kann daher nicht verändert werden) auf den Anfang des Vektors (auf das nullte Element). Dies ist insbesondere dann von Bedeutung, wenn Vektoren als Parameter von Funktionen oder als Ergebnis einer Funktion definiert werden (vgl. Kapitel 6.2.4 und 6.3), denn ein Vektor wird einer Funktion als Zeiger auf das nullte Element übergeben. Will man der Funktion die Größe des Vektors bekanntmachen, sollte man dies über einen weiteren Parameter tun.

Bemerkung:
Wie obige Möglichkeiten der Adreßrechnung zeigen, muß man selbst darauf achten, ob die Grenzen des Vektors überschritten werden. Wenn man Glück hat, stürzt das Programm bei solchen Operationen ab (core dumped). Hat man Pech, wird mit dem entsprechenden Wert, auf den etwa *(pa + i)* verweist, weitergearbeitet.

Ein Vektor kann auch ohne Angabe der Dimension deklariert bzw. definiert werden. Bei der Definition eines Vektors ohne Dimensionsangabe muß dieser initialisiert werden. Die Dimension des Vektors errechnet sich aus der Anzahl der Anfangswerte:

```
char    alpha[ ]    =    "abcdef";
        // Initialisierung mit einer Textkonstante,vgl. Kap. 4.2
int     x[ ]        =    {1, 3, 5};
        // Äquivalent zu int x[3] = {1, 3, 5};
```

Diese Notation ist besonders hilfreich bei der Definition von Zeichen-Vektoren und deren Initialisierung durch Textkonstanten (Folge von Zeichen; siehe Kapitel 4.2.4). Bei der Definition eines mehrdimensionalen Vektors darf nur die erste Komponente dimensionslos angegeben werden.

4.1.2.4 Der spezielle Typ "void"

Der Typ **void** wird insbesondere benutzt, um

1) Funktionen zu deklarieren, die keinen Rückgabewert liefern (in Pascal Procedures genannt):

```
void    f( );        // f gibt kein Ergebnis zurück
```

2) Leere Parameterlisten bei Funktionen zu verdeutlichen:

```
int     hilfe(void);// Entspricht int hilfe( );
```

3) Zeiger zu definieren, welche auf Objekte eines zur Kompilierungs-zeit unbekannten Typs verweisen:

```
void    *pv;        /*  Zeiger auf ein Objekt
                        unbekannten Typs */
```

Dem Zeiger *pv* kann nun der Zeiger auf ein Objekt beliebigen Typs zugewiesen werden. Zeiger vom Typ *void** können nicht direkt dereferenziert werden, da es keine Objekte vom Typ *void* gibt und der Compiler den Inhalt der entsprechenden Speicherzelle nicht interpretieren kann. Zeiger vom Typ *void** müssen daher erst in einen bestimmten Typ konvertiert werden. Dies ist in C++ aber nur über explizite Typkonvertierung möglich, da es keine implizite Typkonvertierung für Zeiger dieses Typs gibt:

```
int     i;
int     *iz = &i;
void    *z;
float   *fz;
        fz  = z;    /*  Fehler, da keine Standard-Konver-
                        tierung vorhanden  */
        z   = iz;   //  Erlaubt
```

Der Typ *void** wird hauptsächlich dazu verwendet, formale Parameter einer Funktion zu spezifizieren, wenn keine Annahmen über den Parametertyp getroffen werden können. Solche Funktionen existieren typischerweise auf tiefster Systemebene, wo Hardware-Ressourcen manipuliert werden.

4.1.3 Typedef

Um ein Programm lesbarer zu gestalten, ist es sinnvoll, abgeleitete Typen zu benennen. Schreibt man z.B. ein Programm, in dem häufig 5x5-Integermatrizen verwendet werden, so könnte man an jeder Stelle, an der man solche Objekte benötigt, definieren:

```
int matrix_a[5][5];
```

Übersichtlicher wäre es, wenn man einen Typ *5x5-Integermatrix* definieren könnte. Dies ist möglich mittels des speziellen Schlüsselwortes **typedef**:

```
typedef int Matrix[5][5];
```

Matrix ist nun der Name eines Typs, und Bezeichner lassen sich jetzt wie üblich definieren:

```
Matrix a, b;        //  a und b vom Typ 5x5-Integermatrix
```

Man beachte, daß *typedef* nur einen anderen Namen für einen Typ, aber nicht einen neuen Typ definiert; *a* und *b* sind somit weiterhin vom Typ *int[5][5]*. Syntaktisch erfolgt die Deklaration eines neuen Namens für einen Typ wie die

Deklaration einer Variablen diesen Typs, wobei nur das Schlüsselwort *typedef*
vorangestellt wird:

```
int *pi;            //  Variable vom Typ Zeiger auf Integer
typedef int *PI;    /*  PI ist jetzt ein anderer Name für
                        den Typ Zeiger auf Integer */
```

Ein mittels *typedef* definierter Typname kann aber nicht nur als
Dokumentationshilfe sinnvoll eingesetzt werden. Ein solcher Typname kann
z.B. auch dazu verwendet werden, maschinenabhängige Aspekte eines
Programms zu verwalten. So ist die Länge von Integer-Variablen ein typisches
Portierungsproblem (auf einigen Maschinen wird ein *int* ausreichen, um
gewisse Werte darzustellen, auf anderen Maschinen ist ein *long* notwendig).
Dadurch, daß man den expliziten Typ *int* bzw. *long* durch ein *typedef* ersetzt,
ist bei Portierungen nur eine einzige zentrale Stelle des Programms zu ändern.

4.2 Konstanten

C++ unterscheidet zwischen folgenden Konstanten für elementare Typen:

1) **Integer-Konstanten**
2) **Zeichenkonstanten**
3) **Konstanten für reelle Zahlen**
4) **Textkonstanten**

Weiterhin ist 0 eine Konstante für Zeiger, und Textkonstanten sind Konstanten
vom Typ *char[ ]*. Außerdem können Bezeichner als Konstanten definiert
werden.

4.2.1 Integer-Konstanten

Integer-Konstanten können als dezimal, oktal oder hexadezimal definiert
werden. Die Oktaldarstellung ist gekennzeichnet durch eine vorangestellte
Null. Die Hexadezimaldarstellung ist gekennzeichnet durch den Anfang **0x**
oder **0X**:

```
dezimal        0,      2,      63,      83
oktal          0,      02,     077,     0123
hexadezimal    0x0,    0x2,    0X3f,    0x53
```

Solche (als "Literale" bezeichneten) Integer-Konstanten können direkt als *long
int*, *unsigned int* und *unsigned long int* definiert werden, indem man den
Werten (möglicherweise Kombinationen von) Buchstaben anhängt. Für *long*

kann *L* oder *l* verwendet werden (besser *L*, weil *l* sehr leicht mit dem Wert 1 verwechselt werden kann) und für *unsigned U* oder *u*. Werden diese Buchstabenkombinationen nicht oder nur zum Teil als Suffix verwendet, sind die Integer-Konstanten automatisch vom "kleinsten" Typ, der den angegebenen Wert repräsentieren kann:

```
long int:           171,    23L
unsigned int:       16u,    128U
unsigned long int:  1024UL, 22Lu
```

4.2.2 Zeichen-Konstanten

Eine Zeichen-Konstante besteht aus einem oder mehreren aufeinander-folgenden Zeichen und wird in einfachen Apostrophs angegeben. Zeichen-Konstanten mit einem Zeichen sind vom Typ *char* und ihr Wert ist der entsprechende Integerwert des verwendeten Zeichensatzes. Zeichen-Konstanten mit mehreren Zeichen sind vom Typ *int* und ihr Wert ist maschinenabhängig (sie werden daher besser vermieden).

```
'a',   'b',   'ab',
'c',   '1',   '\n'  (Zeilenvorschub, vgl. Kap. 2)
```

Hinweis:
In C sind alle Zeichen-Konstanten vom Typ *int*. In C gilt daher: sizeof('a') == sizeof(int). In C++ dagegen gilt: sizeof('a') ist 1.

Um alle Zeichen als Konstanten angeben zu können (also auch nicht auf dem Bildschirm darstellbare Zeichen), können Zeichen-Konstanten auch durch ihren entsprechenden Integerwert (abhängig vom verwendeten Zeichensatz) angegeben werden. Hierbei wird die angegebene Sequenz als Oktalzahl (jetzt ohne vorangestellte Null und maximal dreistellig) oder (bei vorangestelltem *x*) als Hexadezimalzahl interpretiert. Die Sequenz muß dabei zu Beginn den Backslash (\ ) enthalten und in einfachen Apostrophs geschrieben werden (diese Zeichenfolgen werden häufig auch Escape-Sequenzen genannt):

```
oktal        hexadezimal      ASCII-Zeichen

'\6'         '\x6'            ack
'\60'        '\x30'           0
'\137'       '\x05f'          _
```

Eine solche Escape-Sequenz für Oktal- bzw. Hexadezimalzahlen wird terminiert durch das erste Zeichen, welches nicht einer Oktal-Ziffer (also beispielsweise *8, 9* und *A*) respektive Hexadezimalziffer (beispielsweise *G* und *H*) entspricht. Folgende Escape-Sequenzen haben eine spezielle Bedeutung und werden insbesondere zur Steuerung der Ausgabe verwendet:

```
´\a´        Alarm (Klingel)
´\b´        Backspace
´\f´        Seitenvorschub
´\n´        Neue Zeile
´\r´        Zeilenvorschub (Carriage Return)
´\t´        Horizontaler Tabulator
´\v´        Vertikaler Tabulator
´\\´        Backslash
´\´´        Einfaches Anführungszeichen
´\"´        Doppeltes Anführungszeichen
´\?´        Fragezeichen
```

Falls das Zeichen hinter dem Backslash keinem der oben genannten zulässigen Zeichen entspricht, so ist das angegebene Zeichen undefiniert.

Bemerkung:
Zeichen-Konstanten können als (direkten) Präfix auch den Buchstaben *L* enthalten und werden dann als breite Zeichen (wide-character) bezeichnet. Solche Konstanten sind vom Integertyp *wchar_t* (in <stddef.h>) und sind gedacht für Zeichensätze, in denen ein Zeichen nicht in ein Byte paßt.

4.2.3 Reelle Konstanten

Reelle Konstanten sind normalerweise vom Typ *double*. Sie können sowohl in üblicher Fließkommadarstellung als auch in exponentieller Form angegeben werden. Der Exponent wird durch ein vorangestelltes *e* oder *E* gekennzeichnet:

```
1.23        .23          1.7
1.2e10      1.23e-15     4.78E+3        4E+5
```

Wie bei Integer-Konstanten, so ist es auch bei reellen Konstanten möglich, den Typ der Konstanten zu verändern, indem ein Suffix angehängt wird. Möglich sind die Buchstaben *F* oder *f* (für den Typ *float*) und l oder L (für den Typ *long double*):

```
2.7854F     0.4f         2.0L           3E+4l
```

4.2.4 Textkonstanten

Eine Textkonstante (oder **String**) ist vom Typ *Vektor von Zeichen*. Eine solche Textkonstante besteht aus einer (möglicherweise leeren) Folge von Zeichen, die durch doppelte Anführungszeichen eingeschlossen wird:

```
char*   text1   =   "Dies ist eine Textkonstante";
char*   text2   =   "abcd";
char*   text3   =   "";      // NULL-String
```

Jede Textkonstante enthält immer zusätzlich das Zeichen `\0´` (mit Wert 0), welches das Ende der Textkonstante kennzeichnet. Somit gilt beispielsweise:

```
sizeof("abcdef") == 7
```

Textkonstanten sind u. a. sehr hilfreich, Zeichen-Vektoren zu initialisieren. Dabei ist allerdings zu beachten, daß die Textkonstante nicht mehr Zeichen enthalten darf als es Elemente des Vektors gibt; das abschließende `\0´` ist dabei zu berücksichtigen:

```
char    text4[] =    "Auch eine Textkonstante";
char    text[6] =    "abcdef";    // Fehler
```

Eine Textkonstante kann mehrere Programmzeilen umfassen, wobei ein "\" (Backslash) als letztes Zeichen einer Zeile kennzeichnet, daß die Textkonstante in der nächsten Zeile fortgesetzt wird:

```
"Dies ist eine wirklich sehr, sehr lange Textkonstante, \
welche sich über zwei Zeilen erstreckt"
```

Nicht-druckbare Zeichen können durch ihre Escape-Sequenz dargestellt werden. Zur Darstellung eines doppelten Anführungszeichen " innerhalb einer Textkonstanten muß der Backslash \ vorangestellt werden:

```
"\nMehrere\tEscape-Sequenzen\nin\neinem\nSatz\n"
"Zitat: \"Veni, Vidi, Vici.\" Zitat Ende."
```

Bemerkung:
Wie bei Zeichen-Konstanten, so können auch Textkonstanten als (direkten) Präfix den Buchstaben *L* enthalten. Solche Textkonstanten sind vom Typ *"Vektoren von wchar_t"*. Die Konkatenation von solchen Textkonstanten mit normalen Textkonstanten ist undefiniert.

Obwohl der Name 'Textkonstante' andeutet, daß es sich um eine Konstante handelt, ist es in C++ trotzdem erlaubt, solche Konstanten zu ändern. Aus Kompatibilitätsgründen zu C sind Textkonstanten (Strings) vom Typ *char[ ]* und nicht *const char[ ]*. Die Auswirkungen des Änderns solcher Textkonstanten sind dagegen undefiniert, da die Art, wie Textkonstanten abgespeichert werden, vom jeweiligen Compiler abhängen.

Hinweis:
Zu beachten ist auch, daß es ein Unterschied ist, einen dimensionslosen Vektor mit einer Komma-separierten Liste oder einer Textkonstanten zu initialisieren:

```
char alpha[ ]    = "abcdef";
char beta[ ]     = ('a´, 'b´, 'c´, 'd´, 'e´, 'f´);
```

alpha hat automatisch die Dimension 7 (6 Zeichen plus ein Zeichen für die Endebegrenzung der Textkonstante), *beta* hat die Dimension 6!

4.2.5 Const

Mit dem Schlüsselwort **const** lassen sich Objekte definieren, die einen Bezeichner zu einer Konstanten erklären. Hat die einmal initialisierte Konstante einen Wert zugewiesen bekommen, so kann und darf dieser Wert nicht mehr verändert werden.

```
const int modell    = 144;
modell              = 166;  /* Fehler, Zuweisung nicht
                               erlaubt, da modell eine
                               Konstante ist. */
```

Um konstante Zeiger zu definieren, wird dagegen das "Schlüsselwort" *const verwendet:

```
char *const cp  =   "asdf";  // Konstanter Zeiger
cp[3]           =   'a';     // Erlaubt
cp              =   "ghjk";  // Fehler
```

Der Zeiger *cp* ist als konstant definiert, d.h. der Zeiger darf nicht verändert werden. Das Objekt, auf das der Zeiger zeigt, ist dagegen keine Konstante und kann daher verändert werden.

```
const char *pc  =   "asdf";  // Zeiger auf eine Konstante
pc[3]           =   'a';     // Fehler
pc              =   "ghjk";  // Erlaubt
```

Jetzt verweist der Zeiger *pc* auf eine Konstante, ist selbst aber keine Konstante. Daher kann das Objekt, auf das *pc* verweist, nicht verändert werden, aber *pc* darf verändert werden. Um einen konstanten Zeiger auf ein konstantes Objekt zu definieren, müssen sowohl Zeiger als auch das referenzierte Objekt als Konstanten definiert werden.

```
const char *const cpc   =   "asdf";
                            /* Konstanter Zeiger auf ein
                               konstantes Objekt   */
cpc[3]          =   'a';     // Fehler
cpc             =   "ghjk";  // Fehler
```

Anmerkung:
*const ist kein Schlüsselwort im üblichen Sinne. Es ist z.B. auch erlaubt, die Definition von *cpc* wie folgt anzugeben:

    const char* const cpc = "asdf";

Es kommt also nur auf die Stellung des Schlüsselwortes const an. Das "Schlüsselwort" *const möge hier als Gedächtnisstütze dienen.

Da eine Konstante nicht verändert werden darf, muß sie initialisiert werden, wenn sie definiert wird (außer wenn sie explizit als *extern* deklariert wurde).

Die Definition einer uninitialisierten Konstanten führt zu einer Fehlermeldung des Compilers. Aus dem gleichen Grund darf die Adresse einer solchen (symbolischen) Konstanten nur einem Zeiger auf eine Konstante zugewiesen werden, da der Wert der Konstanten sonst indirekt über den Zeiger manipuliert werden könnte. Man bezeichnet Konstanten deshalb auch als nicht frei adressierbar.

Es ist dagegen erlaubt, einen Zeiger (bzw. eine Referenz) auf ein Objekt vom Typ *const* per expliziter Typkonvertierung in einen Zeiger (bzw. eine Referenz) auf ein Objekt eines nicht konstanten Typs zu konvertieren. Diese Zeiger (bzw. Referenzen) verweisen dann auf die Konstante. Das Ergebnis des Versuchs, die Konstante über diese Zeiger (bzw. Referenzen) zu verändern, ist jedoch nicht definiert.

4.2.6 Aufzählungen

Eine häufig bequemere und übersichtlichere Methode, Integer-Konstanten zu definieren, ist die Verwendung von **Aufzählungen** (**Enumerationen**). Eine Aufzählung ist eine Menge von (symbolischen) Bezeichnern, die alle Integer-Konstanten repräsentieren. Der erste Bezeichner der Aufzählung bekommt automatisch den Wert 0 und jeder folgende Bezeichner automatisch einen um 1 größeren Wert als sein Vorgänger.

```
enum { Peter, Paul, Mary };
```

definiert drei Integer-Konstanten mit den Werten 0, 1, 2. Allerdings werden für die Bezeichner einer Aufzählung keine Objekte im adressierbaren Speicherbereich angelegt, so daß der Adreßoperator & auf sie nicht angewendet werden kann. Dies ist der wesentliche Unterschied zur Definition der drei Konstanten mittels

```
const int    Peter    = 0;
const int    Paul     = 1;
const int    Mary     = 2;
```

Durch Angabe konstanter Ausdrücke und Zuweisung an die Bezeichner können auch andere Werte für die Integer-Konstanten definiert werden. Die Werte der einzelnen Elemente der Aufzählung brauchen dabei nicht notwendigerweise verschieden sein. Die Zuweisung ist die einzige für Enumerationen definierte Operation. Jeder Integerkonstanten wird dabei - sofern nicht anders definiert - der um 1 erhöhte Wert des "Vorgängers" zugewiesen. Hierzu ein Beispiel:

```
enum { Paul, Greg = 10, Peter = 5 + 5, Mary };
```

Dies bewirkt folgende Wertzuweisungen: *Paul* = 0, *Greg* = 10, *Peter* = 10 und *Mary* == 11. Der Wert, der den Bezeichnern innerhalb von Aufzählungen zugewiesen wird, muß dabei entweder vom Typ *int* oder implizit in *int* konvertierbar sein. Werden die Bezeichner in Ausdrücken verwendet, so wird ihr Wert implizit in *int* konvertiert:

```
int vorname = Greg; /*  Erlaubt: Implizite Typkonvertierung
                        von Greg in den Integer-Wert 10  */
```

Aufzählungen können auch mit einem Namen versehen werden und es ist ferner möglich, bereits direkt bei der Definition von *enum* eines oder mehrere Objekte des Aufzählungstyps zu deklarieren:

```
enum     namen { Peter, Paul, Mary };
namen    schluessel;

if (schluessel == Peter)     // == ist der Vergleichsoperator
     schluessel = Paul;      /*  Zuweisung des Wertes 1 an
                                 schluessel */
enum Boolean { false, true } hilfe1, hilfe2;
```

Der Typ einer Aufzählung in C++ ist ein Integer-Typ, der sich aber von allen anderen Integer-Typen unterscheidet; der Typ einer Aufzählung ist die Aufzählung selbst und Objekte einer Aufzählung können nur Werte aus dem definierten Bereich annehmen. Mit anderen Worten: In C++ gibt es keine implizite Typkonvertierung von einem elementaren Typ in den Typ einer Aufzählung (explizite Tykonvertierung ist allerdings erlaubt; ihre Auswirkungen sind jedoch vom jeweiligen Compiler abhängig):

```
namen x;
x = Mary;       //  Erlaubt
x = 3;          //  Fehler
```

Die verwendeten Bezeichner dürfen im gleichen Gültigkeitsbereich (vgl. Kapitel 5) nicht redefiniert werden:

```
enum     namen1 { Paul, Mary };
enum     namen2 { Peter, Paul }; // Fehler: Paul redefiniert
double   Paul;                   // Fehler: Paul redefiniert
```

4.3 Operatoren

Die in diesem Abschnitt vorgestellten Operatoren sind für die bisher vorgestellten elementaren und abgeleiteten Typen definiert. Operatoren können unär, binär oder ternär sein. Operatoren, wie z.B. +, werden auf

Operanden angewandt und definieren hierdurch eine Operation, wie beispielsweise 4 + 5. Ein **Ausdruck** besteht dabei aus einer oder mehrerer solcher Operationen. Die mittels der Operatoren definierten Operationen unterliegen den üblichen mathematischen Regeln bzgl. Assoziativität und Kommutativität soweit die Operatoren selbst assoziativ und kommutativ sind. Operatoren können für selbstdefinierte Typen (Structures, Unions und Klassen; siehe Kapitel 7 - 9) auch überladen werden. Die Möglichkeiten und Einschränkungen des Überladens (z.B. bzgl. der Assoziativität und Kommutativität) von Operatoren werden in Kapitel 10 vorgestellt.

4.3.1 Arithmetische Operatoren

Unäre arithmetische Operatoren sind:

+   Unäres Plus
-        Unäres Minus

Beispiel:

```
int     i       = -j;    // i = -15, - als unärer Operator
```

Binäre arithmetische Operatoren sind:

+   Addition
-        Subtraktion
*   Multiplikation
/   Division
%   Modulooperator (Divisionsrest)

Beispiele:

```
int     k       = 5 % 3;        // k = 2
int     j       = 5 * 3;        // j = 15
double  r       = 5 / 3;        // r = 1.0
int     n       = k + j;        // n = 17
```

Man beachte, daß es in C++ keine typspezifischen Operatoren gibt, wie z.B. in Pascal der div-Operator (ganzzahlige Division) und / für die Division reeller Zahlen. Soll eine Operation ausgeführt werden und sind die Operanden nicht vom entsprechenden Typ, so wird eine implizite Typkonvertierung (sofern möglich) gemäß den Regeln aus Kapitel 4.1ff vorgenommen. Diesen Umstand sollte man nicht außer acht lassen, denn dies bedeutet z.B.:

```
3/5         /*  Ergibt 0, da die Operanden vom Typ int sind
                und somit der Operator / als die ganzzahlige
                Division interpretiert wird, aber */
3.0/5       /*  Ergibt 0.6, da nun eine implizite Typkon-
                vertierung der 5 nach double vorgenommen
                wird. Der Operator / wird als Division
                reeller Zahlen gewertet. */
```

4.3.2 Inkrement- und Dekrement-Operatoren

C++ (wie auch C) besitzt zwei (unäre) Operatoren, um direkt Inkrementierung und Dekrementierung auszudrücken:

der Inkrementoperator ++   erhöht den Wert des Operanden um 1

der Dekrementoperator --   erniedrigt den Wert des Operanden um 1

Beide Operatoren können sowohl als Präfix- als auch als Postfixoperatoren verwendet werden. Wird z.B. der Inkrementoperator ++ als **Präfix**operator benutzt, so bedeutet dies, daß <u>zuerst</u> der Operand um 1 erhöht wird und dann der Operand ausgewertet wird. Wird ++ als **Postfix**operator verwendet, so ist das Ergebnis der Auswertung der Wert des unveränderten Operanden, und erst <u>danach</u> wird der Operand inkrementiert. Der analoge Sachverhalt gilt für den Dekrementoperator --. Hierzu einige Beispiele:

```
int x      =   3;
int y      =   x++;      // y = 3, x = 4
int k      =   ++y;      // y = 4, k = 4
int i      =   --k;      // k = 3, i = 3
int j      =   i--;      // j = 3, i = 2
int v[4]   =   {1,2,3,4};
int *pv    =   &v[0];    // pv zeigt auf den Anfang von v
int *p1    =   ++pv;     // p1 und pv zeigen auf v[1]
int a      =   *p1++;    // a = v[1],p1 zeigt jetzt auf v[2]
```

Der Operator ++ bezieht sich hier auf *p1* und nicht auf **p1*, da unäre Operatoren gleicher Priorität rechts-assoziativ sind; somit ist **p1++* äquivalent zu **(p1++)*. Allgemein gilt, daß unäre Operatoren und Zuweisungsoperatoren rechts-assoziativ, alle anderen Operatoren links-assoziativ sind (vgl. Anhang).

4.3.3 Zuweisungsoperatoren

Den am häufigsten benutzten Operator kennen wir bereits, es ist der binäre Zuweisungsoperator =. Eine Zuweisung wird wie folgt vorgenommen:

```
<linke Seite> = <rechte Seite>
```

Es werden jeweils die rechte und die linke Seite ausgewertet. Durch die Auswertung der linken Seite wird der Speicherbereich bestimmt, den die linke Seite angibt. Das Ergebnis der Auswertung der rechten Seite wird in den so ermittelten Speicherbereich abgelegt (kopiert):

```
int  v[10];
int  a         =    2;
     v[a+3]    =    8;        // v[5] = 8
int  (*p)[10]  =    {1,2,3,4,5,6,7,8,9,10};
                             // Zeiger auf Vektor
int  (*q)[10]  =    {11,12,13,14,15,16,17,18,19,20};
     *p++      =    *q++;     // Zuweisung und Inkrementierung
```

Letztere Zuweisung wird wie folgt ausgewertet:

1)   Die Auswertung der rechten Seite ergibt den Inhalt des nullten Elements des Vektores, auf den q verweist, also den Wert 11.

2)   Danach wird q inkrementiert und verweist auf das nächste Vektorelement mit Inhalt 12 (Beachte: Inkrementoperator + + als Postfixoperator).

3)   Dann wird die linke Seite ausgewertet; das Ergebnis ist ein Verweis auf das nullte Element des Vektors, auf welches p verweist.

4)   Danach wird p inkrementiert und verweist auf das nächste Element mit Inhalt 2.

5)   Dann wird der Wert der rechten Seite (11) in das Vektorelement kopiert, auf das vormals p zeigte, also das nullte Element.

Somit ist jetzt *(p - 1) == 11.

Leider ist die Auswertungsreihenfolge nicht so strikt sequentiell wie oben angedeutet. Es kann auch sein, daß zuerst die linke Seite ausgewertet wird und dann die rechte Seite. Das einzige, was garantiert ist, ist die erst später stattfindende Inkrementierung von p und q nach Auswertung des jeweiligen Ausdrucks. Daher ist das Ergebnis einer Zuweisung wie beispielsweise

```
int i   =   1;
v[i]    =   i++;
```

nicht immer gleich oder mit anderen Worten undefiniert. Das Ergebnis kann sowohl *v[1] = 1* als auch *v[2] = 1* sein.

Es gilt, daß die Auswertungsreihenfolge der Operanden solcher Ausdrücke im allgemeinen unbestimmt ist und vom Einzelfall abhängt. Daher sollte man möglichst nie Ausdrücke verwenden, bei denen das Ergebnis von der Auswertungsreihenfolge der Operanden abhängt. Dies ist sowieso schlechter Programmierstil in allen Sprachen.

Zur **Abschreckung** diene dem Leser deshalb folgendes Programmstück:

```
int      vi[5]   =    { 1,    2,       3,      4,      5 };
double   vd[5]   =    { 1.0,  2.0,     3.0,    4.0,    5.0 };
int      ai, bi, ci, di, wi, i;
double   ad, bd, cd, dd, wd;
i   =   0;
wi  =   (ai      =    vi[i++])    *    (bi =    vi[i++]) /
        ((ci     =    vi[i++])    *    (di =    vi[i++])));
i   =   0;
wd  =   (ad      =    vd[i++])    *    (bd =    vd[i++]) /
        ((cd     =    vd[i++])    *    (dd =    vd[i++])));
```

Die Ausgabe der Werte von *ai,...,di* sowie *ad,...,dd* läßt erkennen, in welcher Reihenfolge die jeweiligen Ausdrücke ausgewertet werden (Übung für den Leser). Eine Zuweisung ist ein Ausdruck, und man kann daher auch schreiben

```
while (*p++ = *q++) ...
```

Eine Zuweisung hat ferner ein Ergebnis, und zwar den Wert, der zugewiesen wird. Bei der Zuweisung *v[a+3] = 8;* ist dies also der Wert *8* und bei der Zuweisung (im obigen Beispiel) *p++ = *q++;* der Wert *11*. C++ kennt noch weitere Zuweisungsoperatoren. Sie sind Kombinationen des Zuweisungs-operators mit anderen binären Operatoren. Eine Zuweisung der Form

```
<linke Seite> <Operator>= <rechte Seite>
```

ist - sofern keine Seiteneffekte auftreten (wie z.B. bei *v[i++] *= 5;*) - eine Kurzschreibweise für die Zuweisung

```
<linke Seite> = <linke Seite> <Operator> <rechte Seite>
```

Die Liste dieser Zuweisungsoperatoren ist:

+=	addieren und zuweisen
-=	subtrahieren und zuweisen
*=	multiplizieren und zuweisen
/=	dividieren und zuweisen
%=	modulo und zuweisen
>>=	rechtsschieben und zuweisen
<<=	linksschieben und zuweisen
&=	bitweises Und und zuweisen
^=	inklusives Oder und zuweisen
|=	exklusives Oder und zuweisen

Beispiel:

```
y += x;          // ist äquivalent zu  y = y + x;
```

Ein Vorteil der Verwendung solcher Zuweisungsoperatoren liegt in der effizienten Ausführung der Operationen, da die Adresse, die durch die linke Seite spezifiziert wird, nur einmal ermittelt wird:

```
v[f(i)] += 3;    // f als "laufzeitintensive" Funktion
```

4.3.4 Vergleichsoperatoren

Vergleichsoperatoren sind

> größer
> = größer oder gleich
< kleiner
< = kleiner oder gleich
= = gleich (Beachte: = ist der Zuweisungsoperator!)
! = ungleich

Beispiel:

```
int x = 1;
int y = 5;
...(x < y)...    // Der Ausdruck ist wahr
```

In C und C++ existiert kein Typ *boolean*, wie z.B. aus Pascal oder Simula bekannt. Was sind also die Ergebnisse von Vergleichsoperationen? Vergleichsoperatoren (allesamt binär) liefern als Ergebnis einen Integerwert. Ist die Bedingung erfüllt (**true**), liefern alle Vergleichsoperatoren den Wert 1; ist die Bedingung nicht erfüllt (**false**), liefern sie den Wert 0. In booleschen Ausdrücken werden aber auch Werte $\neq 1$ (sofern sie auch $\neq 0$ sind) als wahr interpretiert. Setzen wir obiges Beispiel nun fort:

```
int k = (x < y);     // k = 1
int i = (x == y);    // i = 0
```

4.3.5 Boolesche Operatoren

Boolesche Operatoren sind

&&   logisches Und
|| logisches Oder
!   logisches Nicht

Die ersten beiden Operatoren sind binär und der letztgenannte unär. Interessant ist hierbei, daß Ausdrücke, in denen ein "logisches Und" bzw. ein "logisches Oder" vorkommt, immer von links nach rechts ausgewertet werden und die Auswertung abbricht, sobald ein Operand *false* (beim "logischen Und") bzw. *true* (beim "logischen Oder") ist. Abfragen wie beispielsweise:

```
int a = 10, b = 0;
if ((b != 0) && ((a / b) >= 5)) ...
```

führen daher nicht zu einem Fehler, obwohl *b* den Wert 0 hat. Der Operand des logischen Nicht muß einem elementaren Typ angehören oder ein Zeiger sein. Der Wert des logischen Nicht ist 1, falls der Operand den Wert 0 hat, und der Wert ist 0, falls der Wert des Operands ungleich 0 ist. Die Tatsache, daß es keinen Typ *boolean* gibt, läßt es zu, Bedingungen in für manchen Programmierer ungewohnter Form zu schreiben. So ist

```
while (i != 0) ....
// i vom Typ int
```
äquivalent zu
```
while (i) ...
```

Bemerkung:
Die einzelnen Operatoren sind untereinander priorisiert. So haben z.B. Vergleichsoperatoren eine höherer Priorität als der Zuweisungsoperator. Die Tabelle der Reihenfolge von Operatoren (im Anhang) sollte man sich daher gründlich einprägen oder Ausdrücke vollständig klammern.

4.3.6 Bitweise logische Operatoren

Wie bereits angesprochen, bietet C++ diverse Möglichkeiten, um die Objekte der Hardware (also Bits bzw. Bytes) direkt zu manipulieren. Hierzu stehen einige einfach zu handhabende Operatoren zur Verfügung. Dies sind:

&	bitweises Und
|	bitweises inklusives Oder
^	bitweises exklusives Oder
<<	shiften nach links
>>	shiften nach rechts
~	1-er Komplement

Alle diese Operatoren, bis auf das Komplement, bezeichnen binäre Operatoren. Obige Operatoren lassen sich auf Integer-Objekte anwenden, nicht aber auf Objekte vom Typ *float* oder *double*:

```
int    x    =    5;      // Binärdarstellung ist 0...0101
int    m    =    3;      // Binärdarstellung ist 0...0011
int    y    =    x & m;  /* Binärdarstellung ist 0...0001,
                            y == 1 */
int    i    =    4;      // Binärdarstellung ist 0...0100
int    j    =    i << 2; /* Binärdarstellung ist 0...10000,
                            j = 16 */
int    k    =    6;      // Binärdarstellung ist 0...0110
int    l    =    ~k;     // Binärdarstellung ist 1...1001
```

Anmerkung:
Auch wenn die Operanden *signed* bzw. *unsigned* sein können, so ist aus Portabilitätsgründen *unsigned* zu präferieren. Denn die Art und Weise, wie das Vorzeichenbit von den verschiedenen bitweisen Operatoren interpretiert wird, ist maschinenabhängig. So wird z.B. bei manchen Implementierungen des Shift-Operators, angewandt auf eine Variable mit Vorzeichen, das Vorzeichen durchgeschoben; auf anderen Maschinen werden 0-Bits eingesetzt.

4.3.7 Konditionaler Operator

Der konditionale Operator ist der einzige ternäre Operator in C++. Man betrachte zunächst die folgende Anweisung:

```
if (a > b)   z = a;
else         z = b;
```

deren Bedeutung intuitiv klar sein sollte. *z* enthält nach Ausführung der Anweisung das Maximum der Werte von *a* und *b*. Mittels des **konditionalen Operators** (oder auch **arithmetisches if**) läßt sich obige Anweisung wie folgt als Zuweisung schreiben:

```
z = (a > b) ? a : b;
```

Allgemein ist der Wert des bedingten Ausdrucks *e1 ? e2 : e3*, (wobei *e1, e2* und *e3* wiederum Ausdrücke sind), gegeben durch den Wert von *e2*, falls *e1* einen Wert ungleich Null besitzt, andernfalls durch den Wert von *e3*. Der Ausdruck *e1* muß dabei elementaren Typs oder ein Zeiger sein. Sind die Ausdrücke *e2* und *e3* unterschiedlichen Typs, wird versucht, sie in einen gemeinsamen Typ zu konvertieren; ist dies nicht möglich, liegt ein Fehler vor.

4.3.8 Kommaoperator

Mehrere Ausdrücke lassen sich mittels des Kommaoperators sequentiell auswerten. Der Ausdruck

```
Ausdruck_1, Ausdruck_2, ... , Ausdruck_n
```

wird von links nach rechts ausgewertet, und der Wert des gesamten Ausdrucks entspricht dem Wert von Ausdruck_n:

```
int a = 0, b = 0, c;
c = (a++, b++, b++, b++);   // a = 1, b = 3, c = 2
```

Der Kommaoperator sollte nicht verwechselt werden mit dem Komma in einer Liste von Definitionen oder dem Komma in der Parameterliste einer Funktion bzw. eines Funktionsaufrufes. Soll der Kommaoperator z.B. beim

Funktionsaufruf verwendet werden, so ist eine Klammerung notwendig, da hier die Auswertungsreihenfolge der einzelnen Ausdrücke nicht festgelegt ist:

```
f(x, (y = 10, y = y - 5), z);
```

Die Funktion *f* wird mit drei Parametern aufgerufen und der Wert des zweiten Parameters ist *5*. Die oben angegebene Auswertungsreihenfolge der Ausdrücke bei Verwendung des Kommaoperators bezieht sich allerdings nur auf die Auswertungsreihenfolge der Ausdrücke untereinander. D.h. es ist beispielsweise nur gesichert, daß Ausdruck_2 nach Ausdruck_1 ausgewertet wird. Es ist aber durchaus möglich, daß zwischen diesen Auswertungen Auswertungen anderer Ausdrücke vorgenommen werden:

```
int i, w;
w = (i = 1, ++i) + (i = 10, ++i);  // w entweder 5, 13 oder 23
```

4.3.9 Sonstige Operatoren

Andere Operatoren wie z.B. *sizeof()*, den Dereferenzierungsoperator * oder den Adreßoperator & haben wir bereits kennengelernt. Operatoren, die bzgl. ihrer Bedeutung erst im Zusammenhang mit selbstdefinierten Typen (Unions, Structures, Klassen) verdeutlicht werden können, werden erst in späteren Kapiteln behandelt. Zur Vollständigkeit hier aber eine Zusammenstellung dieser Operatoren samt Angabe der Kapitel, in denen ihre Bedeutung und Anwendung besprochen wird (zur Erinnerung: die Tabelle der Operatoren im Anhang enthält eine Liste aller Operatoren und ihrer Priorität untereinander):

Operator	Bedeutung	Kapitel
sizeof	sizeof-Operator	4.1.1.1
( )	Typkonversion	4.1.1.3
&	Adreßoperator	4.1.2.1
*	Dereferenzierungsoperator	4.1.2.2
[ ]	Vektoroperator	4.1.2.3
( )	Funktionsaufruf	5.1 und 6
::	Gültigkeitsbereich	5.1.2.1
new	Kreieren von Objekten	6.3.1.1
delete	Löschen von Objekten	6.3.1.2
->	Pfeiloperator	7 ff
.	Punktoperator	7 ff
->*	Member-Zeiger-Auswahl	8 ff
.*	Member-Zeiger-Auswahl	8 ff

5 ANWEISUNGEN

Bisher sind uns nur zwei Anweisungstypen häufiger begegnet, und zwar die Deklaration und die Zuweisung mittels des Zuweisungsoperators. In diesem Kapitel wollen wir alle Anweisungstypen der Sprache C++ behandeln, insbesondere auch die Anweisungen, die die Reihenfolge der Abarbeitung des Programms steuern. Anweisungen lassen sich wie folgt gruppieren in:

1) **Elementare Anweisungen:**
   * **Deklarations-Anweisungen,**
   * **Ausdrucks-Anweisungen,**
   * **Zusammengesetzte Anweisungen**

2) **Auswahl-Anweisungen:**
   * **if-else,**
   * **switch**

3) **Iterations-Anweisungen:**
   * **while,**
   * **for,**
   * **do-while**

4) **Sprung-Anweisungen:**
   * **break,**
   * **continue,**
   * **goto,**
   * **return**

5.1 Elementare Anweisungen

5.1.1 Deklarations- und Ausdrucks-Anweisungen

Ein Ausdruck wird zu einer **Anweisung** durch Anhängen eines Semikolons. Betrachten wir dazu die Deklaration:

```
int x;
double y, i;
```

Deklarationen sind in C++ also Anweisungen, sogenannte **Deklarations-Anweisungen.** Gleiches gilt auch für Ausdrücke wie Zuweisungen und Funktionen. Während die Definition einer Funktion und der Funktionsaufruf

Ausdrücke sind, wird der Funktionsaufruf (vgl. einführendes Beispiel in Kap.
2) durch Anhängen des Semikolons zur **Funktionsaufruf-Anweisung** (vgl.
Kapitel 6):

```
int f(int a, int b);
f(3, 4);
```

Eine Zuweisung wird durch Anhängen eines Semikolons zur **Zuweisungs-
Anweisung**:

```
int x;
x = 0;
```

Sowohl die Funktionsaufruf-Anweisung als auch die Zuweisungs-Anweisung
gehören zur Gruppe der **Ausdrucks-Anweisungen**. Die **leere Anweisung**
- nur aus einem Semikolon bestehend - ist auch eine zulässige Anweisung und
gehört ebenfalls zu dieser Gruppe:

```
int x = 0;
;               // Leere Anweisung
int y = 1;
```

Mehrere Anweisungen, die sequentiell aufeinander folgen, werden nach-
einander ausgeführt:

```
int x, y, z;
x = 3;
y = x;         //  y = 3
z = y;         //  z = 3;
```

5.1.2 Zusammengesetzte Anweisungen

Eine (möglicherweise leere) Folge von Anweisungen kann auch zu einem
Block zusammengefaßt werden und syntaktisch wie eine einzelne Anweisung
behandelt werden; ein Block ist daher auch eine Anweisung, die häufig auch
als **zusammmengesetzte Anweisung (compound statement)** bezeichnet
wird. Ein solcher Block wird durch einen Anfang, {, und durch ein Ende, },
gekennzeichnet (man denke hier als Vergleich an die Schlüsselwörter *begin*
und *end* etwa in Pascal):

```
{
    x = 2;
    y = x;
}
```

Blöcke lassen sich, da sie syntaktisch wie eine einzelne Anweisung behandelt
werden, auch ineinanderschachteln:

```
{
    x = 2;
    y = x;
    {
        z = 5 * x;
        k = z;
    }
}
```

Die Deklaration ist, wie bereits angesprochen, eine Anweisung und kann daher auch in einer Anweisungssequenz auftreten:

```
{
    int x = 2;
    {
        int r = 3;
        int z = 5 * r;   // z = 15
    }
    int k = 5 * x;       // k = 10,  r ist hier undefiniert
}
```

Hinweis:
Dies unterscheidet sich von C, da dort Deklarationen innerhalb eines Blockes vor anderen Anweisungen plaziert werden müssen.

5.1.2.1   Gültigkeitsbereich von Variablen

Die Frage ist nun, in welchem Bereich die so definierten Variablen gültig sind. Wie obiges Beispiel andeutet, gilt, daß eine Variable in dem Block gültig ist, in dem sie deklariert ist, und zwar ab der Stelle der Deklaration. Nach Verlassen des Blockes ist diese Variable nicht mehr bekannt.

Eine in einem inneren Block definierte Variable mit demselben Namen wie eine Variable eines äußeren Blockes "überdeckt" deren Definition. Nach Abarbeitung des inneren Blockes ist wieder die Definition des äußeren Blockes gültig:

```
{
    int x = 3;
    int y = x++;         //  y == 3, x == 4
    {
        int x   = 10;    //  Lokal definiertes x
        int y   = 20;    //  Lokal definiertes y
        x   = y + x * y; //  Lokales x == 220
        y++;             //  Lokales y == 21
    }                    /* Ab hier sind die
                            Bezeichner des inneren
                            Blockes undefiniert */
    x++;                 //  x == 5
    y++;                 //  y == 4
}
```

Da der Bezeichner *x* durch die Definition im inneren Block "überdeckt" wird,
kann in diesem Block das zu Beginn definierte *x* nicht mehr angesprochen
werden. Der Bezeichner *x* bezieht sich also hier nur auf das lokal definierte *x*.
Die einzige Möglichkeit, durch eine Definition überdeckte Variablen
anzusprechen, bietet der **Scope**-Operator ::. Ist eine Variable global (also
außerhalb der Funktion *main* und anderer Funktionen) definiert, so läßt sie
sich durch Davorschreiben des Scope-Operators ansprechen:

```
int x = 3;              //  Globales x
int y = 4;              //  Globales y
f( )
{
    int x   = 1;        //  Lokales     x == 1;
    ::x     = 2;        //  Globales    x == 2,
    int y   = x;        //  Lokales     y == 1
    y       = ::y;      //  Lokales     y == 4
}
```

Einer global definierten Variablen wird nur einmal ein Speicherbereich zugewiesen. Die Variable bleibt bis zur Terminierung des Programms gültig.
Lokal definierte Variablen sind dagegen nur innerhalb des Blockes gültig, in
dem sie definiert werden. Ist der Block abgearbeitet, existiert die Variable
nicht mehr, d.h. der ihr zur Definitionszeit zugewiesene Speicherbereich wird
wieder freigegeben, so daß er für andere Zwecke verwendet werden kann. Es
gibt allerdings auch die Möglichkeit, eine Variable in einem Block - also lokal
- zu definieren, so daß sie bis zur Terminierung des Programms existiert, sich
also ähnlich zu global definierten Variablen verhält. Diese als statisch
bezeichneten Variablen haben - im Gegensatz zu normalen lokalen Variablen -
permanenten Speicherplatz. Hierzu wird das Schlüsselwort **static** verwendet:

```
f( )
{
    int a = 1;
    while (a < 4)
    {
        int b = 1;  /*  Bei jedem Schleifendurchlauf wird
                        für b dynamisch Speicherplatz
                        reserviert und b initialisiert   */
        static int c = 1;
                    /*  Für c wird nur einmal (statisch)
                        Speicherplatz angelegt, und c
                        wird nur einmal initialisiert     */
        a++;        //  (*)
        b++;
        c++;
    }
    a = c;          /*  Fehler, da c außerhalb der while-
                        Schleife undefiniert ist           */
}
```

Die Werte der Variablen *a, b, c* an der im vorletzten Kommentar mit "(*)" gekennzeichneten Stelle sind für die einzelnen Iterationen:

```
               a   b   c
1. Iteration:  1   1   1
2. Iteration:  2   1   2
3. Iteration:  3   1   3
```

Außerhalb der *while*-Schleife ist der Name *c* nicht mehr bekannt. Dies unterscheidet eine mit *static* in einem inneren Block definierte Variable von einer globalen. Konstantendefinitionen (und die später noch zu erklärenden Inline-Funktionen) sind per Definition immer statisch.

Hinweis:
Da die Variable *c* in obigem Beispiel als *static* definiert ist, gehört sie der Speicherklasse 'statisch' an und wird bei Fehlen des Initialwertes, also bei *static int c;* mit 0 initialisiert.

5.2 Auswahl-Anweisungen

5.2.1 if-else

Die *if-else* Anweisung wird zur Verzweigung des Programmablaufs benutzt. Die Syntax ist:

if (Ausdruck)
    Anweisung_1
else
    Anweisung_2

Ist der Wert des Ausdrucks ungleich Null (wahr), so wird Anweisung_1 ausgeführt, andernfalls Anweisung_2. Der *else*-Zweig ist optional.

```
int x = 0, y = 10;
if (x == 0) x = 3;     // Äquivalent zu  if (!x) x=3;
if (y >= 5) y = 3 * y; /* Beachte: Eine elementare
                          Anweisung besteht aus einem
                          Ausdruck, gefolgt von
                          einem Semikolon */
else        y = 0;
```

Weder Anweisung_1 noch Anweisung_2 dürfen als einzige Anweisung eine Deklaration enthalten:

```
if (x)  int y = 3;  /* Fehler: Eine Deklaration als einzige
                       Anweisung hinter if */
else    int z = 4;  // Fehler: wie oben
```

Da der *else*-Zweig optional ist, muß festgelegt werden, auf welches *if* sich ein *else* bezieht. Es gilt, daß sich das *else* immer auf das direkt davor liegende *if* bezieht, welches noch nicht mit einem *else* "in Verbindung steht":

```
int n, a, b, z;
if (n > 0)
    if (a > b)    z = a;
    else          z = b;
```

Die Einrückung macht deutlich, auf welches *if* sich das *else* bezieht. Um zu erreichen, daß sich der *else*-Zweig auf ein anderes *if* bezieht, müssen Klammern verwendet werden. In diesem Fall ist die Verwendung eines Semikolons nach der *if*- und vor der *else*-Schleife überflüssig:

```
int n, a, b, z;
if (n > 0) { if (a > b) z = a; }
else z = b;
```

Durch die Konstruktion

> **if** (Ausdruck_1)
>   Anweisung_1
> **else if** (Ausdruck_2)
>   Anweisung_2
> **else if** (Ausdruck_3)
>   Anweisung_3
>   ...
> **else if** (Ausdruck_n)
>   Anweisung_n
> **else** Anweisung_n+1

läßt sich, gemäß obiger Regeln, eine Fallunterscheidung ausdrücken. Es wird dabei die Anweisung_i ausgeführt, deren zugehöriger Ausdruck_i als erster einen Wert ungleich Null liefert (d.h. für alle $k < i$ gilt: Ausdruck_k ist gleich Null). Sind alle Ausdrücke gleich Null, so wird Anweisung_n+1 ausgeführt.

5.2.2 switch

Tief geschachtelte *if-else*-Anweisungen sind normalerweise sehr unlesbar, und Modifikationen an ihnen sind häufig nur schwer durchführbar. Die *switch*-Anweisung stellt in vielen Fällen eine übersichtlichere Möglichkeit zur Beschreibung von Fallunterscheidungen dar. *switch* testet, ob der Wert eines Ausdrucks mit einem Wert aus einer Menge von konstanten Werten übereinstimmt und verzweigt dann dementsprechend. Im allgemeinen wird die *switch*-Anweisung wie folgt verwendet:

```
switch (Ausdruck)
{
    case        Konstante_1:    Anweisung_1      break;
    ...
    case        Konstante_n:    Anweisung_n      break;
    default:                    Anweisung_n+1    break;
}
```

Bei obiger *switch*-Anweisung wird der Ausdruck ausgewertet und mit den Konstanten hinter den Schlüsselwörtern *case* in der angegebenen Reihenfolge verglichen (die Werte dieser Konstanten bezeichnet man auch als *case-label*). Wird eine Konstante_i gefunden, die mit dem Wert des Ausdrucks übereinstimmt, so wird die entsprechende Anweisung_i ausgeführt. Wird keine solche Konstante gefunden, wird die *default*-Anweisung_n+1 ausgeführt. Die darauf folgende optionale **break**-Anweisung bewirkt das Verlassen der *switch*-Anweisung. Wird *break* jedoch nicht angegeben, wird die direkt folgende Anweisung ausgeführt, welche im Normalfall eine weitere *case*-Anweisung ist! Hinter jedem *case-label* muß ein Doppelpunkt stehen. Die Angabe von höchstens einem *default:* ist optional. Die *case*-Fälle können in beliebiger Reihenfolge auftreten, alle Konstanten müssen unterschiedlich sein. Anstelle einer Konstanten darf auch ein konstanter Ausdruck angegeben werden. Der auszuwertende Ausdruck muß aus der Menge der Integer-Typen oder in einen solchen konvertierbar sein. Die Konstanten werden evtl. in den Typ des *switch*-Ausdrucks konvertiert. Hierzu ein Beispiel:

```
char ch = ´0´;
switch (ch)
{
    case ´0´:    cout << "Null \n"; break;
    case ´1´:    cout << "Eins \n"; break;
    default:     cout << "ch ungleich Null oder Eins \n";
                 break;
}
```

Dies erzeugt die Ausgabe: *Null*. Werden die *break*-Anweisungen nicht angegeben, so erhält man die Ausgaben:

```
Null
Eins
ch ungleich Null oder Eins
```

Innerhalb einer *switch*-Anweisung sind Deklarationen erlaubt. Aber es ist verboten, an einer Deklaration mit einer expliziten oder impliziten Initialisierung "vorbeizuspringen", außer sie befindet sich in einem inneren Block, der vom Kontrollfluß des Programms nicht erreicht wird. Wird kein *default* angegeben und ist keiner der *case*-Fälle erfüllt, so wird keine der Anweisungen ausgeführt. *switch*-Anweisungen dürfen ineinander geschachtelt sein. Die *case*- und *default*-Label beziehen sich dann - wie bei *if* - auf das direkt davorliegende *switch*.

5.3 Iterations-Anweisungen

5.3.1 while

While-Anweisungen sind bereits in einigen vorher genannten Beispielen verwendet worden. Die Syntax der *while*-Anweisung ist:

while (Ausdruck) Anweisung

Der Ausdruck wird ausgewertet. Ist sein Wert ungleich Null (wahr), so wird die Anweisung ausgeführt. Anschließend wird der Ausdruck erneut ausgewertet, und dieser Zyklus wiederholt sich solange, bis die Auswertung des Ausdrucks einen Wert gleich Null (falsch) liefert. Der Ausdruck muß entweder elementaren Typs oder ein Zeiger sein (oder ein Klassentyp der eindeutig in einen der beiden vorgenannten Typen konvertierbar ist):

```
int i = 10, v[10];
while (i)                    // Äquivalent zu while (i != 0)
{
    v[i - 1] = i - 1;        /*  Initialisierung des Vektors v
    i--;                         mit den Werten von i      */
}
while(1) { }                 // Endlosschleife!
```

5.3.2 for

Die Syntax der *for*-Anweisung ist:

for (Anweisung_1 Ausdruck_1 ; Ausdruck_2) Anweisung_2

Ausdruck_1 muß entweder elementaren Typs oder ein Zeiger sein (oder ein Klassentyp, der eindeutig in einen der beiden vorgenannten Typen konvertierbar ist). Die Syntax der *for*-Anweisung ist äquivalent zur Anweisungsfolge

Anweisung_1
while (Ausdruck_1)
{
    Anweisung_2
    Ausdruck_2 ;
}

bis auf die Tatsache, daß bei einer *continue*-Anweisung (s.u.) in Anweisung_2 noch Ausdruck_2 ausgeführt wird, bevor Ausdruck_1 erneut ausgewertet wird. Die Ausdrücke 1 und 2 sind optional. Das Semikolon darf dagegen nicht

ausgelassen werden. Wird Ausdruck_1 weggelassen, so wird die Schleifen–
bedingung als permanent wahr festgelegt.

```
int i, v[10];
for (i = 0; i < 10; i++) v[i] = 10 * i;
for (i = 9; i >= 0; i--) cout << v[i] << "\n";
```

Bemerkung:
Wie bereits erwähnt sind Deklarationen Anweisungen. In C++ (in C jedoch nicht) ist es daher
z.B. möglich, Laufvariablen für for-Schleifen direkt in der for-Schleife selbst zu deklarieren.
Jedoch ist Vorsicht angebracht: Enthält Anweisung_1 eine solche Deklaration, so ist der
entsprechende Bezeichner in dem Block gültig, in dem sich die *for*-Schleife befindet, und nicht
nur für Anweisung_2.

5.3.3   do-while

Die *do-while*-Anweisung garantiert die mindestens einmalige Ausführung der
Anweisung. Die Syntax der *do-while*-Anweisung ist:

do Anweisung
while (Ausdruck);

Dies ist semantisch äquivalent zu:

Anweisung
while (Ausdruck) Anweisung

5.4 Sprung-Anweisungen

5.4.1   break

Die *break*-Anweisung veranlaßt ein sofortiges Beenden (einen Sprung aus) den
Anweisungen *while*, *for*, *do-while* und *switch* und darf auch nur in diesen
Anweisungen verwendet werden. Es wird hierbei die innerste einschließende
Schleife von *while*, *for*, *do-while* oder *switch* sofort verlassen:

```
for (i = 0; i < N; i++)
{
    if (a[i] < 0)
    {
        cout << "Fehler\n";
        break;
    }
    .....               // Weitere Anweisungen
}
```

Ist ein Element des Vektors *a* negativ, so wird die *for*-Schleife verlassen. Die Verwendung von *break* erleichtert es oft, komplexe Schleifen zu beenden. Dadurch erhöht sich die Übersichtlichkeit des Programms.

5.4.2 continue

Die *continue*-Anweisung wird nur selten verwendet. Sie bewirkt den sofortigen Beginn der nächsten Schleifeniteration der innersten einschließenden *for-*, *while-* oder *do-while*-Schleife (d.h. bewirkt den Sprung an das Ende der innersten Schleife) und darf auch nur in diesen verwendet werden:

```
for (i = 0; i < N; i++) if (a[i] < 0) continue;
// Überspringe die negativen Elemente
```

Die *continue*-Anweisung wird z.B. dann verwendet, wenn der restliche Teil der Schleife so kompliziert werden würde, daß ein zusätzlicher Test und Einrücken der Zeilen das Programm noch unübersichtlicher machen würden.

5.4.3 goto

Wie die meisten Programmiersprachen bietet auch C++ die Anweisung *goto* an. Diese Anweisung ist für höhere Programmiersprachen in der Regel unnötig und sollte nur in Ausnahmefällen benutzt werden. Die Verwendung von *goto* erschwert das Verständnis für den Programmablauf und verschlechtert häufig die Lesbarkeit eines Programmes. Ihre Syntax lautet

```
goto        Bezeichner;
Bezeichner: Anweisung
```

Die *goto*-Anweisung bewirkt, daß das Programm an der durch *Bezeichner* gekennzeichneten Stelle (**Label**) fortgesetzt wird. Der Gültigkeitsbereich des Labels ist die Funktion, in dem das Label vorkommt. Labels dürfen nicht innerhalb einer Funktion redeklariert werden, aber sie dürfen in einer *goto*-Anweisung verwendet werden, bevor sie definiert worden sind:

```
if (a > 0) goto ende;
ende: cout << "Ende \n";
```

Ein Ausnahmefall, bei dem die Verwendung von *goto*-Anweisungen sinnvoll sein kann, ist beispielsweise das Herausspringen aus einer tief verschachtelten Struktur, da hier die *break*-Anweisung nicht mehr ausreicht und zu viele Abfragen das Programm unübersichtlich machen würden:

```
for (...)
    for (...)
        for (...)
            ...
            if (katastrophe) goto fehler;
fehler: ...    // Fehler-Behandlung
```

5.4.4   return

Die *return*-Anweisung ist zulässig innerhalb von Funktionen (Kapitel 6) sowie Konstruktoren und Destruktoren (Kapitel 8 und 9). Ihre vornehmliche Anwendung findet die *return*-Anweisung innerhalb von Funktionen und dieser Fall wird im anschließenden Kapitel 6 erläutert. Hier jedoch bereits eine Zusammenfassung. Die Syntax der *return*-Anweisung ist:

return <Ausdruck>;

wobei es Einschränkungen für die Verwendung des Ausdrucks gibt. Eine *return*-Anweisung ohne Angabe eines Ausdrucks kann nur in Funktionen verwendet werden, die kein Ergebnis zurückliefern (also Ergebnistyp *void* haben) oder in Konstruktoren und Destruktoren. Eine *return*-Anweisung mit Angabe eines Ausdrucks kann nur in Funktionen verwendet werden, die ein Ergebnis zurückliefern (also einen Ergebnistyp ungleich *void* besitzen). In diesem Fall wird der Wert des Ausdrucks an den Aufrufer der Funktion zurückgegeben. Falls notwendig und möglich, wird dabei eine implizite Typkonvertierung vorgenommen. Erreicht der Kontrollfluß des Programms das Ende einer Funktion ohne Angabe einer *return*-Anweisung, so ist dies semantisch äquivalent zur *return*-Anweisung ohne Angabe eines Ausdrucks; dies ist nur erlaubt für Funktionen mit Ergebnistyp *void*.

Bemerkung:
Andere Möglichkeiten zur Unterbrechung, insbesondere zur Behandlung von Fehlern, bieten die Funktionen **exit()**, **abort()** und **atexit()**. Alle Funktionen sind in der Standard-Header-Datei **<stdlib.h>** deklariert und bewirken das Beenden des Programms, allerdings mit gewissen Unterschieden.

Die Syntax aller in Kapitel 5 angesprochenen Anweisungen ist nochmals in tabellarischer Form im Anhang verzeichnet.

6 FUNKTIONEN

Funktionen werden eingesetzt, um Programme in leichter verständliche Teile zu zergliedern. Sie stellen ein wesentliches Instrumentarium dar, um große Probleme in den Griff zu bekommen. Für die Verwendung von Funktionen ist deren konkrete Implementation im allgemeinen unwichtig. So lassen sich z.B. Ein- und Ausgabefunktionen aus der Standardbibliothek nutzen, ohne daß deren Implementation bekannt sein muß. Es muß nur bekannt sein:

1) der Name der Funktion,
2) die formalen Parameter (Anzahl, Reihenfolge, Typen), häufig auch als *Signatur* einer Funktion bezeichnet,
3) der Ergebnistyp,
4) eine evtl. informelle Beschreibung über das, was die Funktion leistet.

Wie Funktionen in C++ definiert werden, welche Parameterübergabemechanismen unterstützt und wie Ergebnisse zurückgegeben werden, zeigen die nächsten Unterkapitel.

6.1 Definition einer Funktion

Eine Funktion wird wie folgt allgemein definiert:

```
<Ergebnistyp>     <Name der Funktion>
                (   <Typ_1>      <Parameter_1>,
                            ...,
                    <Typ_n>      <Parameter_n>  )
        { Anweisungsfolge }
```

d.h. ohne Angabe eines Semikolons nach der schließenden geschweiften Klammer. Die Parameter *1* bis *n* sind innerhalb des gesamten Funktionsrumpfes gültig. Hier ein Beispiel:

```
int fakultaet (int n)
{
    if (n > 1)  return n * fakultaet (n - 1);
    else        return 1;
}
```

Wird kein Ergebnistyp angegeben, so wird *int* als Ergebnistyp angenommen. Die - von der Definition von einfachen Variablen - gewohnte

Kurzschreibweise ist bei der Angabe der Parameter in Funktionen nicht
erlaubt. Die Liste der Parameter darf allerdings leer sein:

```
int f(int a, b, c);  // Fehler
dummy( ) { ... }     // OK
```

In C++ ist es auch möglich, das Schlüsselwort *void* in der Parameterliste zu
verwenden, um das Fehlen von Parametern explizit zu verdeutlichen (es könnte
ja durchaus sein, daß die Angabe von Parametern vergessen wurde). Deshalb
ist folgende Funktion semantisch äquivalent zu obiger Funktion:

```
dummy (void) { ... }
```

Auch die Anweisungsfolge im Funktionsrumpf darf ausgelassen werden. Eine
minimale Funktion ist daher beispielsweise

```
dummy( ) { }
```

Anmerkung:
In C++ bedeutet obige Definition, daß *dummy* ohne Parameter aufgerufen werden muß. In C
dürfte *dummy* mit einer beliebigen Anzahl von Argumenten beliebigen Typs aufgerufen
werden.

Die Angabe der Bezeichner der Parameter einer Funktion ist bei ihrer
Deklaration nicht notwendig. Eine solche Deklaration bezeichnet man auch als
Funktionsprototyp:

```
int f(int, int);
```

Die Bezeichner der Parameter sind somit nur eine Dokumentationshilfe und es
ist daher sprachlich durchaus erlaubt, bei der Deklaration und dann späteren
Definition unterschiedliche Bezeichner für die Parameter zu verwenden;
sinnvoll ist dies jedoch nicht:

```
int f(int a, int b);        // Funktionsprototyp
...
int f(int x, int y) { ... } /* Definition mit anderen
                               Parameterbezeichner nicht
                               sinnvoll, aber erlaubt */
```

Unbenutzte formale Parameter der Funktion brauchen aber auch bei der
Definition einer Funktion nicht benannt zu werden. Dies kann z. B. sinnvoll
sein, um bereits Platz für zukünftige Parameter zu reservieren, so daß die
Schnittstelle später nicht mehr verändert werden muß:

```
int f(int a, int)
{
    ... // Es wird nur ein formaler Parameter benutzt
}
```

In einer Funktionsdefinition darf keine Funktion definiert werden. Somit besteht jedes C++-Programm aus einer Ansammlung von Funktionen; ein Ineinanderschachteln von Funktionsdefinitionen ist nicht zulässig.

Bemerkung:
In ANSI C wird eine Funktion genauso deklariert und definiert wie in C++. Die Art der Angabe der Parametertypen in C++ unterscheidet sich allerdings von der in vielen C-Dialekten. In C erfolgt die Angabe des Namens eines Parameters in den Klammern nach dem Funktionsnamen, die Angabe des Parametertyps aber erst nach der schließenden Klammer der Parameter und vor der öffnenden geschweiften Klammer des Funktionsrumpfes:

```
int f( x,y )
int x, y;
{ ... }
```

6.2 Parameterübergabe

Wenn eine Funktion aufgerufen wird (der Funktionsaufruf ist eine Anweisung), wird für jeden formalen Parameter Speicherplatz reserviert und mit dem Wert des entsprechenden aktuellen Parameter belegt. Die Reihenfolge der Auswertungen der Parameter ist nicht festgelegt. Beim Aufruf wird der Typ des formalen Parameters mit dem Typ des aktuellen Parameters verglichen und ggf. eine Typkonvertierung vorgenommen:

```
void f(int i)
{
    cout << "i: " << i;
}

double r = 4.5;
f(r * 0.4);
```

erzeugt die Ausgabe *i: 1* .

6.2.1 Starke Typüberprüfung

Solche gegebenenfalls durchzuführenden Typkonvertierungen bei Funktionsaufrufen sind allerdings nicht immer sinnvoll. Nehmen wir an, wir haben eine Funktion, die das Minimum zweier Integerzahlen bestimmt:

```
int min (int a, int b) { return (a < b) ? a : b; }

int par1 = 10;
int par2 = 20;
min(par1, par2);
```

Obiger Aufruf von *min* ist der gewünschte Normalfall. Was aber passiert in folgenden Fällen?

```
1)   min(17.7, 22.92);
2)   min("klein", "groß");
3)   min(1020);
```

In den letzen beiden Fällen würde die Ausführung von *min* mit großer Wahrscheinlichkeit zu einem Laufzeitfehler führen. Deshalb kann die einzig wünschenswerte Alternative nur sein, solche Fehler bereits zur Kompilierzeit aufzuspüren. Letzteres ist in C++ der Fall, denn **C++ ist** eine **stark** - im Sinne von streng, lückenlos, vollständig - **typisierte** ("**strongly typed**") Sprache. Sowohl die Argumentliste als auch der Ergebnistyp eines jeden Funktionsaufrufs werden bei der Kompilation stark typüberprüft. Wenn eine Unstimmigkeit zwischen den aktuellen Typen des Aufrufs und den Typen der Funktionsdeklaration entdeckt wird, wird versucht, eine sinnvolle implizite Typkonvertierung anzuwenden. Wenn eine solche Typkonvertierung nicht möglich oder die Anzahl der Parameter falsch ist, erfolgt eine Fehlermeldung des Compilers. Der Compiler greift hierbei auf die Informationen der Funktionsdeklaration (auf den Funktionsprototyp) zurück. Deshalb kann eine Funktion nicht aufgerufen werden, bevor sie deklariert worden ist.

Im Fall 1) kann eine sinnvolle implizite Typkonvertierung nach *int* durchgeführt werden. Diesen Aufruf von *min* als Fehler beim Kompilieren auszuweisen wäre vielleicht korrekt, aber wohl doch zu streng. Da es sich hier aber um eine Konvertierung handelt, bei der Information verloren gehen kann (die Nachkommastellen werden abgeschnitten), wird bei einigen Compilern zur Kompilierzeit eine Warnung generiert, um den Programmierer auf eine mögliche Inkonsistenz hinzuweisen.

Aber nicht nur Funktionsaufrufe werden in C++ stark typüberprüft. Jede Initialisierung und jede Zuweisung von Werten wird zur Kompilierzeit überprüft, um sicherzugehen, daß die Typen dieser Werte auch wirklich kompatibel sind. Wenn dies nicht der Fall ist und wenn eine sinnvolle Regel angewendet werden kann, um die Typen aufeinander abzubilden, so wird der Compiler diese Regel anwenden (implizite Typkonvertierung). Wenn keine solche Regel existiert, wird die Anweisung als Fehler gekennzeichnet, um so unvorhergesehenen Programmabbrüchen zur Laufzeit vorzubeugen. Will ein Programmierer dennoch eine Regel anwenden, so muß er dies explizit tun (explizite Typkonvertierung). Auf diese Art und Weise wird er darauf aufmerksam gemacht, daß er etwas tut, was potentiell unsicher ist; die Verantwortung dafür liegt bei ihm selbst.

6.2.2 Call-by-value

Wie bereits angesprochen, sind die formalen Parameter der Funktion innerhalb des Funktionsrumpfes gültig. Die Werte der aktuellen Parameter werden bei Aufruf der Funktion in den entsprechenden Speicherbereich abgelegt (kopiert), die mit den Namen der formalen Parameter assoziiert sind. Die Werte der aktuellen Parameter ändern sich bei Abarbeitung der Funktion nicht:

```
void f(int i)
{
    i++;
    cout << "i in der Funktion f: " << i << "\n\n";
}

int i = 1;
f(i);
cout << "i: " << i << "\n";
```

erzeugt die Ausgaben

```
i in der Funktion f: 2

i: 1
```

6.2.3 Call-by-reference

Übergibt man eine Referenz auf ein Objekt, kann die Funktion die Werte der aktuellen Parameter verändern und so einen Seiteneffekt erzeugen. Bei Übergabe einer Referenz wird also mit dem durch die Referenz bestimmten Objekt gearbeitet. Ferner kann ein formaler Parameter der Funktion als Referenz definiert werden. Der Name des formalen Parameters ist dann ein anderer Name für das Objekt, das durch den aktuellen Parameter bestimmt wird:

```
void f (int wert, int& referenz)
                // Call-by-value, call-by-reference
{
    wert++;        // Übergeben mittels call-by-value
    referenz++;    // Übergeben mittels call-by-reference
}
```

Die Anweisung *wert++;* inkrementiert die lokale Kopie des ersten aktuellen Parameters, wohingegen durch die Anweisung *referenz++;* der zweite aktuelle Parameter inkrementiert wird:

```
int i = 1;
int j = 1;
f (i,j);
cout << "i: " << i << " , j: " << j;
```

erzeugt die Ausgabe: `i: 1 , j: 2`

Der generelle Unterschied zwischen *call-by-reference* und *call-by-value* liegt darin, daß im ersten Fall der sogenannte *lvalue* des aktuellen Parameters der Funktion übergeben wird, während sonst der *rvalue* weitergereicht wird. Um dies zu erklären, rufen wir uns noch einmal den generellen Unterschied von symbolischen Variablen und Konstanten ins Gedächtnis. Beide benötigen Speicherplatz und besitzen einen assoziierten Typ. Aber nur symbolische Variablen sind adressierbar, d.h. es gibt bei ihnen zwei assoziierte Werte:

1) Ihren Datenwert, der irgendwo in einer Speicheradresse abgelegt ist. Dieser Wert wird auch als rvalue (read value) bezeichnet. rvalues kommen grundsätzlich auf der rechten Seite von Zuweisungen vor, denn sie können nur gelesen werden.

2) Die Adresse im Speicher, in dem der Datenwert abgelegt ist (location value). Dieser Wert wird als lvalue bezeichnet. lvalues kommen auf der linken Seite von Zuweisungen vor, denn die linke Seite spezifiziert die Speicheradresse, in welche der Wert der rechten Seite abgelegt werden soll.

Bei *call-by-reference* wird also die Speicheradresse übergeben, wodurch das Verändern (das Schreiben) möglich wird, während bei *call-by-value* nur der Wert weitergereicht (kopiert) wird.

Bemerkung:
Ein Referenzaufruf ist also der Aufruf mit einem konstanten Zeigerparameter. Dies unterscheidet sich von der Behandlung von Referenzen an sich: Während Referenzen keinen Speicher belegen (der Compiler merkt sich die rechte Seite und substituiert diese mit dem referenzierten Bezeichner), muß bei call-by-reference die Adresse des Parameters gespeichert werden. Dies bedeutet auch, daß es eigentlich nur eine Form der Parameterübergabe gibt, nämlich den "Wertaufruf" mit den beiden Formen

a) der formale Parameter ist eine Variable (call-by value) und
b) der formale Parameter hat einen konstanten Wert (call-by-reference)

Die oben beschriebene Unterscheidung zwischen call-by-value und call-by-reference ist in der Literatur jedoch weit verbreitet und wir haben sie deshalb beibehalten.

6.2.4   Vektoren als Parameter

Vektoren stellen eine Ausnahme bei der Parameterübergabe dar. Wie bereits in Kapitel 4 angesprochen, ist ein Vektor nichts anderes als ein konstanter Zeiger auf den Anfang des Vektors. Wird nun ein Vektor als Parameter einer Funktion verwendet (oder auch als Ergebnis; vgl. hierzu Kap. 6.3), wird nur die Adresse auf den Anfang des Vektors (d.h. die erste einer ganzen Folge von Speicheradressen) übergeben. Oder anders ausgedrückt: ein Objekt vom Typ T[ ] wird in den Typ T* konvertiert, falls es Parameter eines Funktionsaufrufs ist. Dies hat zur Folge, daß die Funktion auf dem aktuellen Parameter arbeitet und diesen somit verändern kann. Für die Parameterübergabe von Vektoren sollte man sich daher folgendes merken: Vektoren werden in C++ immer mit call-by-reference übergeben:

```
void init3 (int* m)
{
    for (int i = 0 ; i < 3 ; i++) m[i] = 1;
                // Äquivalent zu *(m + i) = 1;
}


int    v[3] = {2, 5, 7};
init3  (v);
```

Nach Abarbeitung der Funktion *init3* gilt: v[0] == v[1] == v[2] == 1.

Diese Philosophie der Parameterübergabe von Vektoren hat zwei wichtige Konsequenzen für den Programmierer:

1)   Falls das globale Vektorobjekt nicht verändert werden darf, muß der Programmierer *call-by-value* selbst simulieren.
2)   Die Größe des Vektors (seine Grenzen) ist nicht Bestandteil seines Typs und damit der Funktion und insbesondere auch dem Compiler nicht bekannt. Die Überprüfung von Vektoren-Grenzen kann somit nicht automatisch stattfinden und muß vom Programmierer selbst implementiert werden.

Für den zweiten Fall ist es deshalb angebracht, der Funktion einen weiteren Parameter zu übergeben, der die Größe des Vektors spezifiziert oder ein bestimmtes Symbol zu vereinbaren, welches das Ende des Vektors kennzeichnet, wie z.B. '\0' bei Textkonstanten.

6.2.5   Voreingestellte Werte

Eine Funktion benötigt manchmal zur Behandlung allgemeiner Fälle mehr Parameter, als für den üblichen Gebrauch. Betrachten wir z.B. die Funktion *hex*, welche in *iostream.h* deklariert ist. *hex* übergibt eine Textkonstante, die die hexadezimale Darstellung der angegebenen Integerzahl enthält. *hex* besitzt zwei formale Parameter:

1)   die umzuwandelnde Integerzahl,
2)   die maximal erlaubte Länge der Textkonstanten.

Ist die erlaubte Länge zu klein, so wird der Anfang abgeschnitten. Ist die Länge zu groß, wird der Anfang mit Leerzeichen (Blanks) aufgefüllt. Übergibt man als Länge Null, so wird die passende Länge zur Darstellung der

Textkonstanten gewählt. In den meisten Fällen wird man also *hex(i, 0)* aufrufen. Die Angabe der Null läßt sich jedoch vermeiden, wenn man als voreingestellten Wert (Default-Wert) für die Länge die Null vereinbart:

```
extern char* hex(long, int = 0);
```

Man beachte, daß dies eine Funktionsdeklaration ist, daher ist es auch nicht nötig, die Namen der formalen Parameter anzugeben. Damit entspricht der Aufruf *hex(31)* dem Aufruf *hex(31, 0)*.

Voreinstellungen dürfen nur am Ende der Parameterliste auftreten. Dies impliziert, daß immer nur die letteren Parameter der Liste beim Aufruf ausgelassen werden dürfen. Es ist erlaubt, alle Parameter der Liste mit Werten voreinzustellen:

```
int f (int, int = 0, char* = 0);    // OK
int g (int = 0, int = 0, char*);    // Fehler
int h (int = 1, int = 2, int = 3);
h();        // Äquivalent zu h(1, 2, 3);
```

Hinweis:
Man beachte das Leerzeichen zwischen *char** und *= 0*. Bei der Schreibweise *char*= 0* würde **=* als Zuweisungsoperator (mit Multiplikation) angesehen werden.

Bei der Redeklaration von Funktionen mit voreingestellten Parametern ist folgendes zu beachten: Es gilt, daß voreingestellte Parameter nicht durch eine spätere Deklaration respezifiziert werden dürfen, nicht einmal mit dem gleichen Wert. Allerdings darf eine spätere Deklaration voreingestellte Werte hinzufügen, die vorher nicht belegt waren.

6.2.6   Funktionen als Parameter

Eine Funktion kann in C++ grundsätzlich auf zwei Arten verwendet werden:

1)   Aufruf der Funktion

2)   Ermittlung der Adresse der Funktion

Eine Funktion kann auch aktueller Parameter einer Funktion sein. Hierzu wird die Adresse der Funktion übergeben. Die Adresse einer Funktion erhält man durch den Adressoperator &:

```
void fehler(char* p)
{ ... }            // Fehler-Behandlung

void (*pe) (char*); /* Zeiger auf eine Funktion mit
                       Parametertyp char* und Ergebnistyp
                       void */
```

```
main ( )
{
    pe = &fehler;    //  pe zeigt auf die Funktion fehler
    (*pe) ("Fehler ist aufgetreten");    //  Funktionsaufruf
}
```

Da der "Funktionsaufrufoperator" *( )* höhere Priorität als der Dereferenzierungsoperator * hat, muß *pe in Klammern stehen. *pe("Fehler...");* wird
dagegen interpretiert als *(pe("Fehler..."));* was zu einem Fehler führt. Die
Übergabe einer Funktion als Parameter kann z. B. so erfolgen:

```
int ergebnis = 0;
typedef int (*int_fkt) (int);

int sum_f(int_fkt fkt, int untere, int obere) //Σᵢ fkt(i)
{
    for (int i = untere; i <= obere; i++)
        ergebnis = ergebnis + (*int_fkt) (i);
    return ergebnis;
}

sum_f(&fakultaet, 1, 20) // Funktion fakultaet aus Kap. 6.1
```

Initialisierungen von und Zuweisungen an Zeiger auf Funktionen sind nur dann
korrekt, wenn die Parameterliste und der Ergebnistyp exakt übereinstimmen.
Folgendes führt daher zu einem Fehler in C++:

```
void test ( int, int, int* );
void ( *fkt_zeiger ) ( int, int*, int ) = test; // Fehler
```

Mittels

```
double ( *testfunktionen[ 5 ] ) ( int );
```

wird ein Vektor von Zeigern auf Funktionen deklariert. *testfunktionen* ist
dabei zunächst ein Vektor mit 5 Elementen. Jedes Element ist ein Zeiger auf
eine Funktion mit einem Parameter vom Typ *int* und Ergebnistyp *double*. Eine
Initialisierung solcher Vektoren kann wie folgt erfolgen:

```
double test1( int );
double test2( int );
double test3( int );
double ( *testarray[ ] ) ( int ) = { test1, test2, test3 };
```

6.2.7   Ellipsen

Eine weitere Möglichkeit der Parameterübergabe soll hier nur am Rande
erwähnt werden, da C++ durch voreingestellte Werte und Überladen von
Funktionen (s.u.) diese Möglichkeit weitestgehend überflüssig macht; sie ist

jedoch insbesondere auch aus Kompatibilitätsgründen zu C wichtig. In einer Funktionsdefinition/deklaration läßt sich durch Angabe einer **Ellipse** ... eine unspezifizierte Anzahl von Parametern angeben:

```
int printf(const char*, ...);    // Deklaration von printf
printf("Reine Stringausgabe\n");
printf("Ausgabe der Integerzahl %d \n", 4711);
void test(...);
```

Die Funktion *printf* (eine Standard-Bibliotheksfunktion, die zumeist tatsächlich mittels einer Ellipse implementiert ist) kann mit einer beliebigen Anzahl von Argumenten aufgerufen werden, wobei das erste Argument vom Typ *char** sein muß (das Komma hinter dem letzten festen Parameter ist dabei optional). Wie der Aufruf abgearbeitet wird, liegt in der Verantwortung der Funktion. Bei *test* ist nur bekannt, daß eine unbekannte Anzahl von Parametern möglich ist; eine Einschränkung bezüglich des ersten Parameters ist hier nicht gegeben. Da der Typ und die Anzahl der Parameter unbekannt sind, wird durch Ellipsen die Typüberprüfung automatisch ausgeschaltet. Bei solchen Funktionen ist der Compiler also nicht mehr in der Lage, eine Typüberprüfung von aktuellen und formalen Parametern durchzuführen, so daß die korrekte Behandlung eines Aufrufs auch in dieser Hinsicht in den Verantwortungsbereich des Programmierers fällt. Es ist also zu beachten, daß folgende zwei Funktionsdeklarationen **nicht** äquivalent sind:

```
1)   void test ( );
2)   void test (...);
```

Im ersten Fall wird *test* als eine Funktion deklariert, die keine Parameter besitzt; im zweiten Fall ist *test* eine Funktion, die keine Parameter besitzen könnte, aber durchaus mit Argumenten aufgerufen werden darf. Die folgenden ersten beiden Aufrufe sind also in C++ nur erlaubt, wenn *test* wie im zweiten Fall deklariert worden ist. Der dritte Aufruf ist jedoch in beiden Fällen gültig:

```
test (a, b, c);
test (a);
test ( );
```

6.3 Ergebnisrückgabe

Funktionen müssen, wenn sie nicht mit Ergebnistyp *void* definiert sind, einen Wert vom angegebenen Typ als Ergebnis liefern. So lieferte unsere Fakultätsfunktion *fakultaet* (s. Kap. 6.1) als Ergebnis einen Integerwert. Der Ergebniswert einer Funktion wird durch die **return**-Anweisung bestimmt (vgl. Kapitel 5). *return* veranlaßt das Beenden der Funktion mit dem angegebenen Wert als Ergebnis. In einer Funktion kann die *return*-Anweisung an mehreren Stellen stehen, wie z.B. in der Funktion *fakultaet*. Die Syntax für die Ergebnisrückgabe sieht wie folgt aus:

return Ausdruck **;**

Ist der Wert des zurückzugebenden Ausdrucks von einem anderen Typ als der Ergebnistyp der Funktion, so wird, falls möglich, eine implizite Typkonvertierung vorgenommen:

```
double f( ) { return 1; }    // wird zu 1.0 konvertiert
```

Der Ausdruck der *return*-Anweisung kann auch leer sein. Diese Art der Anwendung von *return* ist notwendig für *void*-Funktionen, also Funktionen, die keinen Wert zurückliefern. Hier hat *return* die gleiche Wirkungsweise wie das *break* innerhalb von Schleifen. Erreicht der Kontrollfluß des Programms das Ende der Funktion ohne Angabe einer *return*-Anweisung, so ist dies semantisch äquivalent zur Verwendung von *return* ohne Angabe eines Ausdrucks.

Da bei jedem Aufruf einer Funktion dynamisch neuer Speicherplatz für die formalen Parameter und die lokalen Variablen der Funktion belegt wird und dieser nach ihrer Abarbeitung wieder freigegeben wird, sollte man nicht Adressen lokaler Variablen als Ergebnis zurückgeben:

```
int* f()
{
    int lokal = 1;
    return &lokal;       // Gefährlich!
}
```

Wenn lokale Objekte der Funktion nach ihrer Abarbeitung nicht mehr verwendet werden dürfen, stellt sich die Frage, wie man z.B. Vektoren als Ergebnis erhalten kann, da bei der Ergebnisrückgabe nur ein Zeiger übergeben werden darf (es ist nicht erlaubt, Funktionen mit Ergebnistyp T[ ] zu deklarieren bzw. zu definieren):

```
int* addiere_vektoren (int v1[4], int v2[4])
{
    int ergebnisvektor[4];
    for (int i = 0; i < 4; i++)
        ergebnisvektor[i] = v1[i] + v2[i];
    return ergebnisvektor;                   // Gefährlich!
}
```

Die Verwendung von *addiere_vektoren* ist so nicht möglich. Denken wir an folgenden Aufruf:

```
int* pv = addiere_vektoren(vektor_1,vektor_2);
```

pv bekommt die Adresse des lokalen Speicherbereiches von *ergebnisvektor* zugewiesen. Bei weiterer dynamischer Vergabe des Speicherplatzes kann aber der Speicherbereich, auf den *pv* verweist, überschrieben werden. Dies bedeutet letztendlich, daß es Glückssache ist, ob der Speicherbereich für *pv* und damit das Ergebnis des Funktionsaufrufes lange genug zur Verfügung steht.

6.3.1 Der Freispeicher

Um obige Probleme zu vermeiden, benötigt man Operatoren, mit denen der sogenannte Freispeicher explizit manipuliert werden kann. Der Freispeicher bezeichnet hierbei die Menge an noch nicht zugewiesenen Speicheradressen, die ein Programm zur Laufzeit verwenden kann. Um diesen Freispeicher zu manipulieren, bietet C++ die Operatoren **new** und **delete** an.

6.3.1.1 Der Operator new

Durch

```
new <Typname>
```

wird ein Objekt vom angegebenen Typ kreiert. Das Ergebnis von *new* ist ein Zeiger auf das kreierte Objekt. Ist das zu kreierende Objekt ein Vektor, so ist das Ergebnis von *new* ein Zeiger auf das nullte Element des Vektors. Werden mehrdimensionale Vektoren kreiert, so darf für die Angabe der ersten Dimension ein nicht-konstanter Ausdruck verwendet werden; alle anderen Dimensionen müssen allerdings mittels konstanter Ausdrücke angegeben werden. Hier einige Beispiele:

```
int      i            = 10;
int      *int_objekt  = new int;
char     *char_objekt = new char;
int      *vektor_objekt1 = new int[20];
int      *vektor_objekt2 = new int [i] [20];
```

Bemerkung:
Da Referenzen keine Objekte, sondern nur Aliase bezeichnen, kann also kein Zeiger auf eine Referenz mittels *new* erzeugt werden. Ebensowenig darf der neue Typname die reservierten Worte *const* und *volatile* enthalten. Es ist auch nicht möglich, Klassendeklarationen oder Deklarationen von Aufzählungen anzugeben.

Ein durch *new* kreiertes Objekt existiert solange, bis es explizit durch *delete* gelöscht wird. Damit wird verhindert, daß der bei einer Definition reservierte Speicherplatz nach Verlassen des entsprechenden Blockes freigegeben wird. Es ist möglich, durch *new* erzeugte Objekte schon beim Aufruf von *new* zu initialisieren, indem eine Initialisierungsliste in Klammern angegeben wird.

```
new <Typname> (Initialisierungsliste)
```

Wenn das zu erzeugende Objekt eine Klasse mit einem Konstruktor ist (siehe Kapitel 8), wird die Initialisierungsliste in dem Konstruktoraufruf verwendet. Andernfalls muß die Initialisierung ein Ausdruck sein, der allerdings auch leer sein darf. Wird keine solche Initialisierung angegeben, hat das neu kreierte Objekt anfänglich einen undefinierten Wert. Die Angabe eines leeren Ausdrucks in Klammern ist äquivalent zur Erzeugung eines Objekts ohne Initialisierung und daher nur eine syntaktische Hilfe. Eine Initialisierung ist allerdings nicht möglich für Vektoren:

```
int       *int_objekt       = new int(7);
char      *char_objekt      = new char('a');
int       *vektor_objekt1   = new int[2] (1, 2);
                            /* Fehler: Initialisierung von
                               Vektoren nicht erlaubt */
```

Wird *new* aufgerufen und steht nicht mehr genügend Speicherplatz zur Verfügung, so wird NULL (also der Wert 0) zurückgegeben (in diesem Fall wird dann auch keine Initialisierung durchgeführt, selbst wenn diese explizit angegeben wurde).

6.3.1.2 Der Operator delete

Ein mittels *new* erzeugtes Objekt kann nur mittels **delete** explizit wieder gelöscht werden. *delete* muß als Operand dabei einen Zeiger auf ein Objekt erhalten, welches zuvor mittels *new* erzeugt wurde. Die Auswirkung der Anwendung von *delete* auf ein Objekt, das nicht mittels *new* erzeugt wurde, ist undefiniert und sollte daher unbedingt vermieden werden (ebenso ist die Auswirkung des Zugriffs auf ein gelöschtes Objekt undefiniert). Zeiger mit Wert 0 dürfen allerdings generell mittels *delete* gelöscht werden. Zeiger auf Konstanten können nicht gelöscht werden.

```
int       *int_objekt       = new int;
char      *char_objekt      = new char;

delete    int_objekt;
delete    char_objekt;
```

Sollen durch *new* erzeugte Vektoren gelöscht werden, so sind hinter *delete* die Vektorenklammern *[ ]* anzugeben. Die Anwendung des reinen *delete* auf Vektoren ist undefiniert, ebenso die Auswirkung von *delete[ ]* auf "normale" Objekte.

```
int        i              = 10;
int        *vektor_objekt1 = new int[20];
int        *vektor_objekt2 = new int [i] [20];
...
delete [] vektor_objekt1;
delete [] vektor_objekt2;
```

Die vorher definierte Funktion *addiere_vektoren* kann nun wie gewünscht benutzt werden, wenn wir sie wie folgt definieren:

```
int* addiere_vektoren(int v1[4], int v2[4])
{
    int* ergebnisvektor = new int[4];
    for (int i = 0; i < 4; i++)
        ergebnisvektor[i] = v1[i] + v2[i];
    return ergebnisvektor;                  // Jetzt OK!
}

int* pv;
pv = addiere_vektoren(vektor_1,vektor_2);   // OK
...
delete[] pv;                     // Freigabe des Speicherplatzes
```

Der durch *new* reservierte Speicherbereich wird auch dann nicht freigegeben, wenn er nicht mehr zugreifbar ist, da kein Zeiger mehr auf ihn zeigt. Es wird also kein sog. **garbage collection** durchgeführt:

```
int* pv;
pv  = addiere_vektoren(vektor_1,vektor_2);
pv  = addiere_vektoren(vektor_3,vektor_4);
        /* Der Speicherbereich, der beim Aufruf von
           addiere_vektoren(vektor_1,vektor_2) reserviert
           wurde, wird nicht freigegeben. Der Freispeicher
           enthält also irgendwo "Müll". */
```

Man sollte daher Objekte, die nicht mehr benötigt werden, immer durch *delete* löschen, um so unnötige Speicherbelegungen zu vermeiden.

6.4 Überladen von Funktionen

In der Regel gibt man verschiedenen Funktionen verschiedene Namen. Wenn aber Funktionen die gleichen Aufgaben auf Objekten unterschiedlichen Typs verrichten, kann es sinnvoll sein, diese Funktionen mit den gleichen Namen zu versehen. Hierdurch wird insbesondere der objektorientierte Programmierstil unterstützt. Das Verwenden gleicher Namen für Operationen auf verschiedenen Typen wird **Überladen (Overloading)** genannt. Diese

Technik ist uns bereits implizit bekannt. So ist der Operator + sowohl für Integer-Werte und Double-Werte wie auch für Zeiger definiert. Das Überladen von Funktionen erfolgt durch die Definition weiterer Funktionen mit gleichem Namen:

```
void drucke (int i) { cout << i << "\n"; }

void drucke (char* ch)
{
    for (int i = 0; ch[i] != '\0'; i++)
        cout << ch[i] << " ";
    cout << "\n";
}
```

Bei Aufruf der Funktion *drucke* wird durch Typvergleich des aktuellen Parameters mit dem formalen Parameter die entsprechende Funktion ausgewählt. Sind alle Typen der formalen Parameter ungleich dem Typ des aktuellen Parameters, so wird versucht, durch Typkonvertierung die zugehörige Funktion zu bestimmen. Der Aufruf

```
drucke(2.1);
```

ergibt z.B. die Ausgabe 2, da *double* - wenn nur diese beiden *drucke*-Funktionen existieren - eindeutig nach *int* konvertiert wird. Folgende Besonderheiten sind zu beachten:

1) Zu überladende Funktionen müssen alle im selben Gültigkeitsbereich deklariert werden. Lokal deklarierte Funktionen verstecken (überdecken) andere evtl. vorhandene Deklarationen und überladen sie nicht.

2) Sind sowohl der Ergebnistyp als auch die Signatur (Anzahl, Reihenfolge und Typen der Argumente) gleich, so wird die zweite Deklaration als Redeklaration der ersten gewertet:

```
    extern void drucke (int hilfe1, char* hilfe2);
    void drucke (int hilfe3, char* hilfe4);
        /* Redeklaration der ersten Funktion, da
        Parameternamen für einen Vergleich der
        Signaturen irrelevant sind */
```

3) Sind die Signaturen zweier Funktionen exakt gleich, unterscheiden sie sich aber im Ergebnistyp, so wird die zweite Deklaration zur Kompilierzeit als fehlerhafte Redeklaration der ersten ausgewiesen.

4) Wenn die Signaturen zweier gleichnamiger Funktionen unterschiedlich sind, so werden sie überladen.

5) Zur Erinnerung: Die Verwendung von *typedef* bietet einen neuen Namen für einen existierenden Datentyp, jedoch keinen neuen Typ selbst. Folgendes ist also eine Redeklaration wie unter 2):

```
typedef mein_int int;
void drucke (mein_int);
void drucke (int);
```

Ferner werden die Typen T und T& bzgl. des Überladens von Funktionen nicht unterschieden, da eine Unterscheidung anhand der Typen der aktuellen Parameter nicht möglich ist:

```
char f(char)  { ... }
char f(char&) { ... } // Fehler: Redefinition von f
```

6) Das Heraussuchen der richtigen (der passenden) Funktion bei einem gegebenen Funktionsaufruf geschieht in einer feststehenden Reihenfolge:

a) Wird eine einzige exakte Übereinstimmung gefunden, wird die entsprechende Funktion angewendet.

b) Wird keine exakte Übereinstimmung gefunden, wird versucht, eine sinnvolle Typkonvertierung der aktuellen Parameter vorzunehmen. Sind jedoch durch die Anwendung von Standard-Konvertierungen immer noch mehrere Möglichkeiten gegeben und ist Fall c) nicht gegeben, wird ein Fehler angezeigt. Manche Konvertierungen benötigen intern temporäre Objekte. Sind mehrere Konvertierungen möglich, wird die genommen, die keine solche temporären Objekte benötigt (falls überhaupt vorhanden). Beispiel:

```
void drucke (long);
void drucke (int);
drucke (2.45);
    /* Fehler; 2.45 ist vom Typ double. Beide
       Funktionen wären möglich, da jeweils
       Standard-Konvertierungen existieren */
```

c) Ist auch keine implizite Typkonvertierung möglich, so kann durch eine explizite Typkonvertierung (falls definiert) die gewünschte Funktion ausgewählt werden. Eine einfache Version wäre z.B.:

```
drucke ((long(2.45))
    // Jetzt wird drucke (long) ausgewählt
```

d) Ist keine der drei genannten Möglichkeiten gegeben, liegt ein Fehler vor.

e) Handelt es sich um Funktionsaufrufe mit mehreren Parametern, werden die Regeln auf jeden Parameter angewendet. Es wird die Funktion ausgewählt, für die die Übereinstimmung zwischen aktuellen Parametern und Typ der formalen Parameter <u>besser</u> ist als für alle anderen Funktionen. Wird keine solche Funktion gefunden, so liegt ein Fehler vor:

```
extern drucke (char*, int);
extern drucke (int, int);
drucke (0, ´a´);
       /* Es wird drucke(int, int) aufgerufen, da
          das erste Argument besser mit dem Typ
          des ersten formalen Parameters int
          übereinstimmt. Der zweite Parameter
          stimmt für beide Funktionen überein.*/
```

6.5 Inline-Funktionen

Bei sehr kleinen Funktionen kann der Fall eintreten, daß der Funktionsoverhead, also die notwendigen Operationen zur Verwaltung eines Funktionsaufrufes (z.B. Kopieren von Argumenten, Sichern von Maschinenregistern, Programmsprung, Stackverwaltung), unverhältnismäßig hoch ist, verglichen mit den relevanten Anweisungen der Funktion. Eine solche Situation könnte z.B. im folgenden Fall vorliegen:

```
double quadrat (double x) { return (x * x); }
```

Wird *quadrat* häufig aufgerufen, so ist die Laufzeit des Programms evtl. wesentlich höher als bei einem semantisch äquivalenten Programm, welches an jeder Stelle den Aufruf *quadrat(a)* durch *(a * a)* ersetzen würde. Eine solche Ersetzung des Funktionsaufrufs durch einen semantisch äquivalenten Funktionsrumpf läßt sich erreichen, indem die Funktion mittels des Schlüsselwortes **inline** als Inline-Funktion definiert wird:

```
inline double quadrat (double x) { return (x * x); }
```

An jeder Stelle des Programms, an dem *quadrat* vom Compiler vorgefunden wird, ersetzt dieser den Funktionsaufruf durch den entsprechenden Anweisungsteil des Funktionsrumpfes; man sagt, der Compiler expandiert die Funktion zur Kompilierzeit. Da nun kein Funktionsaufruf mehr vorliegt, entfallen die Funktionsaufrufe zur Laufzeit mit ihren evtl. vorhandenen Nachteilen.

Es sei betont, daß die Definition einer Funktion als Inline-Funktion nur bei sehr kleinen Funktionen angebracht ist, denn üblicherweise ist der Zeitanteil für den Funktionsaufruf nur ein Bruchteil der gesamten Zeit, die für die Ausführung der Funktion verbraucht wird. Außerdem kann die Verwendung von *inline* für eine sehr häufig aufgerufene Funktion zu Nachteilen bzgl. des Umfangs des Programmcodes führen, falls der durch das *inline* produzierte Code größer ist als der Code für den Funktionsaufruf. Ferner ist *inline* nur eine Angabe für den Compiler, jeden Funktionsaufruf durch einen semantisch äquivalenten Funktionsrumpf zu ersetzen, diese kann aber auch vom Compiler ignoriert werden. So wird ein Compiler es beispielsweise ignorieren, rekursive - als *inline* definierte - Funktionen zu expandieren.

6.6 Die Funktion main

Ein C++ Programm besteht typischerweise aus einer Ansammlung von Funktionen. Zur korrekten Ausführung ist es notwendig, daß eine dieser Funktionen **main**() heißt, denn der Aufruf des Programms bewirkt nur den Aufruf der Funktion *main*. Durch Abarbeiten der Funktion *main* kann es dann zum Aufruf anderer Funktionen des Programms kommen. Die Funktion *main* wird vom Compiler nicht vordefiniert, sie kann nicht überladen werden und sie darf nicht innerhalb des Programms selbst aufgerufen werden. Ferner kann die Adresse von *main* nicht ermittelt werden und sie darf weder als *inline* noch als *static* deklariert werden. Der Typ von *main* ist nicht festgelegt und hängt vom Compiler ab (üblich als Ergebnistyp ist allerdings *int*). Üblich ist auch, daß *main* mit zwei Parametern definiert ist. Die Definition von main sieht daher normalerweise wie folgt aus:

```
int main (int argc, char *argv[0]);
```

argc bezeichnet dabei die Anzahl der Parameter beim Aufruf des Programms (z. B. auf Betriebssystemebene). *argv[1]* bis *argv[argc - 1]* enthalten - falls *argc* einen Wert größer 1 besitzt - die Namen der Parameter als Textkonstanten (einschließlich des abschließenden '\0'). *argv[0]* enthält den Programmnamen selbst. Es ist garantiert, daß *argv[argc] == 0* ist (vgl. Kapitel 12).

7 STRUCTURES

Es ist bereits bekannt, daß ein Vektor eine Zusammenfassung von Elementen desselben Typs ist; eine **Structure** (ein **Verbundtyp**) ist nun ein Aggregat von Elementen beliebigen Typs und bezeichnet selbst einen (abgeleiteten) Typ. Eine Structure beschreibt somit eine Kollektion von (einer oder mehreren) Variablen möglicherweise verschiedenen Typs, die zusammengruppiert sind unter einem einzigen Namen (Structures sind in anderen Programmier-sprachen, etwa Pascal, besser bekannt als Records). Zum Beispiel definiert

```
struct adresse
{
    char    *name;
    char    *strasse;
    int     nummer;
    int     plz;
    char    *stadt;             // Postadresse
};
```

einen neuen Typ, genannt *adresse*, der aus Komponenten besteht, die man benötigt, wenn man Post innerhalb der Bundesrepublik Deutschland verschicken will.

Das Schlüsselwort **struct** zeigt den Beginn einer Structure-Deklaration an, gefolgt von einer Liste von Deklarationen in geschweiften Klammern. Wichtig ist das Semikolon am Ende; es ist eine der wenigen Stellen in C++, an der ein Semikolon nach einer geschweiften Klammer notwendig ist. Die Elemente einer Structure bezeichnet man als **Member**. Jedes Member kann selbst wieder eine Structure sein, so könnte statt *char *name* im obigen Beispiel auch stehen:

```
struct ganzer_name
{
    char        *vorname;
    char        *nachname;
};

struct lange_adresse
{
    ganzer_name name;
    char        *strasse;
    int         nummer;
    int         plz;
    char        *stadt;         // Postadresse
};
```

Structures erlauben also eine Organisation komplexer Daten in der Art und Weise, daß eine Gruppe zusammengehöriger Variablen als eine Einheit behandelt werden kann. Variablen des Typs *adresse* können nun genauso deklariert werden wie andere Variablen, und auf die individuellen Member kann mittels des **Punktoperators** . zugegriffen werden:

```
adresse adresse1;                   // Definition
adresse1.name    = "Werner Schulz"; // Zugriff auf Member
     /* Man beachte, daß hier nur der Zeiger name auf den
        Anfang der Textkonstanten "Werner Schulz" gesetzt
        wird. Ein Kopieren des Inhaltes der Textkonstanten
        findet hier nicht statt.
        Wird dies gewünscht, was im allgemeinen der Fall
        ist, so kann die Funktion strcpy benutzt werden. */
adresse1.nummer = 177;

lange_adresse adresse2;
adresse2.name.vorname = "Werner";
```

Initialisierung von Structures ist nicht nur möglich über einzelne Zuweisungen, sondern auch explizit über eine komma-separierte Initialisierungsliste in geschweiften Klammern:

```
adresse adresse3 =
{ "Werner Schulz", "C++-Straße", 177, 4600, "Dortmund" };
```

Enthält eine Structure wiederum als Member andere Structures, wird diese Zuweisungsregel rekursiv angewandt. Existieren in der Initialisierungsliste weniger Elemente als Member in der Structure, werden die restlichen Member mit Nullen des entsprechenden Typs initialisiert. Existieren zuviel Elemente in der Initialisierungsliste, so ist dies ein Fehler.

Man kann nun Zeiger auf Structure-Objekte definieren, Structure-Elementen Werte zuweisen, sie als Funktionsargumente verwenden oder als Ergebnis einer Funktion zurückgeben. Andere plausible Operationen aber, wie etwa der Test auf Gleichheit (== und *!=*) zweier solcher Objekte, sind nicht vordefiniert und führen zu Fehlern. Solche Operationen müssen selbst implementiert werden, wobei man mit Hilfe des Überladens von Operatoren (auf welches wir später noch eingehen werden) sogar die üblichen Operatorzeichen (also z. B. == und *!=*) verwenden kann. Da der Name des Typs bereits nach der Benennung verfügbar ist (und nicht erst nach der kompletten Definition; point of declaration), können mit Hilfe von Structures verkettete Listen aufgebaut werden:

```
struct verbindung
{
     verbindung   *vorgaenger;
     verbindung   *nachfolger;
};
```

Es ist allerdings nicht möglich, neue Objekte einer Structure zu deklarieren, bevor die komplette Definition beendet ist:

```
struct schlecht
{ schlecht inhalt; };          // Fehler
```

wäre also ein Fehler, da der Compiler die Größe von *schlecht* nicht bestimmen kann.

Verwendet man Zeiger auf Structures, wie etwa *adresse *p*, so erfolgt der Zugriff auf Member über den **Pfeiloperator ->** :

```
adresse *p;
char* ort = "Hamburg";
if ( ! strcmp (p->stadt, ort) ) cout << "Falsche Adresse";
    // strcmp überprüft zwei Textkonstanten auf Gleichheit

void drucke_adresse (adresse *p);
{
    cout    << p->name      << "\n" << p->strasse   << " "
            << p->nummer    << "\n" << p->plz        << " "
            << p->stadt     << "\n";
}
```

Bemerkung:
Der Zugriff `p->m` ist äquivalent zu `(*p).m`

Structures sind im Vergleich zu C nichts Neues. Wie jedoch in den folgenden Kapiteln zu sehen sein wird, sind sie im Prinzip degenerierte Spezialfälle des im Vergleich zu C völlig neuen Konzepts der Klassen.

8 KLASSEN

Das Klassenkonzept ist eines der Konzepte, das über den Sprachumfang von C hinausgeht und daher eigentlich das Besondere an C++ darstellt. Um die Einführung dieses bzgl. C neuen Konzepts besser zu verstehen, zunächst ein paar Worte zur Motivation.

8.1 Motivation

Mit der Definition einer Structure hat man sich einen neuen Typ geschaffen. Warum ist es überhaupt notwendig, neue Typen zu definieren? Reichen die fundamentalen Typen nicht aus? Der Grund ist, daß man eine Idee bzw. ein Konzept möglichst direkt in der Sprache wiederfinden möchte. Betrachten wir hierzu die Idee bzw. das Konzept einer "Menge". Unter einer Menge stellen wir uns üblicherweise eine Ansammlung von Objekten vor, die unter einer gemeinsamen Bezeichnung zusammengefaßt sind, was die nachfolgende Abbildung andeutet:

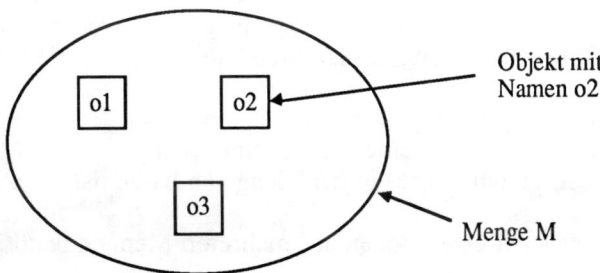

Eine solche Menge M (also eine konkrete Realisierung der Idee der Menge) soll für viele Anwendungen natürlich nicht statischer Natur sein, sondern es sollen gewisse Operationen auf dieser Menge ausführbar sein. Man kann jetzt den Standpunkt vertreten, die Menge so zu realisieren, daß eine gewisse Datenstruktur festgelegt wird, z.B. eine einfach verkettete, lineare Liste. Dabei kann beispielsweise vereinbart werden, wie die Liste aufgebaut sein soll (Name des Zeigers auf das erste Element, Name des Zeigers auf das nächste Element, Zugriff auf die in der Menge enthaltenen Objekte, etc.). Vergleiche dazu die folgende Abbildung:

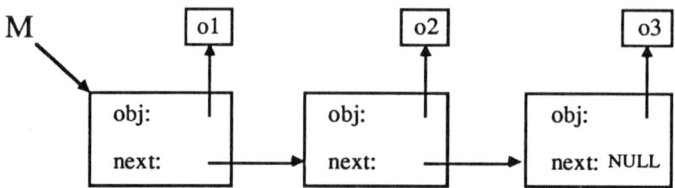

Damit haben wir ansatzweise die Möglichkeit geschaffen, eine Menge behandeln zu können. Erstellen mehrere Programmierer arbeitsteilig ein Programm, so können sie sich auf obige Datenstruktur einigen und die von ihnen benötigten Operationen (unter Beachtung einiger Konventionen, wie etwa: der *next*-Zeiger des letzten Elementes verweist auf *NULL*) direkt hierauf durchführen.

Der oben beschriebene Ansatz ist natürlich nicht gerade zufriedenstellend, denn z. B. eine Fehlersuche kann sehr aufwendig werden. Verändert ein Programmteil die Liste nicht korrekt, so kann der Fehler eventuell erst wesentlich später bei Ausführung anderer Programmteile auftreten und entdeckt werden, so daß eine Lokalisation der Fehlerursache sehr erschwert wird. Vorteilhafter wäre es offensichtlich, sich auf gewisse Operationen zu einigen und den Zugriff auf die Menge nur noch über diese Operationen durchzuführen. Hierzu muß ein Satz von Operationen festgelegt werden, der z.B. in Form von Funktionen zur Verfügung gestellt werden kann. Typische Operationen, die man auf Mengen ausführen kann, sind beispielsweise:

*   das Hinzufügen eines Elementes zu einer Menge: $M = M + \{x\}$
*   das Löschen eines Elementes aus einer Menge: $M = M - \{x\}$
*   der Test, ob ein Objekt in der Menge enthalten ist: $x \in M$?

Ferner werden oft auch Operationen auf mehreren Mengen benötigt, so z. B.

*   die Vereinigung zweier Mengen: $M \cup M'$
*   der Durchschnitt zweier Mengen: $M \cap M'$
*   der Test auf Gleichheit zweier Mengen: $M = M'$?

Einigen sich nun unsere Programmierer, die diese Implementation des Konzepts der Menge verwenden wollen, darauf, nur über die beschriebenen Funktionen (Schnittstelle) die Menge zu manipulieren, so wird die Fehlersuche wesentlich erleichtert. Wird beispielsweise festgestellt, daß der Test, ob ein Objekt x Element der Menge M ist, negativ ausfällt, obwohl das Objekt zuvor in die Menge eingefügt wurde, so ist der Fehler in den obengenannten Funktionen zu suchen und somit einigermaßen lokal begrenzt. Ferner kann sich der Programmentwickler jetzt anderen Aufgaben widmen, da er sich von nun an keine Gedanken mehr um die Funktionsweise der Realisierung seines Konzeptes machen muß (Abstraktion).

Ein weiterer Vorteil ist, daß auch Änderungen der internen Repräsentation (Datenstruktur) der Menge jetzt ohne größere Probleme möglich sind. Im wesentlichen muß nur die Funktionsweise der angebotenen Operationen auf die neue Datenstruktur angepaßt werden. Eine solche Änderung kann beispielsweise notwendig sein, wenn wir feststellen, daß die Größe der Mengen umfangreicher ausfällt als ursprünglich angenommen. Hier kann es zur Verbesserung der Laufzeit der Testfunktion ($x \in M$?) sinnvoll sein, einen Binärbaum als Datenstruktur auszuwählen.

Dieses "Verstecken" der internen Repräsentation der Daten (Information) und deren ausschließliche Manipulation über eine vorher festgelegte Schnittstelle wird häufig mit dem Schlagwort "**Information Hiding**" bezeichnet. Durch Beschreibung der Operationen, die auf den Daten ausführbar sind, sowie deren Auswirkungen wird ein **abstrakter Datentyp** geschaffen.

Die bisher besprochene Vorgehensweise kann natürlich auch in Programmier-sprachen wie C oder Pascal durchgeführt werden. Dazu ist ein neues Sprachmittel wie die Klasse noch nicht zwingend notwendig. Doch betrachten wir den Fall, daß einer der Programmierer einen Test benötigt, der ihm mitteilt, ob eine Menge M' Teilmenge einer anderen Menge M ist ($M' \subseteq M$?). Da er keine der angebotenen Operationen als passend empfindet (und er nicht auf die Idee kommt, daß $A \cap B = A \Leftrightarrow A \subseteq B$), umgeht er vielleicht völlig unbeabsichtigt die Konvention, auf die Menge nur über diese Operationen zuzugreifen, und entwickelt in Kenntnis der zugrundeliegenden Datenstruktur seine eigene Testfunktion. Diese Verletzung der Konvention mag auf den ersten Blick nicht allzu gravierend erscheinen. Sie birgt aber Fehlermöglichkeiten in sich, die man durch die zuvor getroffene Konvention vermeiden wollte. Was ist z. B., wenn der Test die interne Repräsentation verändert? Wie kann ein möglicher Fehler lokalisiert werden? An welchen Programmstellen müssen Änderungen vorgenommen werden, wenn die Datenstruktur geändert wird?

Eine solche Umgehung der Konvention kann natürlich durch aufwendige Kontrollesungen des programmierten Codes (Code Review) durch den Projektleiter oder andere Programmierer entdeckt werden. Wünschenswert ist jedoch, daß eine solche Verletzung des Information Hiding automatisch erkannt wird. Die Programmiersprache sollte also das Prinzip des Information Hiding in irgendeiner Form unterstützen. C und Pascal tun dies standardmäßig nicht. C++ bietet hierzu das Konzept der Klasse an. Hierbei wird das Datum (z. B. die Menge) geschützt vor nicht erlaubten Zugriffen. Welche Funktionen auf das Datum zugreifen dürfen, muß explizit definiert werden. Man kann sich dies etwa wie folgt vorstellen:

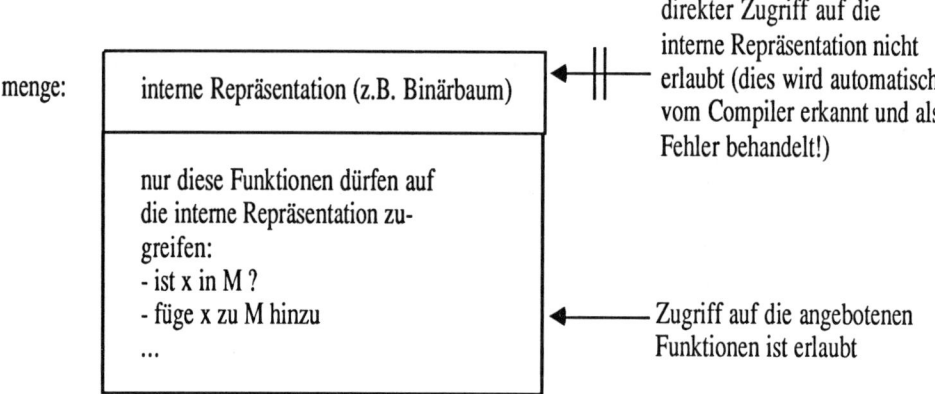

Der direkte Zugriff auf die interne Repräsentation der Daten wird jetzt vom C++-Compiler erkannt und als Fehler behandelt.

Die Idee, das Prinzip des Information Hiding durch entsprechende Sprachmittel zu unterstützen, war allerdings nicht die einzige Motivation zur Erweiterung der Programmiersprache C. Ein weiterer Grund hierfür war die Unterstützung des Prinzips des sogenannten **objektorientierten Programmierens**. Was das bedeutet, und wie dies in C++ unterstützt wird, soll im folgenden erläutert werden. Stellen wir uns hierzu vor, wir wollen das Konzept/die Idee eines "Landfahrzeugs" implementieren. Wir überlegen uns also wesentliche Charakteristika, die ein Landfahrzeug beschreiben. Diese könnten beispielsweise sein:

* die Anzahl der Reifen
* die maximale Anzahl der Insassen
* das Leergewicht (in kg)
* die zulässige Zuladung (in kg)

Natürlich muß man diese Auswahl von Charakteristika auf ihre Eignung zur Beschreibung von Landfahrzeugen überprüfen. So ist die Angabe der Anzahl der Reifen bei einem Schlitten nicht nötig (bzw. gleich Null). Damit unsere Klasse möglichst universell einsetzbar, d.h. auf alle Landfahrzeuge zutrifft, andererseits nicht mit überflüssigen Informationen überladen wird, treffen wir folgende (im Endeffekt rein subjektive) Entscheidung über die wesentlichen Charakteristika eines Landfahrzeuges:

* die maximale Anzahl der Insassen
* das Leergewicht (in kg)
* die zulässige Zuladung (in kg)

Zur Implementation dieses Konzepts/dieser Idee definieren wir in C++ eine Klasse *landfahrzeug*, die die obigen Charakteristika intern in irgendeiner Form ablegt und Funktionen anbietet, um diese Information lesen und verändern zu können. Ferner können wir dem Benutzer dieser Klasse eine Funktion *print* anbieten, die die Daten in einer ansprechenden Form auf dem Bildschirm ausgibt. Unsere Klasse könnte also grob so aussehen:

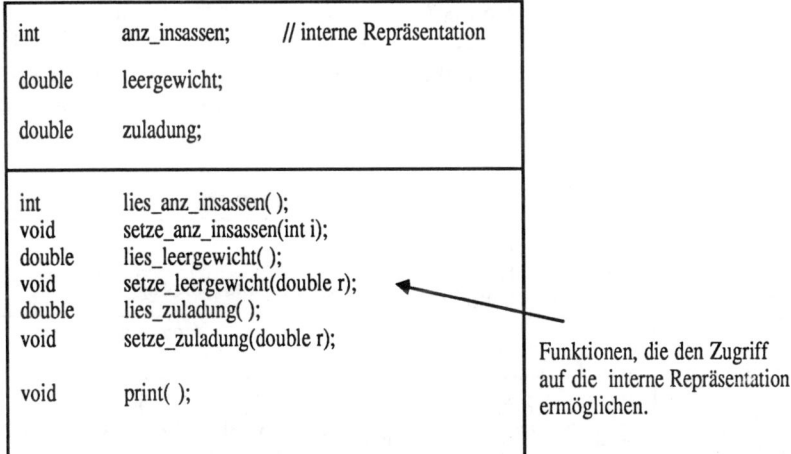

landfahrzeug:	int	anz_insassen;	// interne Repräsentation
	double	leergewicht;	
	double	zuladung;	

	int	lies_anz_insassen( );	
	void	setze_anz_insassen(int i);	
	double	lies_leergewicht( );	
	void	setze_leergewicht(double r);	Funktionen, die den Zugriff
	double	lies_zuladung( );	auf die interne Repräsentation
	void	setze_zuladung(double r);	ermöglichen.
	void	print( );	

Wenn wir jetzt an ein spezielles Landfahrzeug denken, wie z. B. einen PKW, so fehlen uns sicherlich einige Angaben, die noch zusätzlich zur Beschreibung eines PKWs benötigt werden. Wir interessieren uns vielleicht für die Stärke des Motors, das Baujahr oder die bisherige Kilometerleistung. Diese Daten sind in unserer Klassendefinition eines Landfahrzeuges noch nicht enthalten. Dies ist verständlich, da solche Informationen nicht unbedingt jedem Landfahrzeug zugeordnet werden. Wir könnten jetzt eine Klasse *pkw* definieren und auch hierfür die entsprechenden Funktionen implementieren. Da uns auch die Daten, wie etwa das Leergewicht und die zulässige Zuladung interessieren, würden wir diese Daten und die entsprechende Zugriffsfunktionen in unsere Klassenbeschreibung ebenfalls aufnehmen.

Diese Vorgehensweise hat allerdings den Nachteil, daß die Funktionen der Klasse *landfahrzeug* nochmals implementiert werden müßten. Würden wir in der Lage sein, auf den Quellcode dieser Information zuzugreifen, so würde evtl. ein einfaches textuelles Kopieren genügen, um dies zu bewerkstelligen. Ist dies nicht der Fall (man denke hier etwa an Programmbibliotheken, in denen die Funktionen in Objektcode abgelegt sind), so sind wir gezwungen, diese Funktionen selbst zu implementieren. Wir sind somit nicht in der Lage, die bereits vorhandenen Funktionen der Klasse *landfahrzeug* für unsere neue Klasse *pkw* zu nutzen.

Es wäre daher wünschenswert, ein sprachliches Mittel der Programmiersprache zur Verfügung zu haben, das es erlaubt, einen PKW als ein Landfahrzeug plus zuzüglicher Information zu betrachten, so daß wir nur noch gezwungen sind, die Implementierung dieser "zuzüglichen Information" vorzunehmen. In diesem Zusammmenhang spricht man von **Vererbung** (**Inheritance**), da die Klasse *landfahrzeug* ihre Daten und Funktionen an die Klasse *pkw* vererbt. Dieser Aspekt ist ein wesentliches Charakteristikum des objektorientierten Programmierens. Vererbung wird in C++ durch das sog. **Ableiten von Klassen (Class Derivation)** unterstützt. Die von *landfahrzeug* abgeleitete Klasse *pkw* könnte dann etwa so aussehen:

pkw:				
	double	ps;		
	double	km_stand;	landfahrzeug:	
	int	baujahr;		
			int anz_insassen;	
			...	
	int	lies_baujahr( );	int lies_anz_insassen( );	
	void	setze_baujahr(int i);	void setze_anz_insassen(int i);	
	...		...	
			void print( );	
	void	print_pkwdaten( );		

Wie das Information Hiding beim Ableiten von Klassen gehandhabt wird, werden wir erst später betrachten (vgl. Kapitel 9).

Die Klasse *pkw* bietet ebenfalls eine Funktion zum Drucken von Informationen an, nämlich *print_pkwdaten*. Diese Funktion wird sich sinnvollerweise auf die Druck-Funktion für Landfahrzeuge abstützen. Zur besseren Unterstützung des objektorientierten Programmierens wäre es vorteilhaft, wenn die Druck-Funktion für PKW-Daten auch *print* heißen dürfte. Ein Aufruf sollte dann so erfolgen, daß **orientiert am Typ des Objekts** die richtige Funktion ausgewählt wird. Ist das Objekt z. B. vom Typ *landfahrzeug*, so sollte die Funktion *print* aus der Klassendefinition von *landfahrzeug* ausgewählt werden.

Diese Vorgehensweise, daß Funktionen in abgeleiteten Klassen umdefiniert werden können, erlaubt C++ durch die Definition sog. **virtueller**

Funktionen, die in Kapitel 9 beschrieben werden. Das für unterschiedliche Typen auch unterschiedliche Funktionen mit identischem Namen angesprochen werden können, wird häufig mit dem Begriff **Polymorphismus** bezeichnet.

Noch komfortabler wären unsere Klassen *landfahrzeug* und *pkw* zu handhaben, wenn beispielsweise die Ausgabe ähnlich formuliert werden könnte wie bei elementaren Typen. Dies wird in C++ durch das sogenannte **Überladen von Operatoren** unterstützt, wobei hier der Operator < < überladen wird (vgl. Kapitel 12). Hierzu ein Beispiel:

```
pkw    mein_neues_auto;
...        // Initialisierung der Variablen mein_neues_auto
cout << mein_neues_auto;
...        // Ausgabe durch die Druck-Funktion
```

Eine Klasse in C++ wird im wesentlichen durch vier Attribute gekennzeichnet:

1) Eine Ansammlung von **(Member-)Daten**. In unserer Klasse *pkw* sind dies z. B. *km_stand* und *baujahr*.
2) Eine Ansammlung von **Member-Funktionen**, die die Operationen spezifizieren, die auf den Objekten einer Klasse durchführbar sind.
3) Mehrere Angaben, wie die jeweiligen (Member-)Daten und Member-Funktionen (bzgl. des Prinzips des Information Hidings) geschützt sind. C++-Version 3.0 unterscheidet hier die Angaben *private, protected* und *public*.
4) Einen **Klassennamen**, wie z. B. *landfahrzeug*. Durch die Definition einer Klasse definiert man einen neuen Typ. *landfahrzeug* ist also der Name eines Typs.

8.2 Definition von Klassen und Member-Funktionen

Eine Definition der in Kapitel 8.1 angesprochenen Klasse *landfahrzeug* könnte in C++ so aussehen:

```
class landfahrzeug  // Klassenkopf (Class Head)
{                   // Klassenrumpf (Class Body)
    public:         // Member-Funktionen
        int     lies_anz_insassen( ){ return anz_insassen; }
        double  lies_zuladung( )     { return zuladung;  }
        double  lies_leergewicht( ) { return leergewicht; }
        void    setze_anz_insassen(int i)
                {
                    if (i < 0)  ... // Fehlerbehandlung
                    else anz_insassen = i;
                }
```

```
              void    setze_leergewicht(double r)
                      {
                          if (r < 0)  ... // Fehlerbehandlung
                          else leergewicht = r;
                      }
              void    setze_zuladung(double r)
                      {
                          if (r < 0)  ... // Fehlerbehandlung
                          else zuladung = r;
                      }
              void    print( );              // Noch zu definieren

        private:          // Member-Daten
          int     anz_insassen;
          double  leergewicht;
          double  zuladung;
    };                    // Semikolon an dieser Stelle notwendig!
```

Die Definition besteht aus einem (Klassen-)Kopf, zu dem das Schlüsselwort
class und der Name der Klasse gehören, und einem (Klassen-)Rumpf, der
durch geschweifte Klammern eingeschlossen und mit einem Semikolon beendet
wird. Innerhalb des Rumpfes kann eine Liste von Member-Funktionen und
Member-Daten mit verschiedenen Schutzebenen (hier *public* und *private*)
angegeben werden. Diese Liste der Klassen-Member darf auch leer sein und
die Klasse somit zunächst als Platzhalter fungieren; Objekte einer solchen
leeren Klasse belegen dann trotzdem Speicherplatz.

Durch obige Definition wird ein neuer Typ *landfahrzeug* definiert, wobei der
Typname dem Klassennamen entspricht; dieser Name ist im Gültigkeitsbereich
der Klasse dann ein reserviertes Wort.

Bei der Klassendefinition ist es nicht erlaubt, die Member-Daten mit der
Angabe von Initialwerten zu deklarieren. Dies ist nicht möglich, da eine
Klassendefinition nur einen neuen Typ definiert, aber noch keinen Speicherplatz für Objekte dieses Typs belegt. Eine entsprechende Speicherbelegung
wird erst bei der Definition von Klassenobjekten vorgenommen. Ferner ist es
nicht erlaubt, innerhalb der Klasse ein Objekt der Klasse selbst zu definieren,
da der Compiler in diesem Fall nicht in der Lage ist, die Größe der Klasse zu
ermitteln. Erlaubt ist dagegen die Angabe von Zeigern auf Objekte der Klasse,
da deren Größe vom Compiler ermittelbar ist (vgl. Kapitel 7). Eine Klasse ist
somit nichts anderes als ein selbstdefinierter oder benutzerdefinierter Typ, und
Objekte des Typs lassen sich wie gewohnt definieren:

```
    landfahrzeug fahrrad;
    landfahrzeug pkw, lkw;
```

Die Definition einer Klasse ist nach der letzten geschweiften Klammer
vollständig. Daher können Objekte der Klasse auch wie folgt deklariert
werden:

```
class landfahrzeug { ... } pkw, lkw, fahrrad;
```

Ist ein solches Klassenobjekt Argument eines Funktionsaufrufes, so wird es standardmäßig per *call-by-value* (vgl. Kapitel 6) übergeben. Dies gilt auch für die Ergebnisrückgabe. Member von Klassen dürfen weder *auto*, *extern* noch *register* sein. Weiterhin dürfen Member einer Klasse nur innerhalb des Klassenrumpfes deklariert werden (d.h. die Anwendung des Scope-Operators zur Deklaration ist nicht erlaubt) und sie dürfen auch nur genau einmal deklariert werden.

Ein Zugriff auf öffentliche Member der Klasse ist jetzt analog zum Zugriff bei Structures mittels des Punktoperators möglich. So läßt sich die Funktion *print* - definiert in der Klasse *landfahrzeug* - aufrufen durch

```
fahrrad.print( );
```

Ein direkter Zugriff auf private Member dagegen ist nicht erlaubt. Durch die Schlüsselwörter **private** und **public** können die Daten und Funktionen angegeben werden, die nicht zugreifbar (privat) bzw. (öffentlich) zugreifbar sein sollen. Diese Schutzebenen bestimmen also den Zugriff auf die Elemente einer Klasse. Insbesondere die Deklaration von Member-Daten als privat und Member-Funktionen als öffentlich unterstützen somit das Information Hiding.

Eine Klassendefinition darf dabei mehrere öffentliche und private Abschnitte in beliebiger Reihenfolge enthalten. Jeder Abschnitt der Klasse bleibt dann öffentlich bzw. privat bis erneut eines dieser Schlüsselworte auftritt oder das Ende des Klassenrumpfes erreicht wird. Wird am Anfang eines Klassenrumpfes kein Schlüsselwort für den Zugriffsschutz angegeben, so enthält der folgende Abschnitt - bis zur nächsten anderslautenden Angabe eines Zugriffschutzes - per Definition nur private Member.

Ein drittes mögliches Schlüsselwort für den Zugriffsschutz ist **protected**, das bei "normalen" Klassen die gleiche Semantik wie das Schlüsselwort *private* besitzt. Erst bei der Definition abgeleiteter Klassen (vgl. Kapitel 9) werden Unterschiede deutlich. Member mit Zugriffsebene *protected* sind für abgeleitete Klassen öffentlich, wohingegen sie für den Rest des Programms privat, also nicht zugreifbar sind.

Eine Structure (sowie eine Union; vgl. Kapitel 8.9) ist ein Spezialfall der Klassendefinition, in der alle Member per Definition *public* (öffentlich) sind. Somit sind folgende Definitionen semantisch äquivalent:

```
struct name { ... };              class name { public: ... };
```

8.2.1 Zeiger auf Klassenmember

Auf die Member einer Klasse kann auch mittels eines Zeigers verwiesen werden. Der Typ solcher Zeiger steht mit der Klasse in Beziehung. Ein Zeiger auf das Member *anz_insassen* der Klasse *landfahrzeug* hat den Typ

```
int     landfahrzeug :: *
```

und ein Objekt dieses Typs, also ein Zeiger, der auf *anz_insassen* zeigen könnte, läßt sich nun so definieren:

```
int     landfahrzeug :: *p_insassen;
```

Durch den Scope-Operator *::* und die vorherige Angabe des Klassennamens wird festgelegt, welchen Gültigkeitsbereich *p_insassen* hat. So darf diese Variable dann z. B. nicht als Zeiger auf globale Integer-Variablen verwendet werden:

```
int i;               // Globale Variable
int landfahrzeug :: *p_insassen = &i;
                     // Fehler, da  i Datei-Scope besitzt
```

Zuweisungen der Art

```
p_insassen = &landfahrzeug :: anz_insassen;
void (landfahrzeug :: *print_zeiger) ( ) =
        landfahrzeug :: print;
```

sind prinzipiell möglich, führen aber im ersten Fall zu einer Verletzung der Zugriffsrechte, da *anz_insassen* ein privates Member ist. Der Compiler würde diese Verletzung erkennen und als Fehler behandeln. Erlaubt ist dagegen die Definition eines Verweises auf die *print*-Funktion, da diese *public* ist. Die Initialisierung von *p_insassen* sieht dabei auf den ersten Blick nicht korrekt aus, da der Zeiger nicht auf ein konkretes Objekt verweist. Der Leser würde hier eher die Zuweisung *p_insassen = &fahrrad. anz_insassen;* erwarten, da *fahrrad* ein Objekt vom Typ *landfahrzeug* ist, welches konkret Speicherzellen belegt und dessen Adresse somit ermittelbar ist. Durch die angegebene Zuweisung *p_insassen = &landfahrzeug :: anz_insassen;* wird dagegen nur festgelegt, daß *p_insassen*, falls es auf ein Member eines Objekts der Klasse *landfahrzeug* zeigen würde, auf *anz_insassen* zeigt (und nicht evtl. auf ein anderes Member der Klasse). Die obige Zuweisung wird allerdings verständlich, wenn man sich vor Augen führt, daß das Dereferenzieren von *p_insassen*, also **p_insassen*, an die Existenz eines Klassenobjektes gebunden ist. Wird beispielsweise das Objekt *fahrrad* gelöscht (z.B. mittels *delete*, sofern es mittels *new* erzeugt wurde), so würde *p_insassen* weiterhin die Adresse einer Speicherzelle enthalten, und das Dereferenzieren würde nun zu einem

Fehler führen. Daher ist auch syntaktisch das Dereferenzieren eines Zeigers auf ein Klassenmember nur im Kontext eines Klassenobjektes erlaubt:

```
int i = fahrrad.*p_insassen;
(fahrrad.*print_zeiger) ( );
    /* Klammersetzung wegen Priorität des Funktionsaufruf-
       operators ( ). Vgl. Anhang. */
```

Bei einem Zeiger auf die Klasse *landfahrzeug* der folgenden Art sieht der Zugriff so aus:

```
landfahrzeug *pl = &fahrrad;
int i = pl->*p_insassen;
(pl->*print_zeiger) ( );
```

Dem aufmerksamen Leser wird natürlich nicht entgangen sein, daß alle Zugriffe auf *p_insassen* und somit auf das Member *anz_insassen* nicht erlaubt sind, da *anz_insassen* ein privates Member ist. Wir haben hier aber der Einfachheit wegen angenommen, daß *anz_insassen* zugreifbar (also *public*) ist.

8.2.2 Statische Klassenmember

Stellen wir uns nun vor, unsere Klasse *landfahrzeug* wäre eine universelle Klasse zur Erfassung aller wichtigen Daten eines Transportunternehmens. Ein wichtiges Datum könnte z. B. das Gesamtgewicht aller zur Zeit zu transportierenden Waren sein, um die Bestimmung eines Auslastungsfaktors vornehmen zu können. Eine mögliche Implementierung könnte für die Klasse ein Member namens *alle_ladungen* beinhalten, von dem jedes Objekt dann eine eigene Kopie besitzt. Sind *LKW1, LKW2, ..., LKWn* Objekte vom Typ unserer jetzt modifizierten Klasse *landfahrzeug*, so läßt sich diese Implementierung wie folgt veranschaulichen:

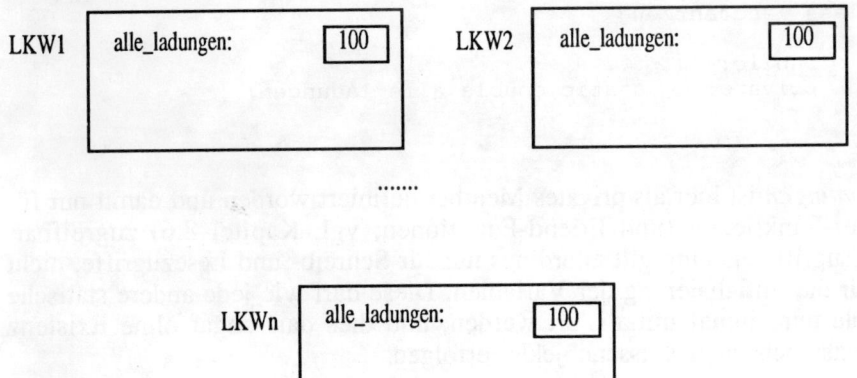

Wenn sich der Wert von *alle_ladungen* ändert, muß dieser Wert aus Konsistenzgründen in allen Klassenobjekten geändert werden. Besser wäre eine Implementierung, in der nur eine Realisierung dieser Variablen existiert. Allerdings sollte dies auch keine globale Variable des Programms sein, da man unerlaubte Zugriffe auf sie unterbinden will. D.h. es sollte möglich sein, daß *alle_ladungen* der gewünschten Zugriffsebene (*private/protected/public*) angehört. Anschaulich sollte also etwa folgender Fall vorliegen:

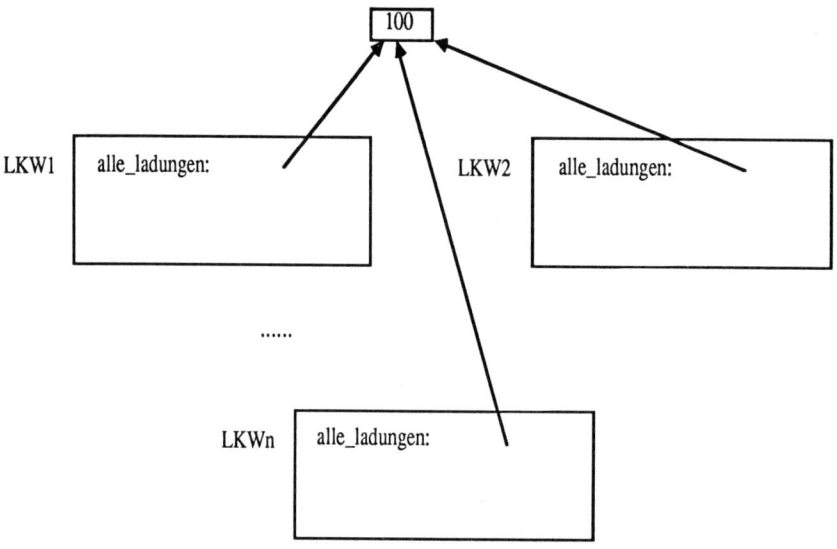

Diese Möglichkeit bietet C++ durch Definition statischer Klassenmember an. Für unser Beispiel sähe dies wie folgt aus:

```
class landfahrzeug
{
    public:        ...
    private:       static double alle_ladungen;
                   ...
};
```

alle_ladungen ist hier als privates Member definiert worden und damit nur für Member-Funktionen (und Friend-Funktionen; vgl. Kapitel 8.6) zugreifbar. Diese Zugriffsregelung gilt allerdings nur für Schreib- und Lesezugriffe, nicht aber für die Initialisierung der Variablen. Diese darf wie jede andere statische Variable nur einmal initialisiert werden, und dies darf sogar ohne Existenz eines entsprechenden Klassenobjektes erfolgen:

```
double landfahrzeug :: alle_ladungen = 0; // Initialisierung
```

Der Gültigkeitsbereich (Scope) von *alle_ladungen* muß allerdings durch Angabe von *landfahrzeug::* spezifiziert werden. Man beachte, daß die Deklaration eines Klassenmembers als *static* keine Definition bezeichnet; eine solche Definition muß anderswo erfolgen.

Anmerkung:
Die Initialisierung von *alle_ladungen* ohne Existenz eines Klassenobjektes ist möglich, da der Compiler durch die static-Angabe weiß, daß nur eine Realisierung von *alle_ladungen* benötigt wird und er daher den Speicherplatz statisch festlegen kann. Tatsächlich sind statische Member nicht Teil von Objekten der Klasse, sondern eigenständige Objekte.

Andere Zugriffe (außer Initialisierung) erfolgen so wie bei anderen Klassenmembern und gehorchen der angegebenen Zugriffsregelung. Wäre *alle_ladungen* öffentlich, so wäre es auch möglich, ohne Klassenobjekt zuzugreifen:

```
landfahrzeug :: alle_ladungen += 50;
```

Ist *alle_ladungen* - wie oben angegeben - privat, so kann man nur über eine Member-Funktion auf dieses Member zugreifen. Diese Funktion können wir allerdings nur im Kontext eines Klassenobjektes aufrufen:

```
double lies_alle_ladungen( ) { return alle_ladungen; }
double ladung = LKW2.lies_alle_ladungen( );
```

Andererseits ist es unwichtig, welches Klassenobjekt wir hierzu verwenden. Daher ist es erlaubt, auch Funktionen als statische Klassenmember zu definieren, sofern diese ihrerseits nur auf statische Klassenmember zugreifen:

```
class landfahrzeug
{
    public:
        static double lies_alle_ladungen( )
        { return alle_ladungen; }
        ...
    private:
        static double alle_ladungen;
        ...
};
```

8.2.3 Member-Funktionen

Member-Funktionen haben wir bereits häufiger angesprochen. Mit dem Begriff Member-Funktionen bezeichnet man allgemein Funktionen, die in einer Klasse (ohne Angabe des Schlüsselwortes *friend*, vgl. Kap. 8.6) deklariert oder definiert werden. So ist in der ursprünglichen Definition der Klasse *landfahrzeug* die Member-Funktion *print* deklariert worden, wohingegen die Member-Funktion *lies_anz_insassen* definiert wurde, da wir den Funktionsrumpf ebenfalls mit angegeben haben. Die Funktion *print* muß also noch definiert werden. Soll dies außerhalb der Klassendeklaration geschehen, muß ihr Gültigkeitsbereich angegeben werden:

```
void landfahrzeug :: print( ) { ... }
```

Ohne die Angabe von *landfahrzeug::* wäre die Funktion *print* global definiert, und es würde kein Zusammenhang mit der im Klassenrumpf deklarierten Funktion existieren. Member-Funktionen besitzen dagegen nur Gültigkeit im Gültigkeitsbereich der Klasse.

Wird eine Funktion in einer Klasse definiert, so ist sie automatisch eine **Inline-Funktion**. Man beachte daher die Bemerkungen zu Inline-Funktionen in Kapitel 6. Ein weiterer Unterschied zu anderen Funktionen ist der, daß Member-Funktionen Zugriff auf alle(!) Member einer Klasse besitzen. Sie können sowohl *public, protected* als auch *private* Member der Klasse verändern.

Jede Member-Funktion besitzt einen Zeiger vom Typ der Klasse, der bei Aufruf der Funktion die Adresse des Klassenobjektes enthält, deren Member-Funktion aufgerufen wurde. Dieser Zeiger heißt **this**. Eine typische Anwendung von *this* ist die Manipulation von Listen, in denen das Klassenobjekt enthalten ist:

```
class liste
{
    public:
        void einfuegen ( liste* );
    private:
        liste *suc, *pre;
};

void liste :: einfuegen ( liste *p )
{
    p->suc      = suc;
    p->pre      = this; /*  Zugriff auf das Klassenobjekt
                            selbst mittels this */
    suc->pre    = p;
    suc         = p;
}
```

Die folgende Abbildung dient der Veranschaulichung.

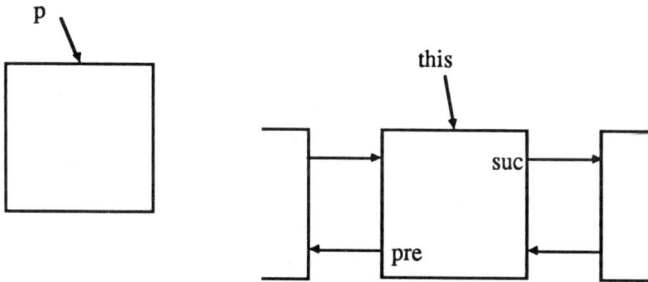

Bemerkung:
Der Typ von *this* in einer Member-Funktion einer Klasse K ist i.a. *K *const,* außer bei Deklaration der Member-Funktion als *const* oder *volatile.*

Eine Besonderheit der Deklaration/Definition von Member-Funktionen tritt bei **konstanten Klassenobjekten** auf. Da das Objekt

```
const landfahrzeug fahrrad;
```

als Konstante definiert ist, sollte sein Wert nicht änderbar sein, genauso, wie man es von einer Konstanten erwartet:

```
double gewicht = fahrrad.lies_leergewicht( );    // OK
fahrrad.setze_leergewicht(15.4);                 // Fehler
```

Der obige erste Aufruf wäre somit prinzipiell erlaubt, da hier nur ein Wert der Konstanten *fahrrad* gelesen wird. Dagegen wäre der zweite Aufruf selbstverständlich nicht erlaubt, da der Wert verändert werden soll. Solche unterschiedlichen Zugriffe kann der Designer der Klasse mittels **konstanter Member-Funktionen** andeuten. Hierzu ein Beispiel:

```
class landfahrzeug
{
    public:
        int lies_anz_insassen( ) const
        { return anz_insassen; }
                                // Konstante Member-Funktion
        void setze_anz_insassen( int i )
        {
            if (i < 0)  ...     // Fehlerbehandlung
            else anz_insassen = i;
        }
};
```

Das Schlüsselwort *const* wird zwischen Parameterliste und Funktionsrumpf plaziert. Ein konstantes Klassenobjekt kann nur konstante Member-Funktionen aufrufen. Allerdings können nicht alle Funktionen als konstante Member-Funktionen deklariert werden. Würde man z. B. auch *setze_anz_insassen* als konstante Member-Funktion definieren, so erkennt der Compiler, daß ein Member-Datum verändert wird, und würde somit diese Definition als Fehler behandeln. Konstruktoren und Destruktoren (vgl. Kapitel 8.4 und 8.5) bilden hier eine Ausnahme. Sie werden auch für konstante Klassenobjekte implizit aufgerufen, ohne als konstante Member-Funktion definiert zu sein. Dies ist i.a. auch nicht möglich, da diese Funktionen meistens die Member-Daten verändern. Eine konstante Member-Funktion kann für konstante und nicht-konstante Objekte aufgerufen werden, aber eine nicht-konstante Member-Funktion kann nur für nicht-konstante Objekte aufgerufen werden.

8.3 Gültigkeitsbereiche bei Verwendung von Klassen

Member einer Klasse sind nur innerhalb der Klasse gültig. Besitzt ein Member denselben Namen wie eine globale Variable, so wird diese Variable überdeckt (vgl. Kap. 5). Klassenmember sind im ganzen Klassenrumpf definiert, so daß Member-Funktionen durchaus Member-Daten verwenden können, die erst später im Klassenrumpf deklariert werden. Dies unterscheidet sich z.B. von Definitionen in Funktionen, wo Variablen erst ab der Stelle der Definition bekannt sind:

```
int anz_insassen = 0;

class landfahrzeug
{
    public:
        int lies_anz_insassen( ) { return anz_insassen; }
        /* Bezieht sich auf das untenstehende
           Memberdatum im privaten Teil dieser Klasse   */
    private:
        int  anz_insassen;
        // Überdeckt die globale Variable :: anz_insassen
};
```

Aber es gilt

```
int i = 10;

f( )
{
    int j   = i;        //  j = 10
    int i   = 20;       /* Überdeckt die Definition der
                           globalen Variablen i    */
    j       = i;        //  j = 20
}
```

Eine Überdeckung hängt nur vom Namen ab, ist also insbesondere unabhängig vom Typ. Durch den Scope-Operator kann der Zugriff auf die entsprechende Variable/Funktion spezifiziert werden:

```
extern zuladung(int);          // Externe Funktion

class landfahrzeug { int  zuladung; };
                               // Überdeckt die Funktion
class landfahrzeug
{
    int f( );
    int zuladung;
};

landfahrzeug :: f( )
{
    int i = :: zuladung(150);
                          // Aufruf der externen Funktion
    int j = landfahrzeug :: zuladung;
    int k = zuladung;     // Zugriffe auf das Member-Datum
}
```

Eine Ineinanderschachtelung von Klassendefinitionen ist erlaubt:

```
class aussen { class innen { ... }; };
```

Die Klasse *innen* ist nur innerhalb der Klasse *aussen* gültig und somit ist der Typname *innen* außerhalb des Gültigkeitsbereich von *aussen* unbekannt. Durch Verschachteln von Klassendefinitionen werden allerdings die Zugriffsregelungen nicht beeinflußt, so sind beispielsweise private Member der Klasse *aussen* nicht für Objekte der Klasse *innen* zugreifbar und ebenso sind umgekehrt private Member der Klasse *innen* nicht für Objekte der Klasse *aussen* zugreifbar.

Klassen lassen sich auch lokal innerhalb von Funktionen definieren (vgl. hierzu auch Kapitel 8.7). In solchen Fällen müssen die Member-Funktionen innerhalb des Klassenrumpfes definiert werden (sind also automatisch Inline-Funktionen), da ein Ineinanderschachteln von Funktionsdefinitionen (vgl. Kap. 6.1) nicht erlaubt ist:

```
int f( )
{
    class classic { ... };  // Lokale Klasse
    classic c;              // Definition eines Klassenobj.
}            /* Definition so erlaubt. Ferner ist classic
                auch nur innerhalb der Funktion bekannt und
                eine Verwendung außerhalb der Funktion ist
                ein Fehler. */
```

```
int f( )
{
    class classic              // Lokale Klasse
    {
        public:
            int g( );
    };

    int classic :: g( ) { ... }
                /* Nicht erlaubt, da hierdurch ein Ineinander-
                   schachteln von Funktionen (hier f und
                   classic :: g) erfolgt. */
}
```

Ferner kann in solchen Fällen eine Member-Funktion auch nicht außerhalb des Gültigkeitsbereichs der Klasse definiert werden, da sie dort nicht bekannt ist:

```
int f( )
{
    class classic { public: int g( ); }; // Lokale Klasse
    ...
}

int classic :: g( ) { ... } /* Klasse classic hier nicht
                               bekannt, da nur lokal in
                               f definiert */
```

8.4 Initialisierung von Klassenobjekten

8.4.1 Konstruktoren

Eine Initialisierung von Membern einer Klasse kann beispielsweise über übliche Member-Funktionen durchgeführt werden, die die Member einer Klasse mit gewissen Werten versehen. So könnte ein Objekt der Klasse *landfahrzeug* in etwa dadurch initialisiert werden, daß alle "setze"-Funktionen der Klasse mit entsprechenden Werten aufgerufen werden. Dies ist natürlich nicht sehr komfortabel und auch fehleranfällig, wenn beispielsweise die Initialisierung vergessen wird. C++ bietet die Möglichkeit, die Initialisierung eines Klassenobjektes automatisch sicherzustellen. Und zwar kann festgelegt werden, daß bei jeder Inkarnation eines Klassenobjektes implizit eine Funktion aufgerufen wird, die dann entsprechende Initialisierungsanweisungen ausführt. Eine solche Funktion wird **Konstruktor** genannt. Ein Konstruktor in C++ ist dadurch gekennzeichnet, daß er denselben Namen wie die Klasse trägt. Ein Konstruktor kann überladen werden (d.h. es darf verschiedene Konstruktoren mit gleichem Namen geben), indem verschiedene Parameterlisten angegeben werden.

Besitzt eine Klasse einen Konstruktor, so wird jedes zu kreierende Objekt der Klasse gemäß den Anweisungen dieses Konstruktors initialisiert, bevor das Objekt tatsächlich verwendet wird. Ein Konstruktor mit einer leeren Parameterliste oder einer Parameterliste, die voreingestellte Werte spezifiziert (vgl. Kapitel 8.4.3) wird **Default-Konstruktor** genannt.

Konstruktoren für unsere Klasse *landfahrzeug* könnten wie folgt aussehen:

```
class landfahrzeug
{
    public:
        landfahrzeug( );
            /*  Der Konstruktor besitzt den gleichen Namen
                wie die Klasse; dieser Konstruktor besitzt
                keine Parameter (Default-Konstruktor)    */
        landfahrzeug(int, double, double);
            //  Zweiter Konstruktor mit Parametern
        ... //  Wie vorher definiert
    private:
        int     anz_insassen;
        double  leergewicht;
        double  zuladung;
};

landfahrzeug :: landfahrzeug( ) // Definition
{
    anz_insassen    =   0;
    leergewicht     =   0;
    zuladung        =   0;
}

landfahrzeug :: landfahrzeug(int a, double l, double z)
{
    anz_insassen    =   a;
    leergewicht     =   l;
    zuladung        =   z;
}
```

Eine Definition von Objekten der so definierten Klasse *landfahrzeug* kann jetzt wie üblich erfolgen. Werden dabei keine Parameter angegeben, so wird der Default-Konstruktor aufgerufen:

```
landfahrzeug LKW1;
    /*  Aufruf des Default-Konstruktors. In LKW1 sind dann
        alle Member-Daten mit dem Wert Null initialisiert */
landfahrzeug LKW2(2, 3000.0, 4500.0);
    /*  Aufruf des Konstruktors
        landfahrzeug :: landfahrzeug(int, double, double) */
```

Konstruktoren unterliegen - wie jede andere Member-Funktion - den spezifizierten Zugriffsregelungen. Falls unsere Klasse *landfahrzeug* wie folgt definiert wird:

```
class landfahrzeug
{
    public:      landfahrzeug(int, double, double);
                 ...
    private:     landfahrzeug( );
                 ...
};
```

so ist die Definition

```
landfahrzeug LKW1;
```

nicht mehr zulässig, da der Konstruktor *landfahrzeug :: landfahrzeug( )* ein privates Member der Klasse ist. Andererseits wird bei dieser Definition von LKW1 auch nicht der öffentlich zugreifbare Konstruktor *landfahrzeug :: landfahrzeug(int, double, double)* aufgerufen, da ein Konstruktor - wie jede andere Funktion - mit den entsprechenden Parametern aufgerufen werden muß, die im Funktionskopf spezifiziert sind. Deklariert man daher einen Konstruktor als privat, so können nur Member-Funktionen oder Friends der Klasse (vgl. Kapitel 8.6), die über bereits existierende Objekte der Klasse aufgerufen werden, auf diesen Konstruktor zugreifen. Dadurch läßt sich eine gewisse Art der Zugriffskontrolle nur für bestimmte Objekte regeln.

Ein Konstruktor darf keinen Ergebnistyp (nicht einmal *void*) spezifizieren und es darf auch kein Ergebnis mittels der *return*-Anweisung zurückgegeben werden. Ebensowenig darf ein Konstruktor *static* oder *virtual* (vgl. Kapitel 9) sein. Es ist nicht möglich, die Adresse eines Konstruktors zu ermitteln und Konstruktoren werden auch nicht vererbt (vgl. ebenfalls Kapitel 9). Innerhalb von Konstruktoren dürfen andere Member-Funktionen aufgerufen werden. Konstruktoren für Elemente von Vektoren (Arrays) werden in der Reihenfolge aufsteigender Indizes aufgerufen. Ein Objekt einer Klasse mit einem Konstruktor kann nicht Member einer Union (vgl. Kapitel 8.9) sein.

Bemerkung:
Werden keine Konstruktoren bei der Definition einer Klasse angegeben, so legt der Compiler implizit einen **Default-Konstruktor** an.

8.4.2 Initialisierung durch Zuweisung

Wie von den Standardtypen gewohnt, lassen sich neu zu inkarnierende Klassenobjekte auch mit den Werten bereits existierender Objekte per Zuweisung initialisieren. Dabei sind aber einige Besonderheiten zu beachten:

```
landfahrzeug fahrrad;
landfahrzeug fhd = fahrrad;
```

Eine solche Initialisierung durch Zuweisung entspricht der Initialisierung durch Kopieren der jeweiligen Member. Also hat diese Zuweisung die gleiche Wirkung wie

```
fhd.anz_insassen    =   fahrrad.anz_insassen;
fhd.leergewicht     =   fahrrad.leergewicht;
fhd.zuladung        =   fahrrad.zuladung;
```

Dieses **memberweise Kopieren/Initialisieren** wird in 3 verschiedenen Situationen vorgenommen:

1) Bei der Initialisierung eines Klassenobjektes durch ein anderes Klassenobjekt.

2) Beim Aufruf einer Funktion und der Übergabe eines Klassenobjektes als aktuellem Parameter:

>   Deklaration: `f(landfahrzeug lf);`
>   Aufruf: `f(fahrrad);`   `// Call-by-value`

3) Bei der Ergebnisrückgabe einer Funktion:

```
landfahrzeug f( )
{
    landfahrzeug ld;
    ...
    return ld;
}
```

Allerdings ist das **memberweise Initialisieren** nicht immer wünschenswert. Sieht unsere Definition der Klasse *landfahrzeug* beispielsweise wie folgt aus

```
class landfahrzeug
{
    ...
    private:
        int *p_insassen;    // Zeiger auf Integer
    ...
};
```

so wird bei der Definition

```
landfahrzeug fhd = fahrrad;
```

nur die Adresse, die *p_insassen* enthält, dem entsprechenden Member von *fhd* zugewiesen. Es liegt anschaulich folgende Situation vor:

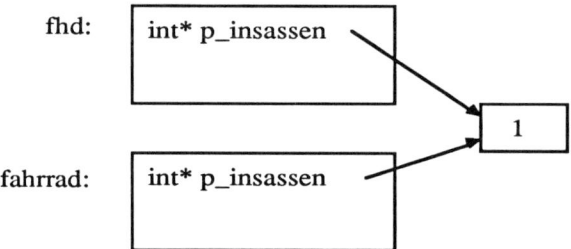

Anmerkung:
Die dargestellte Situation tritt z. B. auch auf, wenn Textkonstanten Member der Klasse sind, da
diese im allgemeinen nur durch Zeiger auf *char* zugreifbar sind.

Dies bewirkt, daß ein Zugriff auf *fhd.*p_insassen* und Änderung des Inhalts
auch das Objekt *fahrrad.*p_insassen* ändert, da hierdurch dasselbe Objekt
bezeichnet wird. Das ist natürlich in vielen Anwendungsfällen unerwünscht.
Diese Form der Initialisierung kann aber abgeändert werden. Der Compiler
bewerkstelligt die memberweise Initialisierung von Klassenobjekten durch
implizite Definition eines speziellen Konstruktors der Form

```
X :: X(const X&);            // X Klassenname
```

Wird für eine Klasse ein solcher Konstruktor explizit angegeben, so wird in
allen drei oben angegebenen Fällen dieser Konstruktor aufgerufen. Eine
memberweise Initialisierung findet nicht mehr statt. In unserer leicht
modifizierten Klasse *landfahrzeug* könnte der Konstruktor etwa wie folgt
aussehen:

```
landfahrzeug :: landfahrzeug(const landfahrzeug& ld)
{
    p_insassen   = new int;
    *p_insassen = ld.*p_insassen;
    ...
}
```

Diese Umgehung der memberweisen Initialisierung durch explizite Definition
eines speziellen Konstruktors bezieht sich ausschließlich auf die Initialisierung
von Klassenobjekten und **nicht** auf die Zuweisung, da bei einer Zuweisung der
linke Operand (lvalue) bereits existiert und somit der Aufruf eines
Konstruktors nicht mehr möglich ist.

Damit würde

```
landfahrzeug fhd;
fhd = fahrrad;
```

wieder die gleichen Probleme ergeben, wie die memberweise Initialisierung

```
landfahrzeug fhd = fahrrad;
```

wenn kein Konstruktor der Form *X :: X(const X&)* definiert worden ist. Um bei der Zuweisung ein memberweises Kopieren zu unterbinden, ist es erforderlich, den Operator = zu überladen (vgl. Kapitel 10).

8.4.3   Weitere Möglichkeiten zur Initialisierung

a) Voreingestellte Werte/Defaults:

Man kann den Default-Konstruktor durch Angabe von voreingestellten Werten überflüssig werden lassen:

```
class landfahrzeug
{
    public:
        landfahrzeug(int = 0, double = 0, double = 0);
        ...

    private:
        int     anz_insassen;
        double  leergewicht;
        double  zuladung;
};

landfahrzeug :: landfahrzeug(int a, double l, double z)
{
    anz_insassen    =   a;
    leergewicht     =   l;
    zuladung        =   z;
}
```

Dann bewirkt die Definition ohne Angabe von Parametern den Aufruf des Konstruktors mit den voreingestellten Werten (in diesem Fall Null für alle Parameter):

```
landfahrzeug LKW1;
```

b) Mittels new:

```
landfahrzeug *pLKW = new landfahrzeug(2, 3000.0, 7500.0);
```

c) Als statisches Objekt:

```
static landfahrzeug LKW(2, 3000.0, 7500.0);
```

8.5 Löschen von Klassenobjekten

8.5.1 Destruktoren

Wir haben gesehen, daß es verschiedene Möglichkeiten gibt, Klassenobjekte zu erzeugen. Unabhängig davon, wie solche Objekte kreiert worden sind, belegen sie natürlich Speicherplatz. Die naheliegende Frage ist nun, wie solche Klassenobjekte wieder gelöscht werden können? Wurde ein Objekt mittels *new* erzeugt, muß der belegte Speicherplatz explizit mit Hilfe von *delete* wieder freigegeben werden. Wurde ein Konstruktor verwendet, benutzt man für das Freigeben des Speicherplatzes die inverse Operation, einen **Destruktor**, um ein Löschen solcher Objekte zu gewährleisten. Der Name für den Destruktor einer Klasse *classic* ist ~**classic** (das Komplement des Konstruktors). Ein Destruktor wird ebenso wie ein Konstruktor als Member der Klasse deklariert und implizit aufgerufen. Dazu als Beispiel eine Klasse, die das Konzept eines Stapels (Stacks) von Zeichen realisiert:

```
class c_stack
{
    public :
        c_stack(int g)                          // Konstruktor
        { top = stack = new char [ groesse = g ]; }
        ~c_stack( )            { delete[] stack;}// Destruktor
        void push(char c)      { *top++ = c; }          // push
        char pop( )            { return *--top; }        // pop
    private:
        int        groesse;
        char       *top;
        char       *stack;
};
```

Hier sind der Konstruktor und der Destruktor mittels *new* und *delete* realisiert worden. Verliert ein Objekt vom Typ *c_stack* seine Gültigkeit, so wird der Destruktor automatisch aufgerufen, d.h. ohne expliziten Aufruf:

```
void f( )
{
    c_stack char_stack1(100);
    c_stack char_stack2(200);
    char_stack1.push('a');
    char_stack2.push(char_stack1.pop( ));
    char ch = char_stack2.pop( );
    cout << ch << "\n";
}
```

Bei der Abarbeitung von *f* wird der Konstruktor *c_stack* zweimal aufgerufen: einmal für *char_stack1*, um einen Stapel (Vektor) von 100 Zeichen zu erzeugen, und einmal für *char_stack2*, um einen Stapel von 200 Zeichen zu erzeugen. Wird *f* verlassen, werden beide Stapel/Vektoren automatisch wieder gelöscht. Allgemein kann man sagen, daß der Destruktor implizit aufgerufen wird (sofern er implementiert ist), wenn ein Klassenobjekt durch Verlassen eines Blocks seine Gültigkeit verliert. Verliert etwa ein Zeiger, der auf ein solches Objekt verweist, seine Gültigkeit, so wird der Destruktor nicht aufgerufen. Dies ist verständlich, denn andernfalls würde z.B. die Parameterübergabe von Zeigern per *call by value* unerwartete Seiteneffekte auslösen. Will man für das Objekt, auf welches der Zeiger zeigt, den Destruktor aufrufen, so ist ein explizites Löschen des Objektes wie folgt notwendig:

```
f(c_stack *p) { ... }
              /*  p verliert nach Abarbeitung seine Gültig-
                  keit, aber der Destruktor des Objektes, auf
                  das p zeigt, wird nicht aufgerufen. */
delete p;    // Jetzt o.k.
```

Der explizite Aufruf sollte aber nur dann angewendet werden, wenn er wirklich sinnvoll ist (z.B. wenn ein Programmierer ein Klassenobjekt zwar löschen, den dafür reservierten Speicherplatz aber mittels *new* belegen will). Der explizite Destruktoraufruf verlangt bei Klassenobjekten die Verwendung des Punktoperators . oder des Pfeiloperators ->; würde man sich allein auf den *this*-Zeiger verlassen, so könnte dies zur Verwechslung zwischen dem unären Operator ~ und dem ~ als Teil des Namens des Destruktors führen.

Ein Überladen von Destruktoren ist nicht möglich, da ein Destruktor keine Parameter besitzen darf. Es darf kein Ergebnistyp angegegeben werden (nicht einmal *void*) und es ist nicht möglich, die Adresse eines Destruktors zu ermitteln. Ein Destruktor darf nicht als *static, const* oder *volatile* deklariert werden, aber auf Objekte vom Typ *const* oder *volatile* angewendet werden. Destruktoren werden nicht vererbt (vgl. Kapitel 9). Es ist erlaubt, Member-Funktionen innerhalb des Destruktors zu verwenden und ein Destruktor darf als *virtual* (vgl. Kapitel 9) deklariert werden. Destruktoren für Elemente eines Vektors werden in umgekehrter Reihenfolge ihrer Konstruktion aufgerufen. Ein Objekt einer Klasse mit einem Destruktor kann nicht Element einer Union (vgl. Kapitel 8.9) sein.

8.6 Friends

Wir haben zuvor zu motivieren versucht, wie wichtig und nützlich es ist, daß auf die Interna einer Klasse nur über Member-Funktionen der Klasse zugegriffen werden kann, um so insbesondere das Prinzip des Information Hiding zu unterstützen. Das folgende Beispiel wird zeigen, daß diese Vorgehensweise allerdings in einigen Fällen zu unerwünschten Problemen führen kann.

Nehmen wir an, es existieren zwei Klassen *vektor* und *matrix*. Jede von ihnen
versteckt ihre interne Repräsentation und bietet einen kompletten Satz von
Funktionen zur Manipulation von Objekten des entsprechenden Typs an. Eine
typischerweise benötigte Operation ist die Multiplikation einer Matrix mit
einem Vektor, d.h. eine Operation auf Elementen beider Typen. Es soll nun
eine solche Operation als Funktion implementiert werden. Der Einfachheit
halber nehmen wir dabei an, daß der Vektor aus vier Elementen (Index 0 ... 3)
besteht und die Matrix ihrerseits aus vier Vektoren (jeweils Index 0 ... 3). Auf
Elemente vom Typ *vektor* soll mit der Funktion *pruefe* zugegriffen werden,
die u. a. den Indexbereich überprüft. Liegt der Index *i* im vorgesehenen
Bereich, liefert *pruefe* die Adresse der entsprechenden Vektorkomponente
vek[i], andernfalls erfolgt ein Sprung aus dem Programm mit einer
entsprechenden Fehlermeldung; die Klasse *matrix* soll die gleiche Funktion
besitzen. Gegeben sei die folgende Implementation:

```
class vektor
{
    public :     float& pruefe (int i);
    private:     float vek[4];
};
class matrix
{
    public :     float& pruefe (int i, int j);
    private:     float mat[4][4];
};

float& vektor :: pruefe (int i)
{
    if ((0 <= i) && (i <= 3)) return (float&) vek[i];
    else
    {
        cout    << "Index nicht im vorgesehenen Bereich\n";
        exit(1);
    }
}
float& matrix :: pruefe (int i, int j) { ... }
```

Ein natürlicher Ansatz zur Lösung der Aufgabe ist die Definition einer
globalen Funktion *mult* wie folgt:

```
vektor mult(matrix& m, vektor& v)
{
    vektor result;
    for (int i = 0; i < 4; i++)
    {
        result.pruefe(i) = 0;
        for (int j = 0; j < 4; j++)
            result.pruefe(i) += m.pruefe(i,j) * v.pruefe(j);
    }
    return result;
}
```

Dies ist zwar ein natürlicher Ansatz, aber ein sehr ineffizienter, da die Funktion *pruefe* für jeden Aufruf von *mult* genau 4 * (1 + 4 * 3)-mal aufgerufen wird. Wäre *mult* aber ein Member von Klasse *vektor*, könnte man dieses komplizierte Überprüfen der Indizes entbehren, wenn man auf ein Vektor-Element zugreift (weil dann direkt auf die Interna zugegriffen werden kann); wäre *mult* ein Member der Klasse *matrix*, könnte man auch hier das Überprüfen der Indizes entbehren. Aber eine Funktion kann nicht gleichzeitig Member zweier Klassen sein. Was also tun? Was man benötigt, ist ein Sprachmittel, das einer Funktion Zugriff auf den privaten Teil einer Klasse gewährt; man nennt dies **Friend (Freund)** einer Klasse. Ein Friend einer Klasse ist eine Funktion, die nicht Member der Klasse ist, aber auf alle(!) Member der Klasse zugreifen darf:

```
class matrix;      // Vorwärtsdeklaration
class vektor
{
    friend vektor mult(matrix&, vektor&);
    public:         ...
    private:        float vek[4];
};

class matrix
{
    friend vektor mult(matrix&, vektor&);
    public:         ...
    private:        float mat[4][4];
};
```

Die Deklaration einer Friend-Funktion kann beliebig im privaten oder öffentlichen Teil einer Klasse plaziert werden. Die *mult*-Funktion hat nun Zugriff auf die Interna der Klassen *matrix* und *vektor* und kann ihre Elemente ohne eine ineffiziente Überprüfung der Indexbereiche direkt verwenden. Eine Member-Funktion einer Klasse kann ein Friend einer anderen Klasse sein und eine Kurznotation für den Fall, daß alle Member-Funktionen einer Klasse Friends einer anderen Klasse sind, existiert auch:

```
class x { void f( ); };
class y { friend void x :: f( ); };
class y { friend class x; };
    // Die Definition von x ist hier aber nicht erlaubt!
```

Will man also zulassen, daß eine Funktion zwei verschiedene Klassen manipulieren und auf die privaten Bereiche zugreifen darf, ist es notwendig, diese Funktion entweder als Friend beider Klassen zu deklarieren oder sie als Member einer Klasse und als Friend der anderen Klasse anzugeben. Falls eine Friend-Deklaration sich auf überladene Bezeichner (z. B. Funktionen oder Operatoren) bezieht, so wird nur die Funktion mit den entsprechenden Parametertypen zum Friend. Sollen also mehrere überladene Funktionen Friend einer Klasse sein, so muß man jede einzelne Funktion explizit als

Friend der Klasse deklarieren. Friend-Funktionen werden nicht mit den Member-Zugriffsoperatoren aufgerufen, außer sie sind Member einer anderen Klasse. Freundschaft wird nicht vererbt (vgl. Kapitel 9) und ist auch nicht transitiv.

Anmerkung:
Ein Friend, der innerhalb einer Klasse als solcher (zum ersten Mal) deklariert wurde, aber vorher noch nicht definiert worden ist, hat den selben Gültigkeitsbereich wie die Klasse, die diese Friend-Deklaration enthält. Eine Friend-Funktion, die innerhalb einer Klasse definiert wird, ist automatisch eine Inline-Funktion und hat den gleichen (lexikalischen) Gültigkeitsbereich, wie die Klasse, in der die Friend-Funktion definiert wird.

8.7 Klassen als Member von Klassen

Innerhalb von Klassendeklarationen ist es jederzeit möglich, Objekte anderer Structures oder Klassen als gewöhnliche Member zu deklarieren. Der Zugriff auf die Member-Klasse erfolgt dann je nach Fall mittels des Punkt- bzw. Pfeiloperators. Probleme bereitet in diesem Fall jedoch die korrekte Anwendung von Konstruktoren und Destruktoren.

8.7.1 Konstruktoren/Destruktoren für Member-Klassen

Dazu folgendes Beispiel:

```
class innen
{
    public:      innen(char *ch, short sh);   // Konstruktor
                 ~innen( ) { };               // Destruktor
    private:     char *v;
                 short y;
};

innen :: innen(char *ch, short sh)
{
    v = ch; /* Vorsicht: v verweist auf den gleichen Spei-
               cherplatz wie ch! Besser: strcpy (v, ch); */
    y = sh;
}

class aussen
{
    public :     innen inclass1;            // Member-Klasse
                 aussen(char *cha);         // Konstruktor
                 ~aussen( ) { };            // Destruktor
    private:     char *x;
};
```

Hier sind zwei Klassen *innen* und *aussen* definiert worden, wobei ein Objekt
der Klasse *innen* (*inclass1*) als Member von *aussen* deklariert wurde (Objekte
der Art von *innen* seien im weiteren immer als **Member-Klassen**, Objekte
der Art von *aussen* als **umfassende Klasse** bezeichnet). Beide Klassen
besitzen jeweils einen Konstruktor und einen Destruktor. Der Konstruktor von
innen ist schon genau definiert worden, die Definition des Konstruktors von
aussen fehlt allerdings noch. Der Grund für dieses Fehlen ist, daß die
derzeitigen Sprachmittel nicht ausreichen, um diesen Konstruktor zu
spezifizieren. Man bedenke: beim Kreieren eines Objekts der Klasse *aussen*
wird automatisch auch ein Objekt der Klasse *innen* erzeugt, da *innen* ein
Member von *aussen* ist. *innen* aber besitzt auch einen Konstruktor mit
Parametern. Die Frage ist nun, wie macht man diese - für den Konstruktor
von *innen* notwendigen - Parameter dem Konstruktor von *aussen* bekannt?
Dies kann offensichtlich nicht ohne weitere Sprachmittel durchgeführt werden.

Die Parameter für den Konstruktor der Member-Klasse (kurz **Member-
Konstruktor** genannt) werden in der Definition (nicht in der Deklaration!)
des Konstruktors der Klasse spezifiziert, die dieses Member enthält. Der
Member-Konstruktor wird dann aufgerufen, bevor der Konstruktor der
umfassenden Klasse (der die Parameter für die Member-Klasse spezifiziert)
aufgerufen wird. Syntaktisch erfolgt die Angabe der Parameter für den
Member-Konstruktor im Kopf der Konstruktor-Definition der umfassenden
Klasse. Hierbei wird nach Angabe des Konstruktor-Namens der umfassenden
Klasse (samt Parameterliste) ein Doppelpunkt gesetzt, gefolgt vom Namen der
Member-Klasse mit Parameterliste. Da sich dies sehr kompliziert anhört, hier
der noch fehlende Konstruktor zu obigem Beispiel:

```
aussen :: aussen(char *cha) : inclass1("Member",1)
{ x = cha; }
```

In diesem Fall wird bei jedem Aufruf des Konstruktors für *aussen* der
Konstruktor für *innen* mit den festen Werten *"Member"* und *"1"* aufgerufen.
Will man für die Member-Klasse keine festen Werte, sondern Variablen
benutzen, so besteht die Möglichkeit, diese im Konstruktor für die umfassende
Klasse anzugeben, die dann an den Konstruktor der Member-Klasse
weitergeleitet werden können:

```
class innen { ... };      // Definition wie oben

class aussen
{
     public :     innen inclass1;
                  aussen(char *cha, char *ch, short sh);
                  ~aussen( ) { };
     private:     char *x;
};
```

```
aussen :: aussen(char *cha, char *ch, short sh)
         : inclass1(ch, sh) { x = cha; }
```

Hat eine Klasse zwei oder mehr Klassen als Member, so muß die
Parameterliste für die Konstruktoren der Member-Klassen durch Kommata
getrennt werden. Benötigt ein Konstruktor einer Member-Klasse keine
Parameter, kann die Angabe nach dem Doppelpunkt für diese Member-Klasse
entfallen. Die Reihenfolge, in der die Member-Konstruktoren aufgerufen
werden, richtet sich nach der **Reihenfolge der Deklarationen** in der
umfassenden Klasse:

```
aussen ::    aussen(char *cha, char *ch, short sh)
         :    inclass1(ch, sh), inclass2(ch, sh = sh*2)
/* Aufruf des Konstruktors für inclass1 und danach der
Aufruf des Konstruktors für inclass2. Allerdings sollte ein
solcher Aufruf vermieden werden, da zwar die Reihenfolge der
Konstruktoraufrufe festgelegt ist, nicht aber die Reihen-
folge, in der die Funktionargumente ausgewertet werden. In
dem Aufruf des Konstruktors für das Member inclass2 tritt
ein Seiteneffekt durch die Zuweisung "sh = sh * 2" auf, denn
sh ist auch Parameter für den Konstruktoraufruf von
inclass1. Somit ist, wegen der fehlenden Festlegung der
Reihenfolge der Auswertungen der Funktionsargumente, nicht
festgelegt, welcher Wert von sh übergeben wird. */
{ x = cha; }
```

Bei den oben angegebenen Deklarationen eines Konstruktors ist es wichtig,
zwischen **Initialisierung** und **Zuweisung** zu unterscheiden. So wird die
Initialisierung von Membern der Klasse nur im Konstruktorkopf spezifiziert,
wohingegen im Rumpf des Konstruktors die jeweiligen Member per
Zuweisung Werte erhalten. D.h. die Ausführung eines Konstruktors setzt sich
also aus zwei Phasen zusammen, einer Initialisierungsphase und einer
Zuweisungsphase. Diese Unterscheidung von Initialisierungs- und
Zuweisungsphase bei Aufruf eines Konstruktors ist u.a. bei konstanten
Membern, aber insbesondere dann von Bedeutung, wenn wir die memberweise
Initialisierung - wie in Kapitel 8.4.2 angesprochen - durch Definition eines
speziellen Konstruktors vom Typ $X :: X(const X\&)$ umgehen wollen. Da
Konstruktoren nur bei Initialisierung eines Objektes aufgerufen werden,
würde eine Zuweisung im Rumpf des Konstruktors von *aussen* wieder durch
memberweises Kopieren erfolgen, sofern der Zuweisungsoperator nicht
überladen ist.

Während bei Konstruktoren zuerst die Member-Konstruktoren aufgerufen
werden und dann der Konstruktor der umfassenden Klasse, verhält sich dies
bei **Destruktoren** genau umgekehrt. Wird ein Klassenobjekt der umfassenden
Klasse zerstört (gelöscht), wird zuerst der Destruktor dieser Klasse ausgeführt
und erst danach die Destruktoren der Member-Klassen, und zwar in der
umgekehrten Reihenfolge der Deklarationen der Member in der umfassenden
Klasse.

8.8   Vektoren von Klassen

Ebenso, wie es möglich ist, Vektoren z. B. von Integer- oder reellen Zahlen zu erzeugen, so ist es auch möglich, Vektoren von Klassen zu definieren. Dabei ist jedoch auf die korrekte Anwendung von Konstruktoren und Destruktoren zu achten:

```
class datum
{
    public :
        int lies_tag( )      { return tag; }
        int lies_monat( )    { return monat; }
        int lies_jahr( )     { return jahr; }
        datum(int, int, int);
    private:
        int tag, monat, jahr;
};

datum :: datum(int t, int m, int j)
{
    tag     = t ? 0 : heute.lies_tag( );
    monat   = m ? 0 : heute.lies_monat( );
    jahr    = j ? 0 : heute.lies_jahr( );
        // Gegebenenfalls Initialisierung mit heutigem Datum
}

datum vek1[3];   // Allerdings so nicht korrekt, siehe unten
```

vek1 ist somit ein Vektor von Klassen des Typs *datum*. Ebenso ist eine Definition eines Vektors von Zeigern auf Klassenobjekte vom Typ *datum* kein Problem:

```
datum *vek2[3];
```

Allerdings ist die obige Definition von *vek1* nicht ganz korrekt, denn der Konstruktor der Klasse *datum* verlangt Parameter, die bei der Definition nicht angegeben worden sind. Die obige Definition hätte nur Gültigkeit, wenn es einen Konstruktor für die Klasse *datum* geben würde, der keine Argumente verlangt (Default-Konstruktor). In unserem Beispiel können wir *vek1* also nur mit Angabe von Parametern definieren:

```
datum vek1[3] =    // bzw. äquivalent:  datum vek1[ ] =
{
    datum(0,    0,     0),
    datum(24,   12,    1990),
    datum(1,    1,     2000)
};
```

Besitzt *datum* einen zusätzlichen (Default-)Konstruktor der Art *datum::datum()*, so ist auch eine partielle Initialisierung möglich:

```
datum vek1[3] =
{
    datum(0,     0,       0),
    datum(24,    12,      1990)
}; /*   Die Komponente vek1[2], also die letzte Komponente,
        wird durch den Konstruktor datum::datum( )
        initialisiert. */
```

Ist für die Klasse *datum* ein Destruktor angegeben und will man dessen Aufruf für alle Komponenten des Vektors *vek1* erreichen, so muß angegeben werden, daß es sich um einen Vektor handelt. Das Löschen des gesamten Vektors erfolgt daher mittels

```
delete[]  vek1;         // delete vek1; nicht ausreichend
```

8.9 Unions

Wir haben gesehen, daß Structures einen Spezialfall von Klassen darstellen. Structures werden insbesondere dann gebraucht, wenn das *Information Hiding* nicht notwendig ist. **Unions** sind nun wiederum Spezialfälle von Structures (also auch hier sind alle Member automatisch *public*) und werden eingesetzt, um Speicherplatz zu sparen. Eine Union ist definiert als eine Structure, in der jedes Member dieselbe Adresse besitzt. Die Union ist dabei groß genug, um das größte Member zu enthalten, und zu jedem Zeitpunkt kann nur ein Member-Objekt in der Union gespeichert werden. Wenn man daher weiß, daß zu jedem Zeitpunkt nur genau ein Member einer Structure einen Wert besitzt, kann eine Union Platz sparen (Unions sind vergleichbar mit varianten Records in Pascal):

```
union elemente
{
    char    *p;         // Textkonstante
    char    v[8][8];    // Zeichen-Matrix mit 8x8 Zeichen
    int     i;          // Integer
    double  d;          // Reelle Zahl
    float   f;          // Reelle Zahl
};
```

Objekte vom Typ *elemente* können nun wieder beliebig weiterverwendet werden, so u. a. auch als Objekte in Structures und Klassen.

Wenn Unions in Spezialfällen auch nützlich sein können, so sind sie auch mit Vorsicht zu genießen. So ist etwa eine Typüberprüfung zur Kompilier-Zeit nicht möglich, da der Compiler nicht wissen kann, welches Member zu einer bestimmten Zeit benutzt wird. Eine Union darf keine statischen Member enthalten und auch keine Klassenobjekte, deren Klassendefinition einen

Konstruktor oder Destruktor besitzt bzw. für die ein selbstdefinierter Zuweisungsoperator existiert (vgl. Kapitel 10). Allerdings darf eine Union Member-Funktionen besitzen - darunter auch Konstruktoren und Destruktoren - allerdings keine virtuellen Funktionen (vgl. Kapitel 9). Eine Union darf keine Basisklassen besitzen und auch selbst nicht als Basisklasse verwendet werden (vgl. ebenfalls Kapitel 9).

Eine Initialisierung von Unions ohne Konstruktor kann mittels Angabe eines einzigen Ausdrucks vom gleichen Typ oder durch Angabe eines Initialwertes für das erste Member der Union in geschweiften Klammern erfolgen:

```
union elemente
{
      int    i;        //   Integer
      double d;        //   Reelle Zahl
      float  f;        //   Reelle Zahl
};

elemente a1 = { 10 };   /*   Initialisierung des ersten Ele-
                             mentes der Union mit Wert 10 */
elemente a2 = a1;
```

Es ist möglich, eine Union als Member einer Klasse zu definieren, ohne der Union einen (Typ-)Namen zu geben, wie *elemente* in obigem Beispiel. Solche Unions bezeichnet man dann als **anonyme Union**. Anonyme Unions definieren somit nur unbenannte Objekte, aber keine Typen. Der Zugriff auf die Elemente der Union erfolgt dann direkt, wie bei anderen Klassenmembern auch. Eine anonyme Union darf keine als *private* oder *protected* definierte Member enthalten und keine Member-Funktionen besitzen. Die Bezeichner der Member von anonymen Unions müssen sich von anderen Bezeichnern in dem Gültigkeitsbereich unterscheiden, in dem die Union deklariert wurde, denn die Member einer anonymen Union werden wie normale Variablen behandelt.

8.10   Bitfelder

Eine weitere Möglichkeit, Speicherplatz zu sparen, ist die Definition sogenannter **Bitfelder**. Die Deklaration von Bitfeldern hat folgende Form:

```
Typ <Bezeichner> : konstanter Ausdruck
```

Wie der Name bereits andeutet, wird bei der Deklaration von Bitfeldern durch den konstanten Ausdruck spezifiziert, wieviele Bits bei der Definition für das angegebene Objekt reserviert werden sollen. Es ist somit möglich, Speicherbereiche zu definieren und zu adressieren, die weniger als ein Byte lang sind. Erlaubte Typen für Bitfelder sind ausschließlich die integralen

Typen *char, int, short int* und *long int* (und zwar als *signed* oder *unsigned*)
sowie Enumerationstypen. Bitfelder dürfen nur als Member von Klassen
(einschließlich Structures) deklariert werden:

```
typedef unsigned int bit;

class byte
{
    public:
        ...
    private:
        bit      feld1 : 3;
        bit      feld2 : 4;
        bit      feld3 : 1;    // Alle Member werden in einem
};                             // Objekt abgelegt
```

Der Zugriff auf diese Member erfolgt genauso wie der Zugriff auf andere
Member von Klassen. Es ist nicht erlaubt, die Adresse eines Bitfeldes mittels
des &-Operators zu ermitteln, und es existieren auch keine Zeiger auf solche
Member. Ferner existieren keine Referenzen auf Bitfelder und ein Bitfeld darf
nicht als *static* deklariert werden.

Bitfelder finden Anwendung bei sehr systemnahen Routinen, z.B. wenn die
zugrundeliegende Hardware verschiedenen Bits eine spezielle Bedeutung
zuordnet. Dann können Bitfelder dazu verwendet werden, den Zugriff auf
diese speziellen Speicherbereiche zu spezifizieren. Jedoch sind Bitfelder in
hohem Maße abhängig von der jeweiligen Implementation des Compilers und
sollten daher mit großer Vorsicht angewendet werden. So ist es beispielsweise
implementationsabhängig, ob ein nicht explizit als solches gekennzeichnetes
int-Feld als *signed* oder *unsigned* abgelegt wird bzw. ob die Zuweisung an
Bitfelder von links nach rechts oder von rechts nach links erfolgt. Auch muß
der Versuch des Sparens von Speicherplatz mittels Bitfeldern mit Vorsicht
betrachtet werden. Üblicherweise ist ein Byte (bzw. ein Wort) die kleinste
Einheit, die ohne weiteren Overhead adressiert werden kann. Der Zugriff auf
ein Bitfeld kann daher durch die Notwendigkeit zusätzlicher Instruktionen zur
Erhöhung der Laufzeit führen.

9 ABGELEITETE KLASSEN

9.1 Motivation

Das Konzept der Klassen in C++ ist sicherlich sehr nützlich. Dennoch gibt es Fälle, bei denen die Verwendung von "normalen" Klassen nicht sehr elegant ist und das Implementieren speziellen Codes notwendig macht. Das Prinzip der **Vererbung** von Informationen dient dazu, diesen zusätzlichen Aufwand zu reduzieren. In C++ wird - wie bereits gezeigt - die Objektorientiertheit mittels des Klassenkonzepts implementiert; die Vererbung als das primäre Charakteristikum objektorientierter Programmierung wird hier vermöge sogenannter **abgeleiteter Klassen** dargestellt. Member einer abgeleiteten Klasse können mit diesem Konzept wie Member anderer - aber funktional zusammenhängender - Klassen verwendet werden und dadurch auch die Operationen der Klasse. Zusätzlicher Programmieraufwand entfällt, ausgenommen der für die Erweiterung bzw. Ersetzung vererbter Informationen und Mechanismen. Das Prinzip des Information Hiding wird dabei streng beachtet, sowie die Unübersichtlichkeit und die Komplexität anderer Methoden reduziert.

Das traditionelle Beispiel eines Angestellten eines Unternehmens soll die Vererbung mittels abgeleiteter Klassen zunächst verdeutlichen. Einen Angestellten könnte man durch die folgende Datenstruktur beschreiben:

```
class angestellter
{
    public:
        char            *name;
        char            geschlecht;
        short           alter;
        short           abteilung;
        int             gehalt;
        angestellter    *nachfolger;
};
```

Der Zeiger *nachfolger* bildet eine Verbindung in einer Liste von Angestellten. Nun wollen wir einen Manager definieren:

```
class manager
{
    public:
        angestellter    ang;     /* Angestelltendaten des
                                     Managers   */
        angestellter    *gruppe;// Verwaltete Angestellte
};
```

Ein Manager ist normalerweise auch ein Angestellter des Unternehmens; seine Angestelltendaten werden in dem Member *ang* des Manager-Objekts gespeichert. Andererseits betreut ein Manager eine Gruppe von Personen - allesamt Angestellte des Unternehmens - deshalb der Verweis auf die Klasse *angestellter* namens *gruppe*.

Ein Objekt der Klasse *manager* in eine Liste von Objekten vom Typ *angestellter* zu hängen ist aber (ohne speziellen Code) nicht möglich, da die Objekte verschiedenen Typs sind. Ein Zeiger auf ein Objekt vom Typ *angestellter* (*angestellter**) ist kein Zeiger auf ein Objekt vom Typ *manager* (*manager**), also kann man nicht einfach den einen nehmen, wenn der andere gebraucht wird. Ein Ausweg aus dieser Situation wäre ein Sprachmittel, welches es erlaubt, einen Manager als Angestellten plus zuzüglicher Information zu definieren. Die Informationen über einen Angestellten (definiert in der Klasse *angestellter*) würden dabei automatisch weitergereicht (**vererbt**) an den Manager (definiert in der Klasse *manager*) und bräuchten somit nicht noch einmal deklariert zu werden. Allein die zusätzlichen Informationen müßten noch definiert werden. C++ bietet ein solches Sprachmittel an; es wird **Ableiten von Klassen** genannt:

```
class manager : public angestellter
{ angestellter *gruppe; };
```

Man sagt, die *manager*-Klasse ist **abgeleitet** von der *angestellter*-Klasse oder *angestellter* ist eine **Basisklasse** für *manager*. Die Klasse *manager* besitzt alle Member der Klasse *angestellter* (*name, geschlecht*, etc.) und zuzüglich das Member *gruppe*.

Allgemein vollzieht man syntaktisch die Ableitung, indem nach der Angabe von *class* (*struct* ist auch möglich) der Name der abgeleiteten Klasse angegeben wird, gefolgt von einem Doppelpunkt und dem Namen der Basisklasse. Im Anschluß daran folgt - wie bei der Klassendefinition üblich - die Liste der zuzüglichen Member in geschweiften Klammern. Mit dieser Definition läßt sich eine Liste von Angestellten erzeugen, von denen einige Manager sind:

```
void f()
{
    manager         man1, man2;
    angestellter    ang1, ang2;
    angestellter    *ang_list;
    ang_list        = &man1;        /*  Setze man1, ... in
                                        ang_list  */
    man1.nachfolger = &ang1;
    ang1.nachfolger = &man2;
    man2.nachfolger = &ang2;
    ang2.nachfolger = 0;            /*  Setze Ende der Liste
                                        auf NULL  */
}
```

Ein Manager ist nun auf jeden Fall auch ein Angestellter, also ist es sinnvoll, daß ein Verweis auf die abgeleitete Klasse *manager* (*manager**) implizit (d.h. ohne explizite Typkonvertierung) als ein Verweis auf die Basisklasse *angestellter* (*angestellter**) verwendet werden kann. Ein Angestellter ist aber nicht notwendigerweise ein Manager, deshalb kann mittels *angestellter** ohne explizite Typkonvertierung nicht auf die zuzüglichen Informationen eines Managerobjekts zugegriffen werden.

Basisklasse und abgeleitete Klasse stehen in einer "Enthalten-sein-Relation" zueinander; die abgeleitete Klasse enthält die Basisklasse oder anders ausgedrückt: die abgeleitete Klasse ist eine Oberklasse der Basisklasse:

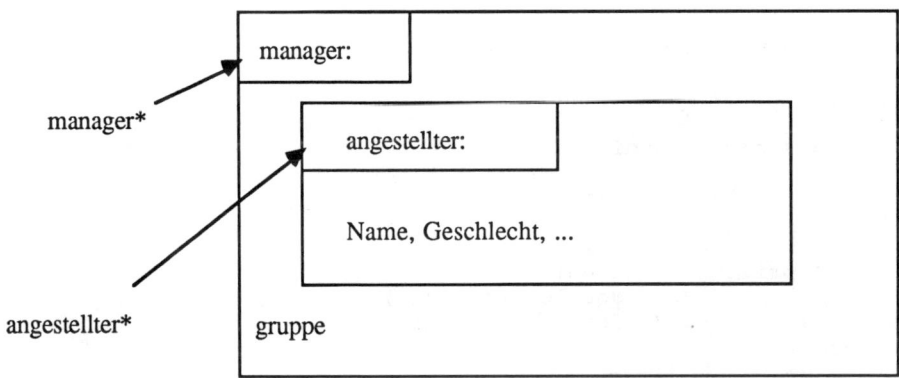

Das Konzept der abgeleiteten Klassen bietet also eine einfache, flexible und effiziente Möglichkeit, eine funktional ähnliche Klasse zu definieren; einfach durch Hinzufügen von Eigenschaften zu einer bereits existierenden Klasse. Mit Hilfe von abgeleiteten Klassen kann man auch eine gemeinsame Schnittstelle für mehrere verschiedene Klassen anbieten, so daß Objekte dieser Klassen durch andere Programmteile identisch manipuliert werden können.

9.2 Information Hiding bei abgeleiteten Klassen

Im obigen Beispiel haben wir die eigentliche Besonderheit von Klassen, nämlich die Trennung in öffentliche und private Teile und damit die verschiedenen Zugriffsrechte zunächst außer acht gelassen. Bei Berücksichtigung dieser Zugriffsrechte - und damit des Prinzips des Information Hiding - tauchen im Zusammenhang von abgeleiteten Klassen aber einige Fragen auf, wie etwa:

* Wie kann eine Member-Funktion einer abgeleiteten Klasse Member ihrer Basisklasse verwenden?
* Welche Member der Basisklasse können die Funktionen der abgeleiteten Klasse verwenden?
* Welche Member kann eine Friend-Funktion der Basisklasse/der abgeleiteten Klasse verwenden?

Erinnern wir uns dazu an das Beispiel der Landfahrzeuge aus Kapitel 8 und nehmen wir an, wir hätten folgende Implementation der *pkw-print*-Funktion:

```
class landfahrzeug
{
      public:      int lies_anz_insassen( )      { ... }
                   ...
                   void print( );
      private:     int anz_insassen;
                   ...
};

class pkw : landfahrzeug
{
      public:      int lies_baujahr( )           { ... }
                   void setze_baujahr(int i)     { ... }
                   void print( )                 { ... }
      private:     double  ps;
                   double  km_stand;
                   int     baujahr;
};

void pkw :: print( )
{
      cout    << "Anzahl der Insassen: "  << anz_insassen
              << "\nBaujahr: "            << baujahr << "\n";
}
```

Ein Member einer abgeleiteten Klasse kann öffentlich deklarierte Teile seiner Basisklasse ohne Einschränkung nutzen. Die Funktion *pkw :: print* wird aber nicht korrekt kompiliert werden, da ein Member einer abgeleiteten Klasse keinen Zugriff auf private Teile seiner Basisklasse hat; auf *anz_insassen* kann also nicht zugegriffen werden, denn *anz_insassen* ist im privaten Teil der Basisklasse *landfahrzeug* deklariert worden. (Natürlich wäre es möglich, die öffentliche Member-Funktion *lies_anz_insassen* für den Zugriff zu verwenden. Diese Zugriffsform ist aber im allgemeinen zu kompliziert, denn es wird ein direkter Zugriff gewünscht).

Obige Festlegung ist offensichtlich, denn wäre dem nicht so, so könnte das Information Hiding mit Leichtigkeit von einem Programmierer umgangen werden, indem er einfach eine neue Klasse von der Basisklasse ableitet, mit Hilfe derer er dann Zugriff auf private Teile der Basisklasse hätte. In C++ gibt es - neben der Standardmethode, über eine öffentliche Member- Funktion der Basisklasse zuzugreifen - zwei Möglichkeiten, diese Problematik zu umgehen:

1) Mit Hilfe des Schlüsselwortes **protected (geschützt)**: Wie bereits in Kapitel 8 erwähnt, besitzt das Schlüsselwort *protected* für "normale" Klassen die gleiche Semantik wie das Schlüsselwort *private*. Im Kontext von abgeleiteten Klassen aber existiert ein wesentlicher Unterschied: geschützte Member sind für abgeleitete Klassen öffentlich, während sie für den Rest des Programms privat, d.h. nicht zugreifbar sind:

```
class landfahrzeug
{
      public:      int lies_anz_insassen( ) { ... }
                   ...
                   void print( );
      protected:   int anz_insassen;
                   ...
      private:     ...
};
```

anz_insassen ist jetzt nicht mehr als *private*, sondern als *protected* gekennzeichnet. Dies bedeutet, daß *anz_insassen* für die abgeleitete Klasse *pkw* öffentlich ist. Die *print*-Funktion in *pkw* kann jetzt auf dieses Member zugreifen, für den Rest des Programms ist *anz_insassen* jedoch immer noch privat.

2) Mit Friend-Funktionen kann man den Zugriff auch explizit erlauben:

```
class landfahrzeug { friend void pkw :: print( ); };
```

Diese Implementation würde der *pkw*-Funktion *print* den Zugriff auf private Member der Klasse *landfahrzeug* gestatten. Generell gilt:

* Friends (und Member-Funktionen) einer Basisklasse haben nur Zugriff auf vererbte Member (und nicht auf neue) von abgeleiteten Klassen.
* Friends (und Member-Funktionen) einer abgeleiteten Klasse haben nur Zugriff auf vererbte, nicht-private Member der Basisklasse.

Die Anweisung

```
class landfahrzeug { friend class pkw; };
```

macht jedes Member (auch private) der Klasse *landfahrzeug* zugänglich für jede Member-Funktion der Klasse *pkw*, darunter auch *print*. Dies gilt aber nicht automatisch für bereits spezifizierte Friends von *pkw*! Sollen diese

Friends von *pkw* ebenfalls Zugriff auf die privaten Member von *landfahrzeug* bekommen, so sind sie auch in *landfahrzeug* explizit als Friend zu deklarieren. Eine alternative und oft sauberere Möglichkeit ist die folgende:

```
void pkw :: print ( )
{
    landfahrzeug :: print ( );   //  Drucke Information
    ...                          //  Drucke PKW-Information
};
```

d.h. die *print*-Funktion von *pkw* benutzt die als öffentlich deklarierte Funktion *print* der Klasse *landfahrzeug* (:: ist notwendig, da *print* in *pkw* selbst neu definiert wurde und andernfalls eine rekursive Definition vorliegt!). Durch

```
a)   class pkw : public landfahrzeug     { ... };
b)   class pkw : private landfahrzeug    { ... };
```

wird mittels a) ein öffentliches Member der Klasse *landfahrzeug* auch ein öffentliches Member der Klasse *pkw*; *landfahrzeug* ist eine **öffentliche Basisklasse**. Mittels b) kann man eine **private Basisklasse** definieren, d.h. öffentliche und geschützte Member der Basisklasse *landfahrzeug* sind private Member der abgeleiteten Klasse *pkw*. Dies hat zwei Konsequenzen:

1) Die öffentlichen Member einer Basisklasse können nicht mehr durch ein abgeleitetes Klassenobjekt erreicht werden (denn hier sind sie jetzt privat).

2) Öffentliche und geschützte Member der Basisklasse sind für die gesamte weitere Ableitung privat.

Somit dient die private Ableitung zum Abschotten von Informationen gegenüber der öffentlichen Schnittstelle der Basisklasse. Auf Member einer privat abgeleiteten Klasse kann nur über Member-Funktionen und Friends der abgeleiteten Klasse zugegriffen werden. Es ist aber möglich, einzelne Member - anders als generell spezifiziert - in ihren originalen Privilegien abzuleiten, indem man diese z.B. bei der privaten Ableitung als *public* kennzeichnet; die originalen Privilegien dürfen dabei allerdings nicht verändert werden:

```
class landfahrzeug
{
    public:       int lies_anz_insassen( ) { ... }
    private:      ...
};

class pkw : private landfahrzeug
{
    public:       landfahrzeug :: lies_anz_insassen;
    private:      ...
};
```

lies_anz_insassen wird nun trotz der privaten Ableitung in seinem originalen (öffentlichen) Zugriffsrecht vererbt. Der Ergebnistyp und die Signatur dürfen dabei nicht spezifiziert werden, sondern nur die Nennung des Bezeichners. Es ist nur erlaubt, auf diese Weise das originale(!) Zugriffsrecht zu vererben, d.h. es ist nicht erlaubt, das Zugriffsrecht abzuschwächen oder restriktiver zu gestalten. Wird kein Schlüsselwort der Form *public* oder *private* bei der Ableitung angegeben, wird automatisch *private* angenommen. Es ist jedoch - aufgrund möglicher Misinterpretationen - besserer Programmierstil, das Schlüsselwort *private* auch dann anzugeben, wenn es (syntaktisch) überflüssig ist. Friends einer abgeleiteten Klasse haben dieselben Zugriffsrechte wie die eigentlichen Member der Klasse. Die Basisklasse einer Structure ist implizit eine öffentliche Basisklasse.

9.3 Manipulation von Klassenobjekten

Durch die Vererbung von Informationen ist sichergestellt, daß jede abgeleitete Klasse einen Basisklassenteil besitzt (und evtl. zuzügliche "eigene" Informationen). Vergleiche dazu folgende Abbildung:

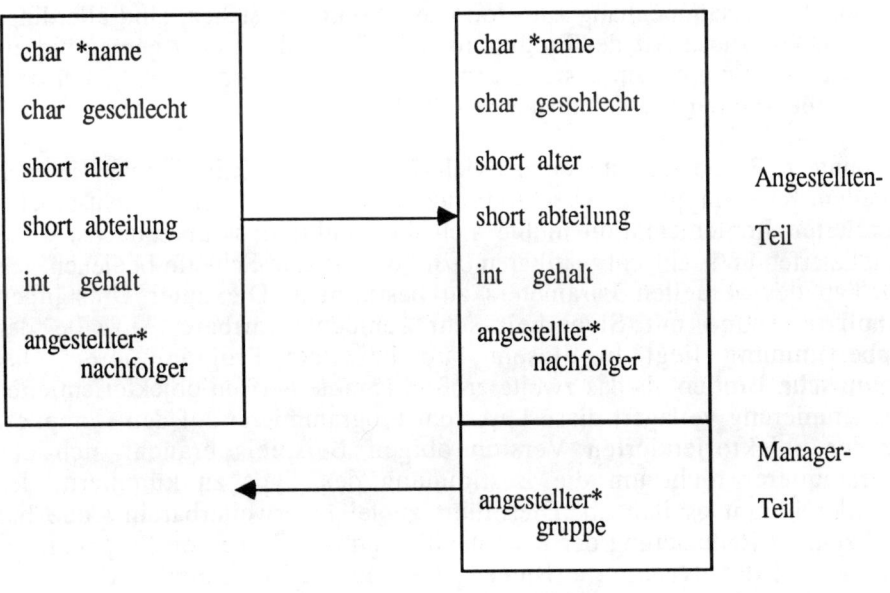

angestellter a   manager m

Aus diesem Grund ist die (verkleinernde) Konvertierung (z.B. bei Zuweisungen) einer abgeleiteten Klasse in Richtung ihrer Basisklasse sicher und implizit möglich (sofern die entsprechenden Zugriffsrechte für die Member der Basisklasse vorliegen), da mit Sicherheit ein Basisklassenteil existiert. Andersherum (vergrößernd) wäre eine implizite Konvertierung jedoch sehr gefährlich; hier ist eine explizite Konvertierung notwendig. Bei Zeigern auf solche Objekte verhält sich dieser Sachverhalt analog. Hier ist es implizit sicher, einem Zeiger auf eine Basisklasse einen Zeiger auf eine abgeleitete Klasse zuzuweisen (da sichergestellt ist, daß der Basisklassenanteil existiert), andersherum ist auch hier eine explizite Konvertierung notwendig, da ein Zeiger auf eine Basisklasse nicht notwendig auf ein Objekt der abgeleiteten Klasse verweisen muß.

Zusammengefaßt bedeutet dies, daß ein Objekt einer abgeleiteten Klasse jeder ihrer öffentlichen Basisklassen ohne explizite Konvertierung zugewiesen werden kann. Will man jedoch auf ein Member einer abgeleiteten Klasse über ein Objekt, eine Referenz bzw. einen Zeiger auf eine Basisklasse zugreifen, muß immer (nur mit Ausnahme bei Verwendung virtueller Funktionen, die später vorgestellt werden) eine explizite Konvertierung verwendet werden. Insbesondere kann eine Funktion, welche als formales Argument einen Zeiger auf eine Klasse besitzt, als aktuellen Parameter auch einen Zeiger auf jegliche abgeleitete Klasse bekommen; Zeiger auf Klassenobjekte, die in keinem funktionalen Zusammenhang zum formalen Argument stehen, sind allerdings nicht erlaubt. Diese Art der Programmierung bezeichnet man gemeinhin als **generischen Programmierstil** ("generic style of programming"), bei dem der aktuelle Typ der Klasse unbekannt sein darf.

Es könnte z. B. die Aufgabe einer (Nicht-Member-) Funktion y sein - je nach aktuellem Klassentyp - gewisse Aktionen auszuführen. In einer nicht-objekt-orientierten Implementation müßte sich die Funktion dafür zunächst einer komplizierten und schlecht wartbaren *case*- oder *if-else*-Schleife bedienen, um den Typ des aktuellen Parameters zu bestimmen. Die unter Umständen komplizierte und mit Sicherheit sehr schlecht wartbare Aufgabe der Typbestimmung liegt in diesem Fall bei dem Programmierer. Das **dynamische Binden** als das zweite große Charakteristikum objektorientierter Programmierung verlagert diese Last vom Programmierer auf den Compiler. Bei der objektorientierten Version obigen Beispiels braucht sich der Programmierer nicht um die Bestimmung des Typs zu kümmern; der Compiler nimmt es ihm ab. Dies führt zu leicht erweiterbarem Code bei gleichzeitiger Reduzierung der Komplexität und der Größe von Programmen. In C++ wird das dynamische Binden über sogenannte virtuelle Funktionen implementiert, die später noch genauer untersucht werden.

9.4 Klassenhierarchien

Eine abgeleitete Klasse kann wiederum eine Basisklasse sein:

```
class fahrzeug                                          { ... };
class landfahrzeug      :   public  fahrzeug            { ... };
class wasserfahrzeug    :   public  fahrzeug            { ... };
class pkw               :   public  landfahrzeug        { ... };
class lkw               :   public  landfahrzeug        { ... };
class motorboot         :   public  wasserfahrzeug      { ... };
class segelboot         :   public  wasserfahrzeug      { ... };
class cabrio            :   public  pkw                 { ... };
class yacht             :   public  motorboot           { ... };
```

In einer generell öffentlichen Ableitungshierarchie wie der obigen, hat jede
abgeleitete Klasse Zugriff auf die vereinigte Menge von geschützten
(*protected*) und öffentlichen (*public*) Membern der vorhergehenden Basisklasse
in der Hierarchie; auf private (*private*) allerdings nicht. Solch eine Menge von
zusammenhängenden Klassen bezeichnet man (typischerweise) als Klassen–
hierarchie. Als Struktur formen Hierarchien wie im obigen Beispiel einen
Baum, da jede abgeleitete Klasse genau eine einzige Basisklasse besitzt. Solche
Hierarchien werden deshalb auch als **einfache Vererbung**shierarchien
bezeichnet:

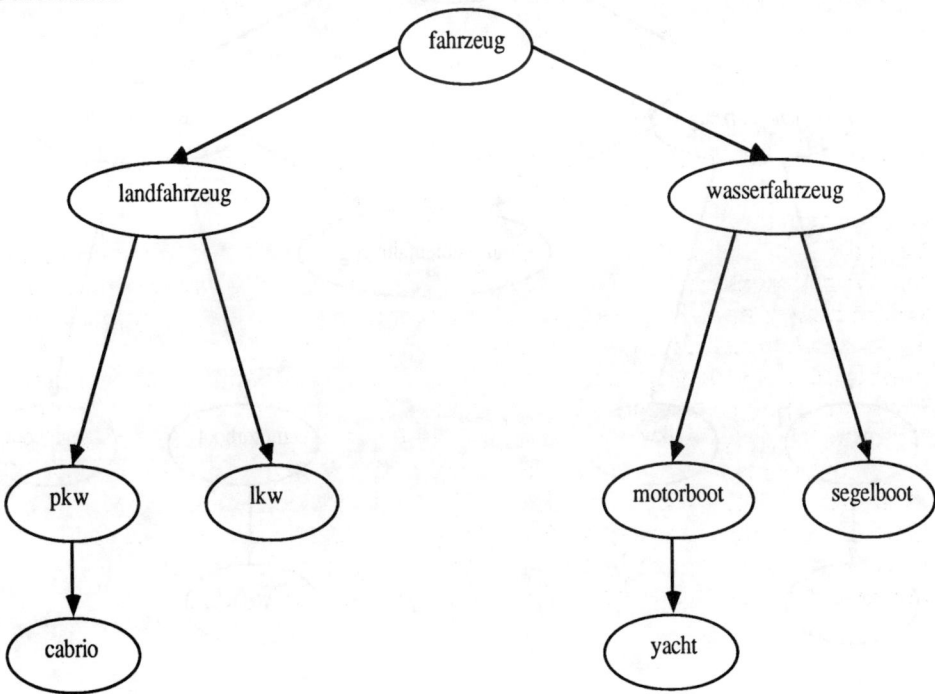

Sowohl *landfahrzeug* als auch *wasserfahrzeug* bezeichnet man häufig als **abstrakte Basisklassen**, denn sie sind spezifische Klassen, die so entworfen worden sind, daß von ihnen weitere Klassen abgeleitet werden sollen und somit erst dann "komplett" werden. Die Klasse *fahrzeug* hingegen wird häufig als **abstrakte Superklasse** bezeichnet, da sie die Wurzelklasse der gesamten Ableitungshierarchie und gleichzeitig der zentrale Designpunkt ist. Denn unabhängig davon, wie verschachtelt und komplex die gesamte Hierarchie sein wird, werden alle Klassen *fahrzeug* als (indirekte) Basisklasse besitzen.

Kompliziertere Strukturen durch **mehrfache Vererbung** lassen sich in C++ jedoch auch erzeugen. Mehrfache Vererbung erreicht man allgemein durch die Angabe einer komma-separierten Liste von Basisklassen nach dem üblichen Doppelpunkt:

```
class amphibienfahrzeug : landfahrzeug, wasserfahrzeug
{ ... };
```

Strukturell gesehen formen mehrfache Vererbungshierarchien gerichtete Graphen, wie die folgende Abbildung veranschaulicht:

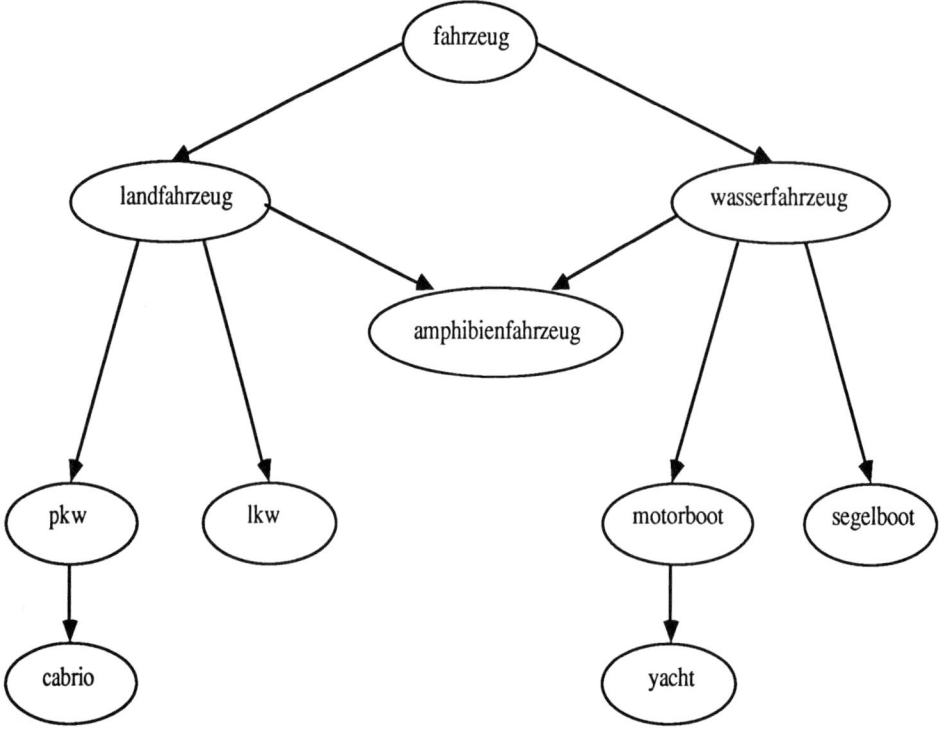

Die Verwendung der Schlüsselwörter *public* bzw. *private* ist auch bei mehrfacher Vererbung nicht zwingend notwendig (voreingestellt ist *private*), wird jedoch - wegen möglicher Misinterpretationen - dringend empfohlen. So entspricht beispielsweise

```
class amphibienfahrzeug :   public   landfahrzeug,
                                     wasserfahrzeug
{ ... };
```

nicht der Definition

```
class amphibienfahrzeug :   public   landfahrzeug,
                            public   wasserfahrzeug
{ ... };
```

sondern

```
class amphibienfahrzeug :   public   landfahrzeug,
                            private  wasserfahrzeug
{ ... };
```

Die Syntax von Basisklassen für abgeleitete Klassen unterscheidet sich von "normalen" Klassen nur in zwei Punkten:

1) Member, die zwar öffentlich vererbt, aber sonst nicht öffentlich sein sollen, müssen als *protected* gekennzeichnet werden.

2) Member-Funktionen, deren Implementation von Details späterer Ableitungen abhängen, die zum Zeitpunkt des Designs noch unbekannt sind, sollten als virtuell gekennzeichnet werden (vgl. Kap. 9.7).

Bzgl. der Menge von Basisklassen zu einer abgeleiteten Klasse gibt es keine sprachliche Einschränkung. Jede Klasse darf jedoch nur einmal in der Ableitungsliste vorkommen und muß vorher definiert worden sein.

9.5 Gültigkeitsbereiche für vererbte Member

In den meisten Fällen ist die Benutzung des Scope-Operators beim Zugriff auf vererbte Member überflüssig; der Compiler kann das gewünschte Member normalerweise auch ohne die zusätzliche lexikalische Hilfe des :: finden, d.h. den Gültigkeitsbereich bestimmen. Es gibt jedoch zwei mehrdeutige Fälle, wo der Scope-Operator zwingend notwendig ist, da sonst unerwünschte Effekte oder Kompilierfehler auftreten können:

1) Falls der Bezeichner eines vererbten Members in der abgeleiteten Klasse neu verwendet wird. In diesem Fall versteckt der neu verwendete (gleiche) Bezeichner den Bezeichner des vererbten Members. Der Fall ist ähnlich dem, wo eine lokal definierte Variable eine globale Variable überdeckt. Dort ist gleichermaßen der Scope-Operator notwendig, um die globale Variable (hier das vererbte Member) direkt anzusprechen.

2) Falls einer abgeleiteten Klasse aus zwei (oder mehr) Basisklassen derselbe Bezeichner vererbt wird:

```
class landfahrzeug
{ public: void print( ) { ... } };

class wasserfahrzeug
{ public: void print( ) { ... } };

class amphibienfahrzeug :    public  landfahrzeug,
                             public  wasserfahrzeug
{
    public: void drucke( ){ print( ); }
    /* Fehler, da nicht eindeutig ist, welche
       Funktion print( ) gemeint ist. */
};
```

Die Funktion *print* wird aus beiden Basisklassen vererbt. Der Aufruf von *print* ist aber nicht eindeutig, da nicht klar ist, auf welches *print* sich der Aufruf bezieht. Die Verwendung des Scope-Operators in diesem Fall hätte jedoch einen entscheidenden Nachteil: Die Mehrdeutigkeit würde weitervererbt. Dies bedeutet, daß weitere abgeleitete Klassen Implementationskenntnisse über Klassen erhalten, die über ihrer eigenen Basisklasse angesiedelt sind. Das wiederum verstößt gegen das Designprinzip von Klassenhierarchien, bei dem jede Klasse soweit "abgeschottet" ist, daß nur Spezifika von direkten Basisklassen bekannt sind. Es ist daher eine gute Designstrategie, in der so abgeleiteten Klasse eine Member-Funktion mit demselben Namen zu definieren, die somit die anderen Namen überdeckt, aber gleichzeitig deren Funktionalität anbietet:

```
void amphibienfahrzeug :: print( )
{
    landfahrzeug    :: print( );
    wasserfahrzeug  :: print( );
};
```

9.6 Konstruktoren und Destruktoren für abgeleitete Klassen

Ähnlich wie bei Konstruktoren/Destruktoren für Klassen als Member von Klassen (vgl. Kapitel 8) gibt es auch bei Konstruktoren und Destruktoren für abgeleitete Klassen bzw. Basisklassen Probleme. Dazu folgendes Beispiel:

```
class fundament
{
        public:     fundament (int j)    { i = j; }
                    ~fundament ( )        { };
        private:    int i;
};

class basis : public fundament
{
        public :    basis (char* ch, short sh);
                    ~basis( ) { };
        private:    char    *v;
                    short   y;
};
```

Wird ein Objekt der abgeleiteten Klasse *basis* erzeugt, wird auch implizit ein entsprechendes Objekt der Basisklasse *fundament* kreiert. Der Konstruktor für die Basisklasse benötigt jedoch (in diesem Fall) einen Parameter. Wie kann dieser Parameter beim Aufruf des Konstruktors für die abgeleitete Klasse angegeben werden? Die Lösung für dieses Problem entspricht der Lösung für Konstruktoren für Klassen als Member von Klassen (vgl. Kapitel 8). Der Name der Basisklasse wird spezifiziert, gefolgt von einer Argumentenliste in Klammern. Die Initialisierungsliste darf dabei ausschließlich in der Definition und niemals in der Deklaration des Konstruktors auftauchen:

```
basis :: basis(char *ch, short sh) : fundament(10)
{
        v   =   ch;
        y   =   sh;
}
```

Wie bei "normalen" Klassen (vgl. Kapitel 8) gibt es auch die Möglichkeit, bereits im Konstruktorkopf "normale" Member direkt zu initialisieren:

```
basis     ::  basis(char *ch, short sh)
          :   fundament(10), v(ch), y(sh)
    { }
```

Zu beachten ist allerdings, daß letztere Konstruktordefinition im allgemeinen nicht äquivalent zur obigen ist (Unterschied: Initialisierung - Zuweisung, vgl. ebenfalls Kapitel 8).

Liegt eine mehr als zweistufige Klassenhierarchie vor, so muß man darauf
achten, daß die Parameter für den Konstruktor einer Basisklasse immer bei der
Definition des Konstruktors der "direkt darüberliegenden" abgeleiteten Klasse
angegeben werden müssen. So könnte man obiges Beispiel noch um eine
weitere, von *basis* abgeleitete Klasse *abgeleitet* erweitern, die zusätzlich auch
noch als Member-Klasse ein Objekt der Klasse *basis* besitzt (Man beachte: *basis*
ist somit sowohl Member-Klasse von *abgeleitet* als auch Basisklasse zu
abgeleitet):

```
class abgeleitet : public basis
{
    public :
        basis mem;
        abgeleitet(char *n);
        ~abgeleitet( ) { }
    private:
        char *x;
};
```

Der Konstruktor für *abgeleitet* muß nun Informationen für den Konstruktor
der Basisklasse *basis* und den Klassen-Member *mem* (vom Typ *basis*) enthalten:

```
abgeleitet   ::  abgeleitet(char *cha)
             :   basis("Basisklasse", 2), mem("Member", 1)
{ x = cha; }
```

mem(...) bewirkt hier den Aufruf des Konstruktors für die Member-Klasse
und *basis(...)* bewirkt den Aufruf des Konstruktors für die Basisklasse. Wird
nun ein Objekt der Klasse *abgeleitet* erzeugt, etwa durch

```
abgeleitet d = abgeleitet("Abgeleitet");
```

so wird zunächst der Konstruktor für die Klasse *basis* mit den entsprechenden
Parametern aufgerufen, welcher wiederum den Konstruktor für *fundament* mit
den entsprechenden Parametern (welche im Konstruktor für *basis* angegeben
sind) aufruft.

Genau wie bei Konstruktoren für Member-Klassen werden hier also
Klassenobjekte "bottom-up" erzeugt (bei Destruktoren verhält sich dies in
entsprechender Weise umgekehrt). Deshalb darf in der Initialisierungsliste von
Konstruktoren abgeleiteter Klassen kein Member der Basisklasse initialisiert
werden; zum Zeitpunkt des Aufrufs ist das Member bereits initialisiert.

Bei mehrfacher Vererbung ist eine komma-separierte Liste aller Basisklassen
notwendig. Jedoch braucht eine Basisklasse in der Initialisierungsliste nicht
angegeben werden, falls sie entweder keinen Konstruktor definiert oder aber
einen Konstruktor definiert, welcher keinen Parameter verlangt. Alternativ
kann der Basisklassenanteil einer abgeleiteten Klasse mit einem anderen

Klassenobjekt initialisiert werden. Dieses Klassenobjekt kann einerseits vom gleichen Basisklassentyp, andererseits aber auch vom Typ einer öffentlich abgeleiteten Klasse sein:

```
basis    ::  basis(fundament &f)
         :   fundament(f)
{ ... };     /* Initialisierung von fundament mit einem
                Objekt gleichen Basisklassentyps */
basis    ::  basis(const basis &b) : fundament(b)
{ ... };     /* Initialisierung von fundament mit einem
                Objekt einer öffentlich abgeleiteten Klasse
                (hier basis b) */
```

Die Reihenfolge der Konstruktoraufrufe ist bei Definition eines Objektes einer abgeleiteten Klasse genau festgelegt. Zuerst werden die Konstruktoren der Basisklassen aufgerufen und zwar in der Reihenfolge, in der die Basisklassen im Klassenkopf der abgeleiteten Klasse angegeben sind. Nachfolgend werden die Konstruktoren für die Memberklassen aufgerufen. Die Reihenfolge dieser Aufrufe ist durch ihre Reihenfolge in der Klassen-Definition der abgeleiteten Klasse gegeben. Abschließend wird der Konstruktor der abgeleiteten Klasse ausgeführt.

9.6.1 X(const X&) bei abgeleiteten Klassen

Wie bereits in Kapitel 8 behandelt, wird ein Klassenobjekt, welches mit einem anderen Klassenobjekt der gleichen Klasse initialisiert wird, standardmäßig memberweise initialisiert; dies gilt auch für abgeleitete Klassen.

In der gleichen Reihenfolge, wie sie deklariert werden, wird die memberweise Initialisierung zuerst auf jede Basisklasse und dann auf jedes Member der abgeleiteten Klasse angewendet. Wie ebenfalls bereits in Kapitel 8 beschrieben, ist eine solche memberweise Initialisierung aber nicht immer wünschenswert, insbesondere dann, wenn die Klassenobjekte Zeiger als Member enthalten, die dann auf den gleichen physikalischen Speicherbereich für mehrere Klassenobjekte verweisen. Dies kann beispielsweise dazu führen, daß bei Anwendung von Destruktoren dieser eine physikalische Speicherbereich mehrfach gelöscht wird. Zur Lösung dieses Problems wurde der explizit definierte Konstruktor *X(const X&)* eingeführt, der die standardmäßig vorhandene memberweise Initialisierung außer Kraft setzt und eine eigene Art der Initialisierung beschreibt, falls ein Klassenobjekt mit einem anderen initialisiert wird. Bei abgeleiteten Klassen lassen sich drei Fälle unterscheiden:

1) Die abgeleitete Klasse definiert keinen Konstruktor der Form *X(const X&)*, aber eine oder mehrere Basisklassen definieren einen solchen.

2)   Die abgeleitete Klasse definiert einen solchen Konstruktor, aber die
     Basisklasse(n) nicht.
3)   Sowohl die abgeleitete Klasse als auch die Basisklasse(n) definiert(en)
     einen solchen Konstruktor.

Im ersten Fall werden zuerst die Basisklassen in der Reihenfolge ihrer
Deklarationen initialisiert. Definiert eine Basisklasse keinen Konstruktor der
Art *X(const X&)* wird memberweise Initialisierung angewendet, ansonsten der
Vorschrift des speziellen Konstruktors gefolgt:

```
class landfahrzeug
{
    public: landfahrzeug ( );
            landfahrzeug (const landfahrzeug&);
};

class wasserfahrzeug
{   public: wasserfahrzeug ( ); };

class amphibienfahrzeug :   public  landfahrzeug,
                            public  wasserfahrzeug
{   public: amphibienfahrzeug ( ); };

amphibienfahrzeug Z;
amphibienfahrzeug A = Z;
```

Bei der Initialisierung des *amphibienfahrzeug*-Objekts *A* mit dem von *Z* wird
zuerst der spezielle Initialisierungs-Konstruktor von *landfahrzeug* angewendet,
danach werden die Member von *wasserfahrzeug* und *amphibienfahrzeug*
memberweise initialisiert.

Falls die abgeleitete Klasse einen speziellen Initialisierungskonstruktor anbietet
(Fall 2 und 3), wird dieser Konstruktor bei jeder Initialisierung durch
Zuweisung ausgeführt. Die Basisklassenteile werden dabei nicht memberweise
initialisiert, denn es ist die Aufgabe des speziellen Konstruktors *X(const X&)*
der abgeleiteten Klasse, für die korrekte Initialisierung der Basisklassenteile zu
sorgen:

```
class pkw : public landfahrzeug
{
    public: pkw ( );
            pkw (const pkw&);
};

pkw mein_auto;
pkw dein_auto = mein_auto;
```

Bei der Initialisierung von *dein_auto* mit *mein_auto* erfolgt folgende
Konstruktor-Aufruffolge:

```
1)   landfahrzeug ( );
2)   pkw (const pkw&);
```

Dies liegt daran, daß der Basisklassen-Konstruktor immer vor dem der abgeleiteten Klasse aufgerufen wird; ein Konstruktor der Form *X(const X&)* bildet hiervon keine Ausnahme. Falls der Basisklassen-Konstruktor Argumente verlangt, müssen sie in der Initialisierungsliste angegeben werden. Da aber auch *landfahrzeug* seinen eigenen Konstruktor *X(const X&)* definiert, ist es wünschenswert, daß dieser aufgerufen wird. Dies kann in der folgenden Weise geschehen:

```
pkw :: pkw (const pkw& p) : landfahrzeug (p) { ... };
```

Man erhält folgende Konstruktor-Aufruffolge:

```
1)   landfahrzeug (const landfahrzeug&);
2)   pkw (const pkw&);
```

9.7 Virtuelle Funktionen

Will man mit abgeleiteten Klassen mehr anfangen, als sie nur als bequeme Kurzform bei der Deklaration zu nutzen, muß folgendes geklärt werden: Angenommen, es existiert eine Liste von Klassenobjekten, von denen einige auch abgeleitete Klassen sein können, und weiterhin ein Zeiger *basis** auf eine Basisklasse *basis*. Zu welcher abgeleiteten Klasse gehört das Objekt, auf welches dieser Zeiger verweist, wirklich? Folgende Abbildung soll das Problem veranschaulichen:

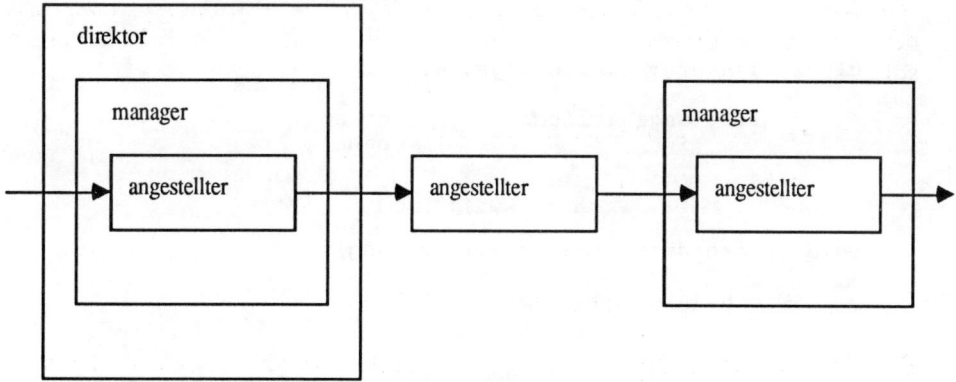

Angenommen es liegt eine Liste von Klassenobjekten der obigen Art vor, d.h. eine Basisklasse *angestellter*, eine Klasse *manager* abgeleitet von *angestellter* und eine Klasse *direktor* wiederum abgeleitet von *manager*. Alle Objekte sind in einer Liste zusammengebunden. Falls wir einen Zeiger vom Typ *angestellter** definieren und mit diesem durch die Liste laufen, stellt sich nun die Frage, zu welcher Klasse dann das Objekt gehört, auf das *angestellter** zu einem bestimmten Zeitpunkt verweist. Anders ausgedrückt: Wie soll man erkennen, ob es sich bei dem Objekt um *angestellter*, *manager* oder *direktor* handelt? Es gibt drei verschiedenartige Lösungswege:

1) Sicherstellen, daß nur auf Objekte eines einzigen Typs verwiesen wird.
2) Plazieren eines Typfelds in der Basisklasse, auf welches Funktionen, die Klassenobjekte verwenden, zugreifen.
3) Verwendung virtueller Funktionen.

Lösung 1 wird üblicherweise bei Mengen, Vektoren und Listen verwendet. In diesem Fall werden nur **homogene Listen** benutzt, also Listen von (Zeigern auf) Objekte(n) desselben Typs. Die Lösungen 2 und 3 können verwendet werden, um **heterogene Listen** zu erzeugen, also Listen von (Zeigern auf) Objekte(n) unterschiedlicher Typen. Um Lösungsweg 2 zu untersuchen, können wir das *manager-angestellter*-Beispiel umdefinieren und eine Funktion implementieren, die Informationen über einen Angestellten ausdruckt:

```
enum angestellter_typ {M, A};

class angestellter
{
    public: angestellter_typ    ang_typ;
            angestellter         *nachfolger;
            char*                name;
            short                abteilung;
            short                gehalt;
};

class manager : public angestellter
{
    public: angestellter         *gruppe;
            int                  ebene;
            ...
};

void drucke_daten (angestellter *ang);
{
    switch (ang->ang_typ)
    {
        case A :
            cout    <<   ang->name      <<   "\t"
                    <<   ang->abteilung <<   "\t"
                    <<   ang->gehalt    <<   "\n";
            break;
```

```
                    case M :
                        cout    << ang->name      << "\t"
                                << ang->abteilung << "\t"
                                << ang->gehalt    << "\n";
                        manager *man = (manager*) ang;
                        cout    << "ebene: " << man->ebene << "\n";
                        break;
                }
        }

        void drucke (angestellter* hilfe)
        {
            for (; hilfe; hilfe = hilfe->nachfolger)
                drucke_daten (hilfe);
        }
```

Dies funktioniert zwar gut, besonders in kleinen Programmen, die von einer einzigen Person geschrieben werden. Der Compiler kann eine Typüberprüfung im voraus allerdings nicht durchführen, so daß diese Methode leicht zu Fehlern führen kann. Deshalb gibt es als dritten Lösungsweg die virtuellen Funktionen, auf die wir im folgenden eingehen werden.

Virtuelle Funktionen gestatten es, Funktionen in einer Basisklasse zu definieren, die aber in jeder abgeleiteten Klasse umdefiniert werden dürfen. Der Compiler und der Lader garantieren den korrekten Zusammenhang zwischen Objekten und auf diesen angewandte Funktionen:

```
        class angestellter
        {
            public: angestellter    *nachfolger;
                    char*           name;
                    short           abteilung;
                    ...
                    virtual void    ausgabe( );
        };

        void angestellter :: ausgabe( )
        { cout << name << "\t" << abteilung << "\n"; }
```

Das Schlüsselwort **virtual** zeigt an, daß die Funktion *ausgabe* verschiedene Versionen in verschiedenen abgeleiteten Klassen haben **kann** und daß es die Aufgabe des Compilers ist, nun die richtige Funktion für jeden Aufruf von *ausgabe* zu finden. Eine virtuelle Funktion ist also eine spezielle Member-Funktion, die mittels eines Zeigers/einer Referenz auf eine Basisklasse aufgerufen wird; die richtige Funktion wird dann dynamisch zur Laufzeit ausgewählt. Diese Funktion wird dabei bestimmt durch den Typ der Klasse, auf den der Zeiger/die Referenz verweist.

Komplizierte *switch*- oder *if-else*-Anweisungen zur Bestimmung des Typs der Klasse durch den Programmierer werden durch die Verwendung von virtuellen Funktionen unnötig und verbessern somit insbesondere die

Wartbarkeit von Programmen. Diese Vorgehensweise bewirkt, daß die virtuelle Funktion auch dann verwendet werden kann, wenn keine abgeleiteten Klassen existieren. Abgeleitete Klassen, die keine spezielle Version der virtuellen Funktion benötigen, brauchen keine Definition anzubieten:

```
class manager : public angestellter
{
    public: angestellter     *gruppe;
            short            ebene;
            ...
            void             ausgabe( );
};

void manager :: ausgabe( )
{
    angestellter :: ausgabe( );
    cout << "\t ebene: " << ebene << "\n";
}

void drucke_alles (angestellter *hilfe)
{
    for (; hilfe; hilfe = hilfe->nachfolger)
        hilfe->ausgabe( );
}
```

Hinweis:
Man beachte, daß die explizite Anwendung des Scope-Operators auf virtuelle Funktionen den Mechanismus für virtuelle Funktionsaufrufe unterdrückt. Im obigen Beispiel bedeutet dies, daß der explizite Aufruf von *ausgabe( )* (mit Scope-Operator) in *manager :: ausgabe( )* wirklich die Funktion *ausgabe( )* in *angestellter* aufruft und nicht (noch einmal) die Funktion *ausgabe( )* in *manager*.

Nur Member-Funktionen in Klassen dürfen als virtuell gekennzeichnet werden. Eine virtuelle Funktion kann nicht statisches Member sein, aber sie darf als Friend einer anderen Klasse deklariert werden. Der Name, der Ergebnistyp und die Signatur müssen bei virtuellen Funktionen exakt übereinstimmen, da die Funktionen sonst als unterschiedlich angesehen werden.

Der Ergebnistyp der virtuellen Funktion muß in der Basisklasse deklariert sein (hier *void*) und darf in abgeleiteten Klassen nicht anders deklariert werden. Eine virtuelle Funktion muß für die Klasse als virtuell gekennzeichnet werden, in der sie zuerst deklariert wird, wobei das Schlüsselwort *virtual* in den abgeleiteten Klassen nicht noch einmal verwendet werden muß; dies kann aus Übersichtlichkeitsgründen aber vorteilhaft sein. Eine virtuelle Funktion, die in der Baisklasse definiert worden ist, muß nicht in der abgeleiteten Klasse definiert werden; wird sie es nicht, so wird die in der Basisklasse definierte Funktion für alle Aufrufe verwendet.

In der obersten Basisklasse definierte virtuelle Funktionen werden häufig nie benutzt, weil sie dort keinen Sinn machen. Der Designer kann dies kenntlich machen, indem er hier die Funktion explizit auf den Wert 0 setzt:

```
virtual void ausgabe ( ) = 0;
```

Eine solche Funktion wird als **pure virtuelle Funktion** bezeichnet und hat den Wert "undefiniert". Es ist verboten, Objekte von Klassen zu definieren, die pure virtuelle Funktionen beinhalten; die Ableitung von Klassen ist jedoch erlaubt. Typisches Anwendungsbeispiel sind daher abstrakte Super- und Basisklassen. Die Klasse, die zuerst eine Funktion als virtuell deklariert, muß sie entweder als pur kennzeichnen oder eine Definition beinhalten. Wird sie als pur deklariert, kann die abgeleitete Klasse eine eigene Instanz der virtuellen Funktion definieren oder sie auch als pur kennzeichnen. Geschieht dies nicht, so erbt die abgeleitete Klasse die pure virtuelle Funktion der Basisklasse.

Nicht jede Klasse in der Ableitungshierarchie muß eine eigene Instanz einer virtuellen Funktion definieren; die Kette darf auch unterbrochen sein. Die Instanzen der virtuellen Funktion dürfen in unterschiedlichen Klassen der Hierarchie unterschiedliche Zugriffsrechte haben. Der aktuelle Zugriffsschutz wird bestimmt durch das Zugriffsrecht des Klassentyps, auf den der aktuelle Zeiger/die Referenz verweist.

9.8 Virtuelle Destruktoren

Kehren wir zurück zu unserem *manager-angestellter*-Beispiel und erinnern uns an folgende Liste von Klassenobjekten. Nehmen wir an, wir hätten die Objekte in den Konstruktoren mittels *new* erzeugt und wollten mittels folgender Anweisung alle Objekte wieder löschen:

```
manager           man1, man2;
angestellter      ang1, ang2;
angestellter      *ang_list;
ang_list        =   &man1;
man1.nachfolger =   &ang1;
ang1.nachfolger =   &man2;
man2.nachfolger =   &ang2;
ang2.nachfolger =   0; // setze Ende der Liste auf NULL

angestellter* p = ang_list -> nachfolger;
while (ang_list)
{
    delete ang_list;
    ang_list = p;
    if (p) p = p -> nachfolger;
}
```

Leider wird diese Vorgehensweise nicht funktionieren. Das explizite Löschen von *ang_list* bewirkt, daß der Destruktor von *angestellter* auf das Objekt angewendet wird, auf das *ang_list* aktuell verweist; dies kann aber auch ein *manager*-Objekt sein, welches einen anderen Destruktor besitzt, der aber nicht aufgerufen wird.

Dies ist ein generelles Problem bei der Verwendung heterogener Listen von Klassenobjekten: der Destruktor des aktuellen Klassentyps muß irgendwie aufgerufen werden können. Der Versuch, dies explizit zu tun, führt aber wieder zu den bereits genannten Nachteilen eines nicht-objektorientierten Programmierstils (z.B. Abfrage von Typfeldern). Den Ausweg aus dieser Situation bieten **virtuelle Destruktoren**. Obwohl Destruktoren verschiedener Klassen keinen gemeinsamen Namen haben, können sie als virtuell deklariert werden. Der Destruktor einer Klasse, welche von einer Basisklasse abgeleitet ist, die ihren Destruktor als virtuell kennzeichnet, ist ebenfalls automatisch virtuell. Wenn also *angestellter* seinen Destruktor als virtuell definiert, so ist auch automatisch der Destruktor von *manager* virtuell:

```
class angestellter { virtual ~angestellter( ) { ... } };
```

Nun ist obiges Beispiel zum Löschen aller Klassenobjekte mittels *delete* korrekt. Denn die Spezifikation eines Destruktors in einer Ableitungshierarchie als virtuell sichert, daß der richtige Destruktor zur Laufzeit aufgerufen wird, falls *delete* auf einen Basisklassenzeiger angewendet wird. Als generelle Daumenregel sollte der Destruktor einer abstrakten Basisklasse immer als virtuell spezifiziert werden.

9.9 Virtuelle Basisklassen

Auch wenn eine Basisklasse nur einmal in einer Initialisierungsliste auftauchen darf, kann sie mehrfach in einer Ableitungshierarchie auftreten. Das Problem tritt eigentlich fast immer auf, wenn man mehrfache Vererbung betreibt:

```
class fahrzeug                                              { ... };
class landfahrzeug       :   public  fahrzeug              { ... };
class wasserfahrzeug     :   public  fahrzeug              { ... };
class amphibienfahrzeug  :   public  landfahrzeug,
                             public  wasserfahrzeug        { ... };
```

amphibienfahrzeug bekommt einen Basisklassenteil (von *fahrzeug*) sowohl von *landfahrzeug* als auch von *wasserfahrzeug*. Die Deklaration eines Klassenobjekts von *amphibienfahrzeug* bewirkt daher die folgende Reihenfolge von aufgerufenen Konstruktoren:

```
1)   fahrzeug               (  );
2)   landfahrzeug           (  );
3)   fahrzeug               (  );
4)   wasserfahrzeug         (  );
5)   amphibienfahrzeug      (  );
```

Jedes Objekt vom Typ *amphibienfahrzeug* besitzt somit zwei Basisklassenteile von *fahrzeug*. Folgende Abbildung verdeutlicht diese Struktur:

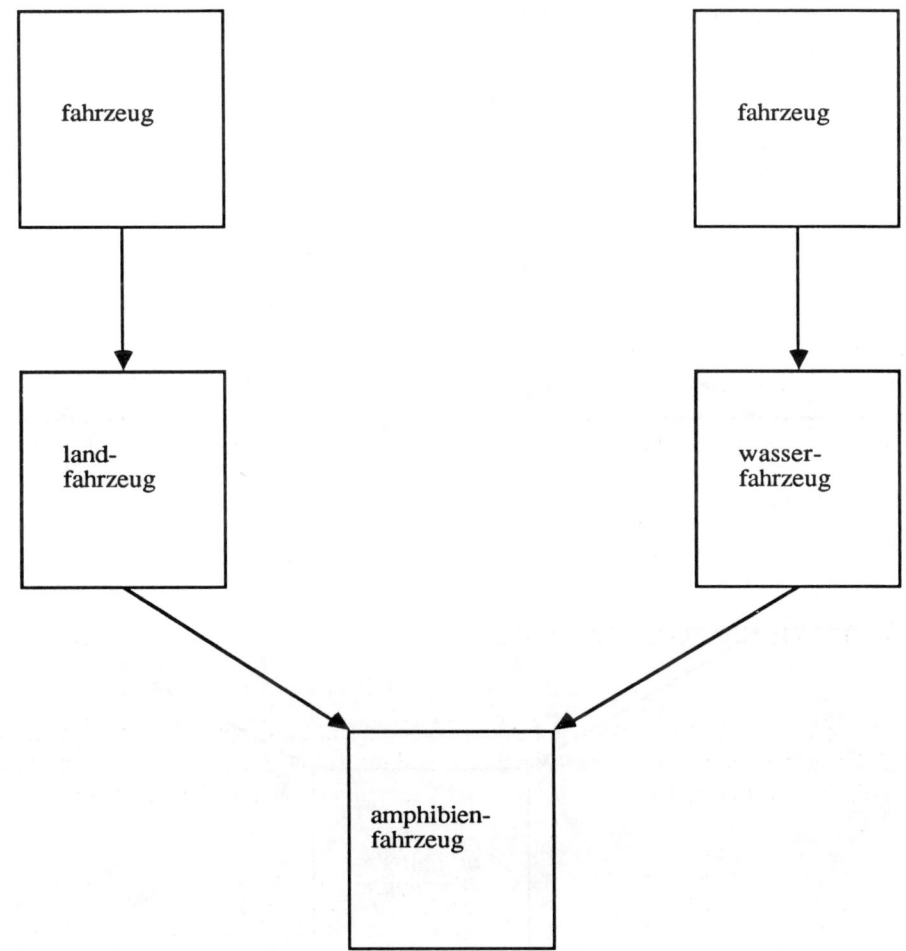

Eine solche mehrfache Vererbung mag zwar manchmal erwünscht sein, in diesem Fall führt sie aber zu einigen Problemen:

1) Es wird unerwünschte Mehrdeutigkeit kreiert: Wenn Member der Basisklasse *fahrzeug* referenziert werden, welches Member (von zwei möglichen Klassenanteilen) ist dann gemeint ?

2) Um die Mehrdeutigkeit aufzulösen, muß dies vom Anwender geschehen. Dieser muß aber die Details der mehrfachen Ableitung genau kennen.

3) Der zusätzliche notwendige Speicherplatz ist überflüssig. Um diesen impliziten Vererbungsmechanismus zu umgehen, ist ein Konzept notwendig, welches gemeinsame Basisklassenteile in einer Ableitungshierarchie spezifizieren kann, so daß folgende Struktur erreicht wird:

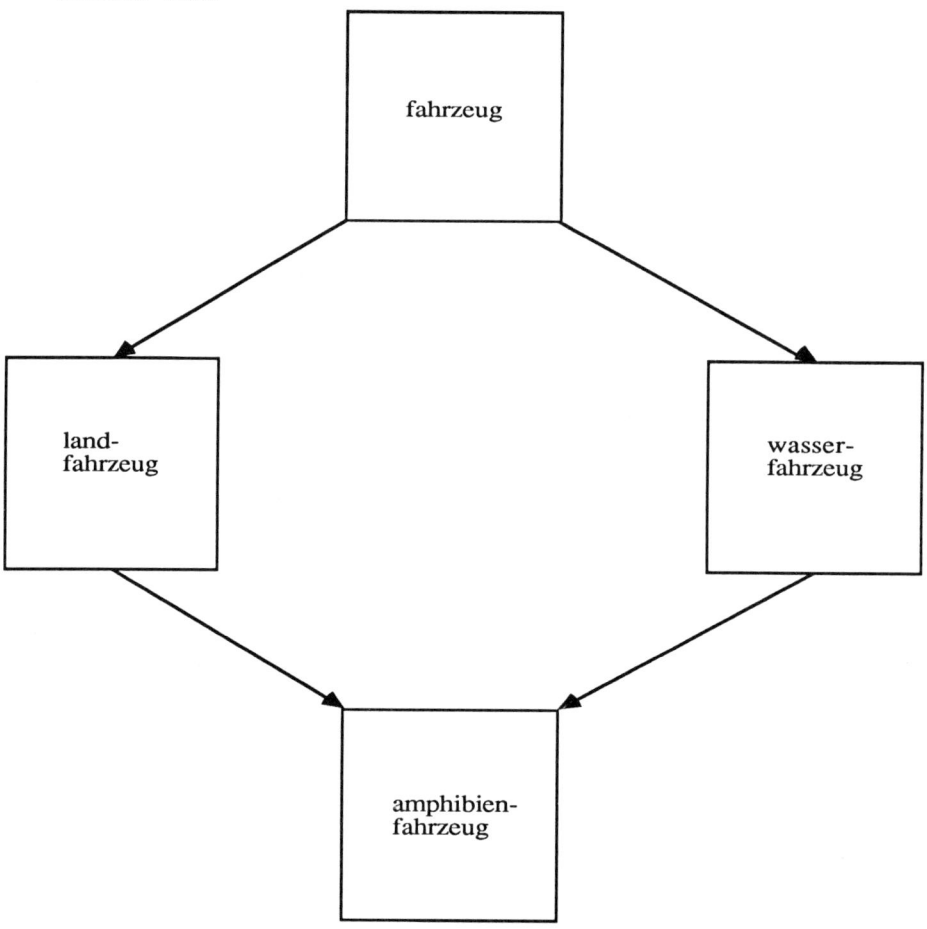

Ein solches Konzept sind die sogenannten **virtuellen Basisklassen**. Unabhängig davon, wie oft eine virtuelle Basisklasse in der gesamten Ableitungshierarchie auftaucht, wird nur eine Instanz generiert. Der Zugriff auf Member ist damit nicht mehr mehrdeutig. Eine virtuelle Basisklasse wird - wie bereits üblich - mittels des Schlüsselwortes *virtual* spezifiziert:

```
class landfahrzeug:    public virtual fahrzeug    { ... };
class wasserfahrzeug:  virtual private fahrzeug   { ... };
```

fahrzeug wird durch diese Definitionen zur virtuellen Basisklasse von *landfahrzeug* und *wasserfahrzeug*. Die Stellung der Schlüsselwörter *public/private* und *virtual* ist dabei untereinander beliebig.

Eine als virtuell deklarierte Basisklasse **muß** (falls sie überhaupt Konstruktoren definiert) entweder einen Konstruktor ohne Parameter oder einen Default-Konstruktor spezifizieren. Normalerweise können Basisklassen nur in der Initialisierungsliste der direkt abgeleiteten Klasse initialisiert werden. So kann *amphibienfahrzeug* die Klasse *fahrzeug* in seiner Initialisierungsliste nicht nennen. Virtuelle Basisklassen sind hiervon jedoch ausgenommen. Der Grund ist der, daß *amphibienfahrzeug* einen einzigen Basisklassenteil von *fahrzeug* besitzt, der zwischen *landfahrzeug* und *wasserfahrzeug* geteilt wird. Sowohl *land-* als auch *wasserfahrzeug* initialisieren aber *fahrzeug*; die Instanz von *amphibienfahrzeug* kann aber nicht zweimal initialisiert werden. Eine virtuelle Basisklasse wird daher durch die "am weitesten abgeleitete" Basisklasse initialisiert. Dazwischenliegende Initialisierungen werden nicht angewendet. *amphibienfahrzeug* ist "weiter abgeleitet" als *land-* und *wasserfahrzeug* und kann somit *fahrzeug* explizit in der Initialisierungsliste seines Konstruktors initialisieren. Sollte dieser Konstruktor *fahrzeug* nicht explizit initialisieren, wird der Default-Konstruktor von *fahrzeug* ausgewählt (deshalb muß mindestens ein Konstruktor ohne Parameter existieren). Die Konstruktoraufrufe von *fahrzeug* in *landfahrzeug* und *wasserfahrzeug* werden nicht ausgeführt, wenn ein Klassenobjekt vom Typ *amphibienfahrzeug* kreiert wird.

Die Zugriffsrechte bzgl. öffentlicher und privater Ableitungen sind die gleichen wie bei nicht-virtuellen Implementationen. Für den Fall (siehe oben), daß z.B. *amphibienfahrzeug* sowohl eine öffentliche als auch eine private Instanz der virtuellen Basisklasse beeinhaltet, bekommt der öffentliche Teil per Definition den Vorrang. Virtuelle Basisklassen werden vor nicht-virtuellen konstruiert, unabhängig von ihrer Stellung in der Ableitungsliste. Bei mehreren virtuellen Basisklassen orientiert sich die Reihenfolge der Konstruktoren an der Reihenfolge der Deklaration (sogenannte "Links-nach-Rechts"-Regel).

Anmerkung:
Analog der Schlüsselwörter *public* und *private* bezieht sich das Schlüsselwort *virtual* nur auf die direkt nachfolgend genannte Klasse. A ist im folgenden Beispiel eine öffentliche, virtuelle Basisklasse und B eine private nicht-virtuelle Basisklasse von C:

```
class C : public virtual A, B { ... };
```

10 Überladen von Operatoren

10.1 Motivation

Programme manipulieren häufig Objekte, die eine konkrete Repräsentation abstrakter Objekte darstellen. So stellt etwa der Datentyp *int* mit den Operatoren +, -, *, /, etc. eine Implementation des mathematischen Konzepts der ganzen Zahlen dar. Gleiches kennen wir für andere Typen. Solche Konzepte beinhalten also typischerweise eine Menge von Operatoren, die grundlegende Operationen auf Objekten spezifizieren.

Klassen sind nun selbstdefinierte, nicht-primitive Objekte und repräsentieren ebenso ein bestimmtes Konzept, für das die standardmäßig angebotenen Operatoren allerdings nicht angewendet werden können.

So hatten wir bereits gesehen, daß der Test auf Gleichheit zweier Klassen mit Hilfe der Operatorsymbole == und *!=* nicht funktioniert. Dies ist verständlich, da dem Compiler die gewünschte Auswirkung solcher Operatoren - angewandt auf selbstdefinierte Typen wie Klassen - nicht bekannt sein kann.

C++ aber bietet die Möglichkeit des Spezifizierens von Objekten samt einer Menge von auf diesen Objekten zulässigen Operationen mit Hilfe des **Überladens von Operatoren (Operator Overloading)**.

Das Prinzip dabei ist, daß vordefinierte Operatoren, angewandt auf Klassen, per Definition eine neue Bedeutung erlangen, d.h. die gewohnten Operator-Zeichen, wie etwa +, ==, *!=*, etc. können mit einer spezifischen Bedeutung im Kontext von Klassen wiederverwendet werden. Einem Programmierer wird damit die Möglichkeit gegeben, eine konventionelle, gewohnte und bequeme Notation zur Manipulation von Klassenobjekten anzubieten.

Das Überladen der Operatoren geschieht dabei über die Definition

```
Ergebnistyp operator@ ( ... , ... );
```

wobei *operator* ein vordefiniertes Schlüsselwort und @ ein Operator-Zeichen darstellt; in Klammern werden die notwendigen Parameter angegeben, die insbesondere durch ihre Anzahl spezifizieren, ob es sich um eine binäre oder unäre Operation handelt.

Zum Beispiel definiert

```
class komplexe_zahl
{
    friend          komplexe_zahl
                    operator+ (komplexe_zahl, komplexe_zahl);
    friend          komplexe_zahl
                    operator* (komplexe_zahl, komplexe_zahl);

    public :        komplexe_zahl (double r, double i)
                    {
                        re  = r;
                        im  = i;
                    }
                    ...

    private:        double re;
                    double im;
};
```

eine einfache Repräsentation der komplexen Zahlen, bei der jede Zahl repräsentiert wird durch ein Paar von reellen Zahlen, die bei obiger Definition nur durch die Operationen + und * manipuliert werden können. Durch geeignete Definitionen der Funktionen *operator+* und *operator** bekommen die Operatoren + und * in diesem Kontext neue Bedeutungen, können aber in gewohnter Weise verwendet werden.

```
komplexe_zahl operator+(komplexe_zahl a1,komplexe_zahl a2)
{ return komplexe_zahl(a1.re + a2.re,   a1.im + a2.im); }

komplexe_zahl operator*(komplexe_zahl a1, komplexe_zahl a2)
{
    return
        komplexe_zahl ( (a1.re * a2.re) - (a1.im * a2.im),
                        (a1.re * a2.im) + (a1.im * a2.re) );
        // Wegen der Multiplikation (a + ib) * (c + id)
}

void berechne( )
{
    komplexe_zahl   a = komplexe_zahl(1, 3.1);
    komplexe_zahl   b = komplexe_zahl(1.2, 2);
    komplexe_zahl   c = b;
                    a = b + c;
                    b = b + c * a;
                    c = a * b + komplexe_zahl(1, 2);
}
```

Nach diesem einleitenden Beispiel, das uns einen ersten Eindruck über die Möglichkeiten des Überladens von Operatoren vermittelte, wollen wir uns mit weiteren Möglichkeiten und deren syntaktischer Definition in C++ beschäftigen. Ferner werden wir auch einige Einschränkungen kennenlernen.

10.2 Grundlagen

Eine Operator-Funktion, wie beispielsweise die Funktion *operator** aus obigem Beispiel, kann sowohl als Friend-Funktion als auch als Member-Funktion deklariert werden. Wird sie als Friend-Funktion deklariert, so muß sie mindestens einen Parameter vom Typ der Klasse besitzen. Eine äquivalente Möglichkeit der Deklaration der operator*-Funktion wäre also als Member-Funktion der Klasse *komplexe_zahl*.

```
komplexe_zahl operator*(komplexe_zahl);
```

Da *operator** jetzt als Member-Funktion deklariert worden ist, muß bei der Definition dieser Funktion natürlich der Gültigkeitsbereich mittels des Scope-Operators angegeben werden.

```
komplexe_zahl komplexe_zahl :: operator*(komplexe_zahl a)
{
      return komplexe_zahl(  (re * a.re) - (im * a.im),
                             (re * a.im) + (im * a.re) );
}
```

Diese Form der Definition ist äquivalent zur Definition der Operator-Funktion als Friend-Funktion, da bei Aufruf das Klassenobjekt als implizites Argument verwendet wird. So bewirkt der Ausdruck

```
a + b
```

den Aufruf der Funktion

```
operator+(a, b)
```

falls *operator+* als Friend-Funktion deklariert ist, und - falls *operator+* eine Member-Funktion ist - den Aufruf der Funktion

```
a.operator+(b)
```

Ein Überladen von Operator-Funktionen ist möglich. Hierbei müssen sich die einzelnen Funktionen in ihren Signaturen (Parameterlisten) unterscheiden. Ferner gehorchen auch die Operator-Funktionen, wenn sie als Member-Funktionen deklariert sind, den angegebenen Zugriffsregelungen (*private/protected/public*). Die Forderung, daß wenigstens ein Parameter der Operator-Funktion (sofern diese als Friend-Funktion deklariert ist) eine Klasse sein muß, verhindert das Umdefinieren der Operatoren vordefinierter Typen, wie z.B. die Addition durch + für Objekte vom Typ *double*. Auch das Kreieren neuer Operatoren, z.B. ** für die Exponentiation, ist unzulässig.

Wie die Bezeichnung 'Operator Overloading' bereits andeutet, dürfen nur vorhandene Operatoren der Sprache C++ im Kontext einer Klasse, also eines vom Programmierer neu definierten Typs, (um)definiert werden. Im einzelnen sind dies folgende Operatoren:

+	-	*	/	%	^	&	|
~	!	,	=	<	>	<=	>=
++	--	<<	>>	==	!=	&&	||
+=	-=	*=	/=	%=	^=	&=	|=
<<=	>>=	[]	()	->	->*	new	delete

Weitere Einschränkungen sind:

1) Die Prioritätsregelung für Operatoren (vgl. Anhang) kann nicht geändert werden. So hat beispielsweise der Operator * immer Vorrang vor dem Operator +.

2) Die Stelligkeit der Operatoren kann nicht geändert werden. So kann z.B. der binäre Operator / nicht als ternärer Operator neu definiert werden.

Anmerkungen:
a) Die 4 Operatoren +, -, *, & können sowohl als 1-stellige als auch als 2-stellige Operatoren überladen werden.

b) Wird eine Operator-Funktion als Member-Funktion deklariert, so zählt das Klassenobjekt, für welches die Operator-Funktion aufgerufen wird, bereits als ein Parameter. Daher gibt die obige Deklaration

```
komplexe_zahl komplexe_zahl :: operator*(komplexe_zahl a);
```

einen binären Operator an.

3) Überladene Operatoren dürfen keine voreingestellten Werte (Defaults) angeben (vgl. Kap. 6).

4) Folgende Operatoren müssen immer als Member-Funktionen der entsprechenden Klasse deklariert werden:

```
=         Zuweisungsoperator
[ ]       Indexoperator
( )       Funktionsaufrufoperator
->        Zeigerzugriffsoperator
->*       Zeigerzugriffsoperator
```

5) Ein Operator, der als linken Operanden einen anderen Klassentypen angibt, darf nicht als Member-Funktion deklariert werden, sondern muß als Friend-Funktion angegeben werden. Dies ist z.B. beim Überladen des <<-Operators der Klasse *ostream* notwendig (vgl. Kap. 12).

```
class komplexe_zahl
{
        friend ostream&
            operator<<(ostream& os, komplexe_zahl a);
        ...
};
```

Im folgenden werden wir das Überladen einiger spezieller Operatoren etwas ausführlicher betrachten.

10.3 Besondere Operatoren

10.3.1 Der Operator [ ]

In Kapitel 8 wurde eine Klasse *vektor* definiert und der Zugriff auf die einzelnen Komponenten durch eine Funktion *pruefe* realisiert. Um auf Elemente der Klasse *vektor* in gewohnter Vektorschreibweise zugreifen zu können, soll nun der Indexoperator [ ] überladen werden.

```
class vektor
{
    public:      float& operator[ ] (int i);
    private:     float vek[4];
};

inline float& vektor :: operator[ ] (int i)
                    // Rumpf wie in  der Funktion pruefe
{
    if ((0 <= i) && (i <= 3)) return (float&) vek[i];
    else
    {
        cerr    << "Index ist nicht im vorgesehenen "
                << "Bereich\n";
        exit(1);
    }
}
```

Beim Überladen des Indexoperators bzw. genauer der Indexoperatoren für die Klasse *matrix* stoßen wir allerdings auf Probleme, da ein Überladen der "Operatorkombination" [ ][ ], z.B. bei m[i][j], nicht direkt möglich ist. Um auch den Zugriff auf Objekte der Matrix-Klasse wie gewohnt angeben zu können, müssen wir die Klassendefinition anders gestalten.

```
class matrix
{   public:       vektor& operator[ ] (int erster_index);
                  /* Arbeitet analog zur Funktion pruefe,
                     vgl. Kap. 8 */
    private:      vektor mat[4];
                  /* Vektor bestehend aus 4 Elementen der
                     Klasse vektor   */
};


matrix m;
m[1][3] = 5;
```

Die Angabe von *m[1][3]* bewirkt jetzt den Aufruf der Operator-Funktion der Klasse *matrix* durch *m.operator[ ](1)*. Dieser Funktionsaufruf liefert bei Einhaltung der Indexgrenzen als Ergebnis ein Objekt vom Typ *vektor&*. Mit diesem Ergebnis wird dann die Operator-Funktion der Klasse *vektor* aufgerufen. Insgesamt erfolgt also der Aufruf von

```
(m.operator[ ](1)).operator[ ](3).
```

10.3.2   Der Operator =

Wird einem Klassenobjekt ein anderes Klassenobjekt zugewiesen, so wird ein memberweises Kopieren durchgeführt, ähnlich dem memberweisen Initialisieren (vgl. Kapitel 8). Sind beispielsweise Zeiger Member der Klasse, kann dies unerwünscht sein, da nach der Zuweisung die Zeiger in den Klassen auf den gleichen Speicherbereich verweisen. Ähnlich wie die memberweise Initialisierung wird auch die memberweise Zuweisung vom Compiler so gehandhabt, daß implizit eine Funktion vom Typ

```
X& X :: operator=(const X&)
```

definiert wird, wobei die Definition dieser Funktion nur die memberweise Zuweisung enthält. Für unsere Klasse *landfahrzeug* sieht dies etwa wie folgt aus:

```
landfahrzeug&
    landfahrzeug :: operator=(const landfahrzeug& ld)
{
        anz_insassen    =   ld.anz_insassen;
        leergewicht     =   ld.leergewicht;
        zuladung        =   ld.zuladung;
        return (landfahrzeug&) ld;
}
            /* Rueckgabe der Referenz, damit auch
               Zuweisungsfolgen der Art a = b = c
               moeglich sind.
               Wichtig ist hier die explizite
               Konvertierung, da ld ein konstantes Objekt
               bezeichnet, vgl. Kap. 4 */
```

Durch das Überladen des Operators = läßt sich nun erreichen, daß bei einer
Zuweisung nicht mehr die vom Compiler implizit definierte Funktion
aufgerufen wird, sondern die vom Programmierer spezifizierte Funktion. Die
Funktion wird bei jeder **Zuweisung** aufgerufen, nicht aber bei der
Initialisierung (vgl. Kapitel 8)!

```
landfahrzeug fhd = fahrrad;      // Initialisierung
landfahrzeug fhd;
fhd = fahrrad;                   // Zuweisung
```

Der Operator = ist der einzige Operator, welcher <u>nicht</u> vererbt wird.

Hinweis:
Man beachte, daß das Überladen des Zuweisungsoperators voraussetzt, daß die neu definierte
Operator-Funktion vom Typ X& X :: operator=(const X&) ist.

10.3.3 Der Operator ->

Der Zeigerzugriffsoperator -> darf nur auf ein Klassenobjekt oder auf eine
Referenz der Klasse angewendet werden. Will man den Operator -> überladen,
so muß das Ergebnis der Operator-Funktion ein Zeiger auf ein Klassenobjekt
oder ein Klassenobjekt sein, für welches der Operator -> definiert ist.

Ist *x* ein Objekt einer Klasse, für die der Operator -> überladen wurde, so
wird der Zugriff

    x -> m   vom Compiler umgesetzt in   (x.operator()) -> m

Beispiel:

```
class string
{
    public:     lies_laenge( ) { return laenge; }
    private:    int  laenge;
                char *str;
};

class string_operation
{
    public:     string *operator->( );
    private:    string *s;
};

string *string_operation :: operator->( )
{
    if (!s)  ...   // Initialisiere string-Objekt
    return s;
}
```

```
string_operation    a;
string_operation&   b = a;
string_operation*   c = &a;

int i;

i = a->lies_laenge( );   // Entspricht a.s->lies_laenge( )
i = b->lies_laenge( );   // Entspricht b.s->lies_laenge( )
i = c->lies_laenge( );   // Fehler
```

In der letzten Zuweisung wird der Zeigerzugriffsoperator weder auf ein
Klassenobjekt noch auf eine Referenz eines Klassenobjektes angewendet,
sondern auf einen Zeiger auf ein Klassenobjekt (hier *c*). In diesem Fall ist der
Compiler nicht in der Lage, zwischen dem vordefinierten Zugriff, der für
jeden Zeiger definiert ist, und der Operator-Funktion -> zu unterscheiden.

10.3.4   Die Operatoren ++ und --

Der Inkrementoperator ++ und der Dekrementoperator -- können sowohl als
Präfix- als auch als Postfix-Operatoren überladen werden.

```
class komplexe_zahl
{
    public:     komplexe_zahl operator++();      // Präfix
                komplexe_zahl operator++(int);   // Postfix
    private:    double re;
                double im;
};

komplexe_zahl komplexe_zahl :: operator++()
{
    re += 1;;
    return *this;
}

komplexe_zahl komplexe_zahl :: operator++(int i)
{
    komlexe_zahl hilf = *this;
    re += 1;
    return hilf;
}

komplexe_zahl a(1,2);
++a;        // Aufruf von a.operator++()
a++;        // Aufruf von a.operator++(0)
```

Wird die Präfix-Notation verwendet, so wird die *operator++*-Funktion ohne
Parameter aufgerufen. Der Ausdruck *a++* wird dagegen umgesetzt in den
Aufruf *a.operator++(0)*, so daß die *operator++*-Funktion mit einem Parameter
vom Typ *int* aufgerufen wird. Der aktuelle Parameter hat hierbei immer den

Wert 0. Die Unterschiede in den Parameterlisten dienen also nur dazu, zwischen Präfix- und Postfix-Notation zu unterscheiden.

Analoges gilt für den Dekrementoperator --.

10.4 Selbstdefinierte Typkonvertierung

10.4.1 Überladen von Konstruktoren

Betrachten wir rückblickend unser Beispiel vom Beginn des Kapitels 10. Durch das Überladen von Operatoren ist es uns ermöglicht worden, die Addition zweier komplexer Zahlen genauso zu behandeln wie die Addition vordefinierter Typen:

```
komplexe_zahl    a(1, 2), b(3, 6);
komplexe_zahl    c = a + b;
```

Anwendungen der folgenden Art könnten in manchen Situation sinnvoll sein, sind jedoch mit den bisherigen Definitionen noch nicht möglich:

```
komplexe_zahl a = komplexe_zahl(1.0, 3.1);
komplexe_zahl b = a + 2;
```

Der Versuch, *a + 2* auszuführen, wenn *a* eine komplexe Zahl ist und *2* ein Integer-Wert, ist (vorsichtig ausgedrückt) gefährlich, falls kein adäquates Überladen der Operatoren definiert wurde. Dies wird offensichtlich, wenn man bedenkt, daß der Compiler natürlich nicht automatisch eine Typkonvertierung des Integer-Wertes 2 in Richtung des selbstdefinierten Typs der komplexen Zahlen vornehmen kann. Implizite Typkonvertierung existiert in C++ standardmäßig nur für vordefinierte Typen.

Ideal wäre im obigen Beispiel eine automatische Konvertierung der Integerzahl 2. Eine einfache und elegante Weise, dieses zu bewerkstelligen, ist die geschickte Ausnutzung der Möglichkeit, bei der Definition von Klassen mehrere Konstruktoren angeben zu können. Dadurch läßt sich eine Typkonversion selbst definieren:

```
class komplexe_zahl
{
     public:      komplexe_zahl (double r, double i)
                  {   re = r;
                      im = i;
                  }
```

```
                    komplexe_zahl(int i)
                    {    re = i;
                         im = 0;
                    }

       private:     double re, im;
};


komplexe_zahl a = komplexe_zahl(1.0, 3.1);
komplexe_zahl b = a + komplexe_zahl(2);
       // Ebenso erlaubt wäre: komplexe_zahl b = a + 2;
```

komplexe_zahl(2) bewirkt hier, daß ein Objekt der Klasse *komplexe_zahl*
gemäß der zweiten Konstruktordefinition erzeugt wird. Wenn der Operator +
für die Addition zweier komplexer Zahlen definiert ist, ist obige Anweisung
korrekt. Ein weiteres Beispiel:

```
extern f(komplexe_zahl);
int      i;
f(i);       // i wird in eine komplexe Zahl konvertiert
```

Hierbei ist allerdings zu beachten, daß ein temporäres Objekt vom Typ
komplexe_zahl erzeugt wird, welche der Funktion *f* als Argument übergeben
wird. Nach Abarbeitung der Funktion existiert dieses temporäre Objekt nicht
mehr. Zusätzlich kann auch eine Standardkonvertierung mit der vom
Programmierer definierten Konvertierung einhergehen.

```
double d;
f(d);    /*  Implizite Konvertierungen: double -> int ->
             komplexe_zahl, wobei die Konvertierung von
             double nach int die Standardkonvertierung ist.*/
```

Allerdings wird die selbstdefinierte Typkonvertierung nur dann durchgeführt,
wenn keine andere Konvertierung möglich ist.

```
f(komplexe_zahl);
f(double);       //  Überladen von Funktionen!

int i;
f(i);            /*  Standardkonvertierung möglich, also
                     Aufruf von f(double). */
```

Mit der Benutzung spezieller Konstruktoren sind wir somit in der Lage, eine
Typkonvertierung hin zum Typ der Klasse vornehmen zu können. Wie sieht es
dagegen mit der anderen Richtung aus? D.h. wie können wir eine
Konvertierung einer komplexen Zahl beispielsweise zu einer Integerzahl
vornehmen (auch wenn dies vom praktischen Standpunkt aus als irrelevant für
komplexe Zahlen anzusehen ist)?

10.4.2 Konvertierungsfunktionen

Auch hier hilft uns das Überladen von Operatoren weiter, indem die Operatoren zur Konvertierung überladen werden. Weitergehend als beim eigentlichen Überladen von Operatoren, wo nur zum Sprachumfang gehörende vordefinierte Operatoren überladen werden dürfen, ist es sogar erlaubt, Konvertierungsfunktionen für selbstdefinierte Typen zu spezifizieren. Eine Konvertierungsfunktion hat die allgemeine Form

```
operator  <Typ>  ( );
```

Wesentlich dabei ist, daß eine Konvertierungsfunktion keinen Ergebnistyp angeben darf (Ergebnistyp ist der Name des Operators, also der Typname) und die Parameterliste leer sein muß. Ferner muß die Konvertierungsfunktion eine Memberfunktion sein. Als Typen sind Klassen, Enumerationen und *typedef-*Bezeichner nicht zugelassen. Konvertierungsfunktionen werden vererbt und können auch als virtuelle Funktionen deklariert werden.

Hinweis:
Da Konvertierungsfunktionen nur eine leere Parameterliste besitzen dürfen, können sie nicht überladen werden.

```
class komplexe_zahl
{
    public:    operator int( ) { return re; }
               /* Standardkonvertierung von double nach
                  int bei Ergebnisrückgabe    */
    private:   double re, im;
};
```

Das Ergebnis der Konvertierungsfunktion ist vom Typ *int*, und die *double-*Variable *re* wird somit implizit durch eine Standardkonvertierung nach *int* konvertiert. Die Konvertierung kann explizit angegeben werden:

```
komplexe_zahl a =    komplexe_zahl(1, 3);
int i          =     int(a);
int j          =     (int) a;
```

oder implizit erfolgen, wobei jeweils die o.g. Konvertierungsfunktion aufgerufen wird:

```
extern         f(int);
komplexe_zahl  a(1, 3);
...
f(a);    /* Implizite Typkonvertierung nach int mittels
            des selbstdefinierten Konvertierungsoperators */
```

Ist der formale Parameter obiger Funktion vom Typ *double*, so wird eine zusätzliche implizite Typkonvertierung von *int* nach *double* durchgeführt. Allerdings ist es nur erlaubt, daß innerhalb einer Folge impliziter

Typkonvertierungen **maximal eine selbstdefinierte Typkonvertierung**
auftreten darf! Ist es notwendig, zwei oder mehr selbstdefinierte Typkonvertierungen vorzunehmen, so wird dies vom Compiler als Fehler markiert.

Werden mehrere Konvertierungsoperatoren in einer Klasse definiert, so kann
es notwendig sein, die Konvertierung explizit durchzuführen.

```
class komplexe_zahl
{
    public:      operator int( )      { return re; }
                 operator double( )   { return re; }
    private:     double re, im;
};

komplexe_zahl a =    komplexe_zahl(1,3);
double d        =    a;  // Aufruf von operator double( )
long lo         =    a;  /* Prinzipiell beide Konver-
                            tierungsoperatoren anwendbar.
                            ==> Fehler! */
```

Im letzten Fall sind beide Konvertierungsoperatoren anwendbar, so daß der
Compiler nicht in der Lage ist, zu entscheiden, welche Konvertierung
vorgenommen werden soll. Daher muß in diesen Fällen der **Mehrdeutigkeit**
(**ambiguity**) eine explizite Konvertierung angegeben werden.

```
long lo = double(a);
```

Abschließend kann man folgendes festhalten:

Sicherlich kann das Überladen von Operatoren sehr nützlich sein. Allerdings
sollte man aus den beschriebenen Gründen auch recht behutsam von dieser
Möglichkeit Gebrauch machen. Obwohl automatisch verhindert wird, daß die
Bedeutungen von Operatoren für vordefinierte Typen verändert werden
können, ist es für selbstdefinierte Typen möglich, beispielsweise einen
Operator + mit der Bedeutung von Minus zu definieren; dies ist der Lesbarkeit
und dem Verständnis eines Programms aber offensichtlich eher abträglich.

Generell sollten Operator-Zeichen nur mit gleicher oder wenigstens ähnlicher
Bedeutung verwendet werden. Ist dies nicht möglich, ist es vorteilhafter, einen
Funktionsaufruf zu verwenden.

11   SCHABLONEN

Schablonen (Templates) stellen eine der wesentlichen Erweiterungen der AT&T C++-Version 3.0 bzgl. der vorhergehenden Version 2 dar. Wie der Name bereits andeutet, wird hierdurch eine Möglichkeit angeboten, mehrere Typen, welche eine stark ähnelnde Definition aufweisen, durch eine einzige textuelle Angabe zu beschreiben. Diese Beschreibung von Schablonen ist für Funktionen und für Klassen möglich und wird in den nächsten beiden Unterkapiteln erläutert.

11.1   Funktionsschablonen

Betrachten wir als Beispiel die einfache Funktion zur Berechnung des Minimums zweier Integerzahlen:

```
int min(int a, int b) { return (a < b) ? a : b; }
```

Nehmen wir an, daß eine solche Minimumberechnung in unserem Programm häufiger benötigt wird, z.B. auch für *double*-Werte oder für Klassen, in denen ein Operator < definiert ist. Eine Minimumberechnung für solche Typen läßt sich beispielsweise mittels Funktionsüberladung realisieren, wobei allerdings die textuelle Definition dieser Funktionen notwendig ist. Wünschenswert wäre hier die Vorgabe einer Schablone, die zwar den Funktionsrumpf festlegt, aber den Typ der Parameter offenläßt.

```
Typ min(Typ a, Typ b) { return (a < b) ? a : b; }
```

wobei *Typ* für einen noch festzulegenden Typ steht. Würde die Funktion *min* jetzt z.B. mit zwei Objekten *LKW1* und *LKW2* vom Typ *landfahrzeug* als aktuelle Parameter aufgerufen, so wird anhand der Schablone deutlich, wie die zugehörige Funktion aussehen soll (was hier natürlich nur sinnvoll ist, wenn die Klasse *landfahrzeug* eine Version des Operators < anbietet). In C++ läßt sich eine Schablone durch das Schlüsselwort **template** definieren. Hierbei wird vor der üblichen Definition der Funktion das Schlüsselwort *template*, zusammen mit der Angabe des oder der Parameter (in spitzen Klammern) über den die Funktion parametrisiert ist, angegeben. Also z.B.:

```
template <class Typ_Name>
    // Nachfolgend die uebliche Funktionsdefinition
Typ_Name min(Typ_Name a, Typ_Name b)
{ return (a < b) ? a : b; }
```

Das Schlüsselwort *class* zeigt in diesem Zusammenhang an, daß *Typ-Name* für einen noch zu spezifizierenden Typ steht.

Mit der Definition dieser Schablone wird allerdings noch <u>keine</u> Funktion *min* definiert. Eine Definition der Funktion mit konkreter Typangabe wird vom Compiler erst dann angelegt, wenn innerhalb des Programms ein Aufruf der Funktion erfolgt. Der Typ der Funktion wird hierbei durch die Typen der aktuellen Parameter bestimmt. So legt der Compiler beim Erkennen des Aufrufs

```
double r,s;
double t = min(r,s);     // Aufruf der Funktion min
```

eine Definition der Funktion *min* für *double*-Werte an. Hierbei wird in der Schablone der Funktion *min, Typ_Name* textuell durch *double* ersetzt. Solche Funktionen, die anhand einer Schablone definiert werden, werden **Schablonenfunktionen** genannt. Allgemein werden Funktionsschablonen wie folgt definiert:

```
template <class T1, ..., class Tn>
Ergebnistyp funktions_name (T1 par_1, ..., Tn par_n)
{ ... // Funktionsrumpf  }
```

Eine Deklaration einer Funktionsschablone wird ähnlich der Definition vorgenommen. Nach Angabe des Schlüsselwortes *template* und der Parameter in spitzen Klammern, folgt der Funktionsprototyp.

```
template <class T1, ..., class Tn>
Ergebnistyp funktions_name (T1, ..., Tn);
```

Bei der Benutzung von Funktionsschablonen müssen folgende Bedingungen beachtet werden:

a) Es darf nur genau eine Schablonen-Definition für eine Funktion existieren. Diese Definition muß global sein.

b) Alle Parameter (in spitzen Klammern) der Schablonen-Definition müssen mindestens einmal in der Parameterliste der Funktion verwendet werden:

```
template <class S, class T, class U>
S f(T, U, U);    // Fehler: Parameter S nicht in
                 // der Parameterliste
```

c) Bei Funktionsaufruf muß die Zuordnung der Typen der aktuellen Parameter zu den Typangaben der Schablone eindeutig sein; eine Konvertierung wird nicht vorgenommen:

```
template <class T>
T min(T, T);

unsigned int  i;
int           j, k;
double        r;

k = min(i, j);      /* Fehler: unsigned int und int sind
                       unterschiedliche Typen, die
                       Schablonen-Deklaration von min
                       fordert gleiche Typen */
k = min((int) i, j);        // OK: explizite Typangabe
r = min((int) i, j);        /* OK: Rückgabeparameter wird
                               nicht berücksichtigt,
                               siehe f)  */
```

d) Die Bezeichner der Parameter der Schablonen-Deklaration müssen nicht notwendig mit denen der Definition übereinstimmen:

```
template <class T>
T min(T, T);                // Deklaration

template <class S>          // Definition
S min(S a, S b) { return (a < b) ? a : b; }
```

e) Funktionsschablonen dürfen auch weitere Parameter konkreter Typen besitzen. Bei Funktionsaufruf muß ebenfalls eine exakte Übereinstimmung vorliegen (vgl. c)):

```
template <class S, class T>
S f( int, S, double, T );        // Deklaration
int             j;
float           q;
double          r;
landfahrzeug    fahrrad, LKW;
wasserfahrzeug  boot;

fahrrad = f(j, LKW, r, boot);    //  OK
fahrrad = f(j, LKW, r, fahrrad);
        // OK: Parameter S und T bezeichnen denselben Typ

fahrrad = f(j, LKW, q, boot);
        // Fehler: q vom Typ float und nicht vom Typ double

fahrrad = f(LKW, boot, j, q);
        // Fehler: keine Übereinstimmung

j = f(j, LKW, r, boot);
        /* Gleiche Funktion, wie beim ersten Aufruf;
           Anweisung OK, falls Konvertierung von
           landfahrzeug nach int definiert. Man beachte,
           daß der Ergebnistyp nicht zur Bestimmung der
           Funktion herangezogen wird, vgl. f)  */
```

f) Bei Aufruf der Funktion werden nur die aktuellen Parameter zur
    Bestimmung der konkreten Schablonenfunktion herangezogen; der
    Ergebnistyp wird nicht berücksichtigt:

```
int     i,j;
double  k;

template <class S>
S min(S, S);

i = min(i,j); // Funktion int min(int,int)
k = min(i,j); /* Gleiche Funktion; implizite
              Konvertierung von int nach double
              bei Zuweisung */
```

g) Funktionsschablonen können mit den Schlüsselwörtern *extern, inline* und
    static deklariert/definiert werden, wobei die Angabe dieser Worte nach
    der *template*-Angabe erfolgt:

```
template <class S>
    // Gefolgt von der ueblichen Funktionsdeklaration
inline S min(S, S);
```

h) Beim Überladen von Funktionsschablonen müssen sich, wie beim
    Überladen von Funktionen üblich, die einzelnen Definitionen bezüglich
    der Typen oder der Anzahl der Argumente unterscheiden:

```
template <class S>
S func(S a, double b)        { ... }

template <class S>
S func(double a, S b)        { ... }
    // OK: andere Stellung der Parameter

template <class S>
S func(S* a, double b)        { ... }
    // OK: verschiedene Typen

template <class S>
double func(S a, double b)  { ... }
    /* Fehler: Ergebnistyp wird beim Funktionsüberladen
       nicht berücksichtigt; kollidiert mit erster
       Definition */
```

Wie wir gesehen haben, ermöglichen Funktionsschablonen die Definition einer
prinzipiell unbeschränkten Anzahl von Funktionen. Wird ein weiterer
Funktionsaufruf (mit anderen Parametertypen) im Programm nachträglich
eingefügt, so ist eine zusätzliche Definition der entsprechenden Funktion nicht
mehr notwendig. Für einige Spezialfälle kann allerdings die Schablone
unpassend sein, da sie nicht die gewünschte Wirkung erzielt.

```
char    *str1, *str2;
...
str1 = min(str1 , str2);
```

In diesem Fall werden durch die *min*-Funktion die Adressen der Zeiger *str1* und *str2* verglichen. Wünschenswert wäre hier sicherlich ein Vergleich der beiden Objekte (Strings), auf die diese Zeiger verweisen, wobei als Vergleichskriterium die lexikographische Ordnung zugrundegelegt werden sollte. Dem Programmierer muß somit die Möglichkeit gegeben werden, eine spezielle Version der Funktion *min* zu definieren, falls die Aufrufparameter vom Typ *char** sind. Dies kann durch die direkte Angabe der gewünschten Funktion *min* für diese Typen erreicht werden:

```
#include <string.h>

char* min(char* a, char* b);
{ return (strcmp(a,b) < 0) ? a : b; }

char *s, *t;
s = min(s , t); // Aufruf der oben definierten Funktion
```

Liegt eine spezielle Definition einer Funktion vor, so besitzt diese Vorrang vor der Definition der Schablonenfunktion. Allgemein wird die Bestimmung der aufzurufenden Funktion folgendermaßen vorgenommen:

* Zuerst wird untersucht, ob eine konkrete (in üblicher Form vorliegende) Deklaration bzw. Definition der entsprechenden Funktion vorhanden ist. Dies wird anhand der Typen der aktuellen Parameter bestimmt, wobei eine exakte Übereinstimmung mit den Typen der formalen Parameter vorliegen muß.

* Liegt keine derartige Funktion vor, so wird eine Funktionsdefinition anhand der Schablonen-Definition vorgenommen, sofern eine exakte Typübereinstimmung zwischen aktuellen Aufrufparametern und Parametern der Funktionsschablonen vorliegt (siehe oben).

* Kann die Definition der Funktion auch anhand der Schablone (unter Beachtung der strengen Typübereinstimmung) nicht vorgenommen werden, so wird untersucht, ob mittels impliziter Typkonvertierung der aktuellen Aufrufparameter eine konkrete (bereits deklarierte) Funktion in Frage kommt.

```
template <class S>            // Funktionsschablone
S func(S , S)

char*  func (char* , char*);  // Spezielle Funktion

double func(double , double); // Weitere spezielle Fkt.
```

```
char      *str1, *str2;
int       i,j;
double    d;

str1 = func(str1, str2);    // Aufruf von
                            // char* func(char* , char*)
i = func(i,j);              // Aufruf von int func(int,int)
                            // gemäß Schablonen-Definition
d = func(i,j);              // Aufruf von int func(int,int)

d = func( (double) i, (double) j);
                            // Aufruf von
                            // double func(double,double)
i = func(d,j);             // Aufruf von
                            // double func(double,double)
```

Beim letzten Aufruf von *func* wird die angegebene Funktion aus folgenden Gründen aufgerufen. Die Untersuchung, ob eine spezielle Funktion für diesen Aufruf vorliegt, verläuft zunächst ergebnislos, da die aktuellen Parameter vom Typ *double* und *int* sind, und somit keine exakte Typübereinstimmung mit den speziellen Funktionen vorliegt. Die Definition der Funktion kann auch nicht anhand der Schablone bestimmt werden, da die Typen der Aufrufparameter unterschiedlich sind. Somit wird zuletzt überprüft, ob die Definition einer speziellen Funktion bekannt ist, so daß durch implizite Typkonvertierung die dem Aufruf entsprechende Funktion eindeutig (!) festgelegt werden kann.

Der Leser beachte, daß die Zuordnung des Aufrufs zu einer Funktionsdeklaration/definition immer eindeutig sein muß; dies gilt ebenfalls für Funktionsschablonen.

```
template <class S>
S func(S a, double b) { ... }

template <class S>
S func(double a, S b) { ... }
    // OK: andere Schablonen-Definition

char      c;
double    d, e;
c = func(c, d);    // OK: Aufruf von
                   // char func(char,double)
d = func(d, e);    // Fehler: Mehrdeutigkeit. Welche
                   // Schablonen-Definition ist gemeint?
```

Hinweise:
Eine Schablonen-Deklaration/Definition deklariert/definiert noch keine Funktion. Die Deklaration/ Definition der Funktion wird erst dann vom Compiler(!) vorgenommen, wenn ein entsprechender Aufruf vorliegt. Dies ist z.B. bei Verwendung von static-Variablen innerhalb der Funktion zu berücksichtigen. Schablonen dienen damit im wesentlichen nur der Ersparnis von Schreibarbeit.

11.2   Klassenschablonen

Analog der Definition von Schablonen für Funktionen dienen
Klassenschablonen zur Beschreibung von Schablonen für Klassen. Betrachten
wir hierzu das Beispiel der Klasse *c_stack* aus Kapitel 8:

```
class c_stack
{
    public:
        c_stack(int g)                          // Konstruktor
        { top = stack = new Typ [ groesse=g ]; }
        ~c_stack( )              { delete[] stack;} // Destruktor
        void push(char c) { *top++ = c; }       // push
        char pop( )              { return *--top; } // pop
    private:
        int     groesse;
        char    *top;
        char    *stack;
};
```

Falls wir in unserem Programm auch Stapel-Klassen für *int*- oder *double*-
Werte benötigen, müssen wir die entsprechenden Klassendefinitionen (z.B.
i_stack und *d_stack*) zusätzlich angeben. Die Definitionen werden allerdings
sehr ähnlich aussehen und sich i.a. nur im Typ der Stapelelemente unterscheiden. Auch hier wäre es wünschenswert, daß man die Definition dieser
Klassen durch eine Schablone beschreiben kann; dies ist in C++ möglich.
Hierbei werden nach der Angabe des Schlüsselwortes **template** die Parameter
der Klasse in spitzen Klammern genannt, gefolgt von der üblichen
Klassendefinition:

```
template <class Typ>
class stack
{
    public:
        stack(int g){ top = stack = new Typ [groesse=g]; }
        ~stack( )               { delete[] stack; }
        void push(Typ c) { *top++ = c; }
        Typ pop( );
    private:
        int     groesse;
        Typ     *top;
        Typ     *stack;
};
```

Hierbei gibt *Typ* den Typ der Elemente des Stapels an. Die Deklaration einer
solchen Klasse hat folgendes Aussehen:

```
template <class Typ>       // Schablonen-Deklaration
class stack;
```

Der Name der Klasse einer solchen Schablonen-Definition ist **stack<Typ>**. Dies ist beispielsweise wichtig für die Definition von Memberfunktionen außerhalb der Klassenschablone zur Angabe des Gültigkeitsbereiches. Da Memberfunktionen einer Klassenschablone wiederum nur Schablonen für konkrete Memberfunktionen sind, müssen solche Funktionen als Funktionsschablonen gekennzeichnet werden:

```
template <class Typ>
Typ   stack<Typ> :: pop( ) { return *--top; }
```

Dieser Name der Klassenschablone muß auch bei Verwendung von Stapeln als Parameter einer Funktion angegeben werden:

```
template <class Typ>
int func (stack<Typ> st) { ... }
```

Anmerkung:
Der Name *stack<Typ>* kann nur in weiteren Klassen- oder Funktionsschablonen verwendet werden, da er sich nur auf die Schablone bezieht und nicht auf einen konkreten Typ, dessen Angabe beispielsweise bei der Definition einer "normalen" Funktion notwendig ist.

Um ein Klassenobjekt oder Funktionen zu definieren, muß für den Parameter *Typ* der Schablonen-Definition ein konkreter Typ angegeben werden:

```
stack<int>   si;              // Integer-Stapel

int func1 (stack<double> st) { ... }
    /* Funktionsdefinition; stack<double> bezeichnet
       einen konkreten Typ */
```

Tritt die Bezeichnung einer Klassenschablone in Verbindung mit einem Typ auf, so legt der Compiler die entsprechende Klassendefinition im globalen Gültigkeitsbereich des Programms an. Hierbei wird der Parameter *Typ* textuell durch den konkreten Typnamen ersetzt. Eine solche, durch eine Schablone definierte Klasse wird **Schablonenklasse** genannt.

Zusätzlich zur Parametrisierung über Typen kann eine Klassenschablone auch weitere Parameter konkreter Typen besitzen. Die Größe des Stapels wird in unserem obigen Beispiel bei Aufruf des Konstruktors festgelegt. Eine andere Möglichkeit wäre die Angabe seiner Größe direkt bei der Klassendefinition. Hierzu kann ein weiterer Parameter in die Schablonen-Definition aufgenommen werden.

```
template <class Typ, int g>
class stack
{
    public: stack(){ top = stack = new Typ [ groesse=g ]; }
    ...
};
```

Hinweis:
Bei Funktionsschablonen ist eine derartige Parametrisierung nicht möglich.

Der Name der Klasse dieser Schablonen-Definition ist allerdings weiterhin
stack<Typ> und die Schablonen-Definition der Memberfunktion *pop* wird
daher genauso vorgenommen wie zuvor. Da die Namen der Klassenschablone
gleich sind, darf folgerichtig auch nur eine dieser Schablonen-Definitionen
angegeben werden.

Bei Definition von Klassenobjekten muß jetzt dagegen für solche Parameter
ein Ausdruck angegeben werden, der zum Kompilierungszeitpunkt
ausgewertet werden kann, und dessen Typ exakt mit dem Typ in der
Schablonen-Definition übereinstimmt.

```
stack<int, 100>          si;      // si vom Typ stack<int>
stack<double, 11*3+4>    sd;      // sd vom Typ stack<double>
stack<int, 133U>         sj;      /*   Fehler: keine exakte
                                       Typübereinstimmung
                                       (unsigned int ≠ int) */
stack<char, min(4,7)>    sc;      /*   Fehler: Auswertung des
                                       Ausdrucks min(4,7) zum
                                       Kompilierungszeitpunkt
                                       nicht moeglich, da
                                       Funktionsaufruf    */
int func1 (stack<double> st)     //   Typangabe OK
{ ... }
```

Wie wir bereits bei der Betrachtung von Funktionsschablonen bemerkten,
kann der Fall eintreten, daß die Schablone für die meisten Anwendungen
ausreicht, für bestimmte Typen allerdings eine spezielle Version benötigt
wird. Bei Stapeln für Zeigertypen, wie Textkonstanten (Strings), könnten wir
beispielsweise fordern, daß der zugehörige Eintrag im Stapel explizit gelöscht
wird. Dies läßt sich durch die zusätzliche Angabe einer speziellen
Memberfunktion im Kontext des Typs *char** erreichen:

```
char*  stack<char*> :: pop( )
{
    char* s = --top;
    top     = NULL;
    return s;
}
```

Für alle Objekte vom Typ *stack<char*>* wird diese spezielle Funktion *pop*
verwendet, die anderen Memberfunktionen sind weiterhin durch die Schablone
bestimmt. Wie man leicht bemerkt, reicht diese spezielle Version der Funktion
pop allein nicht aus, um Zeigertypen korrekt zu behandeln. So müßte
beispielsweise bei der *push*-Operation für Textkonstanten die jeweilige
Textkonstante kopiert und nicht nur die Adresse zugewiesen werden. Ferner
sollte dann der Destruktor die einzelnen Elemente des Stacks explizit löschen.

Wir benötigen also eine spezielle Version der Schablonen-Definition für den
Typ *char**:

```
class stack<char*>
{
    public:
        stack(int g)
        {  top = stack = new (char*) [ groesse=g ]; }
        ~stack( );
        void    push(char*);
        char*   pop( );
    private:
        int     groesse;
        char*   *top;
        char*   *stack;
};

stack<char*> :: ~stack()
{
    for (int i = 0; i < groesse; i++) delete[] stack[i];
    delete stack;
}

void stack<char*> :: push(char* str)
{
    *top     =    new char[strlen(str) + 1];
    strcpy(top++, c);
}

void stack<char*> :: pop()
{
    char* s =  --top;
    top     = 0;                        // Oder top = NULL;
    return s;
}
```

Tritt der Typ *stack<char*>* innerhalb des Programms auf, so wird vom
Compiler die obige Klassendefinition verwendet und keine Klassendefinition
gemäß der Schablonen-Definition angelegt.

Die Definition einer speziellen Version der Klassenschablone für bestimmte
Typen darf erst nach der Schablonen-Definition auftreten. Ferner existiert
kein Zusammenhang zwischen der speziellen Klassendefinition und der
Schablonen-Definition. Hätten wir also keine Funktion *push* in der Definition
der Klasse *stack<char*>* aufgeführt, so wäre eine solche Operation für
Objekte vom Typ *stack<char*>* nicht verfügbar.

Mit diesen Erläuterungen zu Schablonen sollte der Leser in der Lage sein, alle
Möglichkeiten der Sprache C++, die für Klassen bzw. Funktionen existieren,
auch auf Schablonen-Definitionen zu übertragen. Man muß hierzu nur
beachten, daß *templates* Schablonen für Klassen sind und keine
Klassendefinitionen im üblichen Sinne. Im folgenden wollen wir, als Beispiel,

die Verwendung von Schablonen im Kontext von Friends einer Klasse
erläutern. Einerseits können - wie gewohnt - Funktionen und Klassen als
Friends von Klassenschablonen deklariert werden:

```
template <class Typ>
class stack
{
    friend class landfahrzeug;
    friend double f(void);
    ...
};
```

Die Klasse *landfahrzeug* und die Funktion *f* sind Friends aller Klassen, die
durch die Schablone definiert werden.

Andererseits können auch Schablonen als Friends deklariert werden:

```
template <class Typ>
class stack
{
    friend class S<Typ>;
        /* Die Schablonenklasse S<Typ> ist Friend der
           Schablonenklasse stack<Typ>, wobei die
           konkreten Typen für den Parameter Typ
           übereinstimmen. */

    friend stack<Typ>  min(stack<Typ>, stack<Typ>);
        /* Die Schablonenfunktion min ist eine Friend-
           Funktion der Schablonenklasse stack<Typ>,
           wobei die konkreten Typen für den Parameter
           Typ übereinstimmen, d.h. die Funktion
           stack<int> min(stack<int>, stack<int>) ist z.B.
           kein Friend der Klasse stack<double>. */

    template <class Typ_x>
    friend class R;
        /* Alle Schablonenklassen R<Typ_x> sind Friends
           der Schablonenklasse stack<Typ>, d.h. z.B. die
           Klasse R<int> ist Friend der Klasse
           stack<float>. */

    template <class Typ_x>
    friend Typ_x  min(Typ_x, Typ_x);
        /* Alle min - Funktionen sind Friends der
           Schablonenklasse stack<Typ>, also ist z.B.
           int min(int, int) Friend der Klasse
           stack<double>. */
    ...
};
```

12 EIN-/AUSGABE

12.1 Unformatierte Ein-/Ausgabe

Zum Abschluß noch einige Bemerkungen zur Ein- und Ausgabe in C++. Wie bereits ganz am Anfang kennengelernt, bezeichnen

```
cin >> ...    bzw.    cout << ...
```

Möglichkeiten zur unformatierten Ein- und Ausgabe von Werten fundamentaler Typen. *cin* und *cout* bezeichnet man als **Ströme**, die standardmäßig auf die Standard-Eingabe bzw. Standard-Ausgabe gelegt sind. << und >> sind Operatoren, deren Wirkungsweisen festgelegt sind durch als öffentlich deklarierte Member zweier in *<iostream.h>* versteckter Klassen:

```
class ostream
{   ...
    public :
        ostream&    operator<<(char*);
        ostream&    operator<<(char);
        ostream&    operator<<(int);
        ostream&    operator<<(long);
        ostream&    operator<<(double);
        ostream&    put(char);
    ...
};

class istream
{   ...
    public :
        istream&    operator>>(char*);
        istream&    operator>>(char&);
        istream&    operator>>(short&);
        istream&    operator>>(int&);
        istream&    operator>>(long&);
        istream&    operator>>(float&);
        istream&    operator>>(double&);
        istream&    get(char&);           // Zeichen
        istream&    get(char*,int,int='\n');
                                          // Textkonstante
    ...
};
```

Ferner gibt es noch die vordefinierte Klasse *iostream*, welche sowohl zur Ein- als auch zur Ausgabe genutzt werden kann (bidirektionale Ein-/Ausgabe). Sie ist eine von den Klassen *istream* und *ostream* abgeleitete Klasse. Die Operationen dieser Klassen sind natürlich nur für fundamentale Typen

definiert; für selbstdefinierte Typen wie Klassen und Structures müssen die
Ein- und Ausgabe-Operationen mit Hilfe des Überladens von Operatoren selbst
festgelegt werden. Für unsere Klasse komplexer Zahlen kann dies etwa wie
folgt aussehen:

```
class komplexe_zahl
{
    friend ostream& operator<<(ostream&,komplexe_zahl&);
    friend komplexe_zahl
                    operator+(komplexe_zahl,komplexe_zahl);
    public:
        komplexe_zahl (double r = 0, double i = 0)
        {
            re = r;
            im = i;
        }
    private:
        double re, im;
};

ostream& operator<<(ostream& o, komplexe_zahl& c)
{
    o << "(" << c.re << "," << c.im << ")";
    return o;
}
```

Ebenso ließe sich auch eine entsprechende Eingabe von komplexen Zahlen
mittels des Überladens von Operatoren definieren. Wichtig beim Überladen
der Ein- und Ausgabeoperatoren >> und << ist die Ergebnisrückgabe des
jeweiligen Klassenobjektes der Klasse *istream* bzw. *ostream*. Das Überladen
dieser Operatoren sollte also im wesentlichen folgende Form besitzen (hier am
Beispiel der Ausgabe):

```
ostream&  operator<<(ostream& o, Klasse& k)
{
    o << ...      // Ausgabeanweisungen für die Klasse
    return o;     // Rückgabe des Objektes der Klasse ostream
}
```

Erst durch die Rückgabe des Objektes *o* wird eine mehrfach verkettete
Ausgabeanweisung wie z.B.

```
cout << i << j;
```

möglich, da dies den folgenden Funktionsaufrufen entspricht:

```
( cout.operator<< (i)  ).operator<< (j);
```

Anmerkung:
Da der erste Operand des Operators << nicht ein formaler Parameter vom Typ der Klasse (z.B.
komplexe_zahl) ist, muß beim Überladen von Operatoren, der Operator << als Friend-Funktion
und nicht als Member-Funktion deklariert werden (vgl. Kap. 10.2).

Für die Klassenschablone eines Stapels (vgl. Kap. 11.2) läßt sich ebenfalls ein Ausgabeoperator << definieren. Hierzu muß allerdings die Operator-Funktion als Schablone gekennzeichnet werden.

```
template <class Typ>
class stack;                 //  Vorwaertsdeklaration

template <class Typ>
ostream& operator<<(ostream& o, stack<Typ> st)
{
     if (st.stack == st.top) return 0;
     Typ* z = st.top;
     while (z != st.stack) o << *--z;
     o << *z;     /*  Beachte: Ausgabe mittels Operator <<
                      muss fuer den Typ Typ definiert sein. */
     return o;
}
...
template <class Typ>
class stack
{
     friend ostream& operator<<(ostream&, stack<Typ>);
     ...
};
```

Die oben skizzierten Klassen *istream* und *ostream* bieten durch die Operatoren >> und << bereits einige Möglichkeiten zur Ein-/Ausgabe von Objekten standardmäßig vordefinierter Typen an. Hierbei sind einige Konventionen getroffen worden, die zwar nicht immer, aber für den normalen Gebrauch recht nützlich sind. So werden z.B. bei der Eingabe bestimmte Zeichen grundsätzlich überlesen. Dies gilt beispielsweise für Leerzeichen (blanks), Tabulatorzeichen (tabs) und Zeichen zur Kennzeichnung einer neuen Zeile (newlines).

Anmerkung:
Diese Zeichen werden oft unter dem Begriff "white space characters" zusammengefaßt.

Besitzt die Eingabe z.B. die Form

```
a bc
```

so besitzen die Variablen

```
char     a,b,c;
```

nach Ausführung von

```
cin >> a >> b >> c;
```

die Werte 'a', 'b' bzw. 'c'.

Beim Einlesen von Textkonstanten mittels des in *istream* definierten *operator>>(char*)* werden die o.g. 'white space characters' als Trennsymbol interpretiert. Besitzt die Eingabe die Form

```
"Dies ist ein String"
```

so gilt nach Ausführung der Sequenz

```
char s[20];
cin >> s;
```

daß *s* den Inhalt *"Dies\0* besitzt. Man beachte hier die Endemarkierung \0 für eine Textkonstante, die in die Wahl der Größe von *s* mit einbezogen werden muß.

Will man solche Konventionen umgehen, so kann man weitere (Member-) Funktionen der Klassen *istream* und *ostream* oder Manipulatoren, welche in der Datei *iomanip.h* deklariert sind, nutzen, von denen wir einige im folgenden kurz vorstellen werden.

- **get(char& ch) bzw. get( ):**
  Beide lesen jeweils ein Zeichen vom Standardeingabestrom. Hierbei werden auch Sonderzeichen beachtet, wie z.B. 'white space characters':

  ```
  char ch;
  while ( cin.get(ch) ) ...
                      // In ch steht das gelesene Zeichen
  ```

  get(char& ch) liefert als Ergebnis das Klassenobjekt, durch welches die get-Funktion aufgerufen wurde, zurück. Beim Lesen der EOF(End-of-File)-Markierung liefert *get(char& ch)* den Wert Null (false). Die Funktion *get( )* liefert als Ergebnis das gelesene Zeichen, wobei dieses Zeichen auch die EOF-Markierung sein kann:

  ```
  int ch; /*  int als Typ gewählt, da EOF bei manchen
              Compilern den Wert -1 besitzt */
  while ( (ch = cin.get( ) ) != EOF) ...
  ```

- **read(char *vek, int groesse):**
  liest genau die durch *groesse* angegebene Anzahl an Bytes vom Eingabestrom und schreibt diese kontinuierlich in den Speicherbereich, auf den *vek* zeigt.

- **putback(char ch):**
  setzt den Inhalt von *ch* an den Anfang des Eingabestromes, so daß *ch* z.B. als nächstes Zeichen gelesen werden könnte.

- **put(char ch):**
  schreibt das Zeichen auf den Ausgabestrom. Das Ergebnis der *put*-Funktion ist das Klassenobjekt, durch welches die Funktion aufgerufen wurde:

  ```
  cout.put('\n').put('\n');      // 2 Zeilenvorschübe
  ```

- **write(const char *vek, int groesse):**
  schreibt aus dem Vektor *vek* die angegebene Anzahl (*groesse*) an Zeichen auf den Ausgabestrom. Das Ergebnis der *write*-Funktion ist das Klassenobjekt, durch welches die Funktion aufgerufen wurde.

Im allgemeinen wird die Ausgabe mittels *cout* << ... gepuffert, d.h. sie erfolgt nicht sofort. Dies kann durch Anwendung von **Manipulatoren** vermieden werden. Durch das Wort **flush** läßt sich die sofortige Ausgabe des Pufferinhaltes erreichen. Als Kurzform für *"\n"* << *flush* existiert das Wort **endl**. Somit ist

```
cout << "Eingabe: " << "\n" << flush;
```

semantisch äquivalent zu

```
cout << "Eingabe: " << endl;
```

Neben den schon bekannten Strömen *cin* und *cout* existieren noch zwei weitere vordefinierte Standardströme. Dies sind *cerr*, der den ungepufferten Fehlerausgabestrom bezeichnet, und *clog*, welcher mit dem gepufferten Fehlerausgabestrom assoziiert ist. Beide können genauso behandelt werden wie *cin* und *cout*.

<< wird also für die unformatierte Ausgabe verwendet, d.h ein Programmierer ist für die saubere Ausgabe selbst verantwortlich (z.B. für das Benutzen von "\n" für den Zeilenvorschub am Ende einer Zeile oder für die linksbündige Ausgabe einer Integerzahl, etc.).

12.2 Formatierte Ausgabe

C++ bietet auch die Möglichkeit der formatierten Ausgabe mit Hilfe der *form*-Funktion (vergleichbar mit der *printf*-Funktion in C). Eine formatierte Textkonstante besteht dabei aus zwei Arten von Objekten: reine Zeichen, die einfach auf den Ausgabe-Strom kopiert werden, und Konvertierungs-Spezifikationen, von denen jede die konvertierte Ausgabe des nächsten Parameters bewirkt. Jede gewünschte Konvertierung beginnt mit einem %. Als Beispiel:

```
cout << form("Im Hörsaal sitzen %d Studenten und %d \
             Studentinnen; der\nHörsaal ist somit zu %f \
             %% ausgelastet.",anz_der_maenner,
             anz_der_frauen, ausgelastet);
```

Das erste %d bewirkt, daß der erste Parameter der Funktion (*int*) in dezimaler Notation ausgegeben wird, ebenso das zweite %d für den zweiten Parameter; %f bewirkt, daß das folgende Argument (*float*) in dezimaler Notation der Art [-] xxx.xxx ausgegeben wird, und %% sorgt dafür, daß das Zeichen % selbst gedruckt wird. Mit

```
anz_der_maenner       = 60;
anz_der_frauen        = 30;
ausgelastet           = 25.1;
```

würde demnach folgendes ausgedruckt werden:

> Im Hörsaal sitzen 60 Studenten und 30 Studentinnen; der
> Hörsaal ist somit zu 25.100 % ausgelastet.

Die Menge der möglichen Konvertierungs-Spezifikationen ist ziemlich groß. Hier die wichtigsten in abgekürzter Form. Nach % kann stehen:

n	steht für einen optionalen Integer-Wert und gibt die gewünschte Länge des Zahlenfeldes an; hat der konvertierte Wert weniger Zeichen als angegeben, wird mit Blanks aufgefüllt,
%	bewirkt die Ausgabe des %-Zeichens,
d	ein Integer-Wert wird in dezimaler Notation ausgegeben,
o	ein Integer-Wert wird in oktaler Notation ausgegeben,
x	ein Integer-Wert wird in hexadezimaler Notation ausgegeben,
f	ein Float- oder Double-Wert wird in dezimaler Notation der Art [-] xxxxxx.xxx ausgegeben,
e	ein Float- oder Double-Wert wird in dezimaler Notation der Art [-] x.xxxxxxe±xx ausgegeben,
c	Zeichen wird ausgegeben,
s	Textkonstante wird ausgegeben.

Beispiele:

```
cout << form("%s", "Gilda");        // Ausgabe: Gilda
cout << form("%e", 2.78);           // Ausgabe: 2.780000e+01
cout << form("%.1e", 2.78);         // Ausgabe: 2.7e+01
cout << form("%d %o %x"", 17, 17, 17);
                                    // Ausgabe:17 21 11
```

Die Benutzung von *form* ist jedoch unsicher, da eine Typüberprüfung nicht durchgeführt wird. So könnte etwa ein %*s*, wenn es auf ein Zeichen angewendet wird, unvorhersehbare Ausgaben erzeugen.

Weitere vordefinierte Funktionen, die man bei der Ausgabe nutzen kann, sind:

```
char *oct(long, int = 0)      // Oktale Repräsentation
char *dec(long, int = 0)      // Dezimale Repräsentation
char *hex(long, int = 0)      // Hexadez. Repräsentation
char *chr(int,  int = 0)      // Zeichen
char *str(char*,int = 0)      // Textkonstanten
```

Der zweite (optionale) Parameter spezifiziert dabei die Anzahl von zu verwendenden Zeichen-Positionen.

Eine weitere Möglichkeit, die Ausgabe zu beeinflussen, ist durch die Änderung des internen Zustandes der Objekte der Klassen *istream, ostream* bzw. *iostream* gegeben. Jedes Objekt dieser Klassen besitzt einige Flags bzw. Variablen zur Ausgabesteuerung, die z.B. angeben, ob Zahlen als dezimale, oktale oder hexadezimale Zahlen interpretiert oder mit welcher Genauigkeit die Zahlen ausgegeben werden sollen. Die Ausgabe von Zahlen im hexadezimalen Format kann z.B. so vorgenommen werden:

```
int i = 16;
cout << hex << i;
```

welches als Ausgabe 10 liefert.

Die Angabe von *hex* ändert den internen Zustand des Objektes *cout*, so daß alle weiteren Zahlenausgaben im hexadezimalen Format erfolgen. Mittels

```
cout << dec;
```

kann wieder das dezimale Format eingestellt werden oder durch

```
cout << oct;
```

die oktale Darstellung.

Analog zur Ausgabe ist auch die Eingabe für die jeweiligen Formate möglich. So wird durch

```
int i;
cin >> hex >> i;
```

die Eingabe als Hexadezimalzahl interpretiert und der entsprechende Wert der Variablen *i* zugewiesen. Auch hier gilt, analog zur Ausgabe, daß alle weiteren

Eingaben als hexadezimal angenommen werden, da durch "*cin >> hex*" der interne Zustand des Objektes *cin* geändert wurde.

Die Anzahl der auszugebenden Nachkommastellen einer Zahl läßt sich mit der *precision*-Funktion, welche eine Member-Funktion der Klasse *ostream* ist, festlegen:

```
cout.precision(3);
double d = 2.2360679;
cout << d;
```

liefert die Ausgabe 2.236. Wird die *precision*-Funktion ohne Parameter aufgerufen, so wird die derzeitige Genauigkeit als Ergebnis zurückgegeben. Setzen wir obiges Beispiel fort, so erhalten wir nach

```
int genauigkeit = cout.precision( );
cout << genauigkeit;
```

die Ausgabe 3.

Es gibt noch weitere Besonderheiten, die jedoch nicht weiter behandelt werden sollen. Mit den hier angegebenen Hilfsmitteln läßt sich bereits ein Großteil von Anwendungen problemlos abdecken.

12.3 Dateioperationen

Ebenso wie in anderen höheren Programmiersprachen, existieren auch in C++ Operatoren zur Manipulation von Dateien ($\approx$ Files). Um diese Operatoren zur Verfügung zu haben, muß zusätzlich zur Datei *iostream.h* die Datei **fstream.h** eingebunden werden. Wie bereits am Anfang dieses Kapitels angesprochen, existieren in dieser Datei die Definitionen folgender von *istream*, *ostream* bzw. *iostream* abgeleiteter Klassen:

ifstream	enthält Operatoren zum Lesen einer Datei,
ofstream	enthält Operatoren zur Ausgabe auf eine Datei,
fstream	enthält Operatoren, welche sowohl die Ausgabe auf als auch das Lesen von einer Datei ermöglichen.

Definiert man ein Klassenobjekt einer dieser drei o.g. Klassen, so kann man dieses direkt durch Aufruf eines speziellen Konstruktors mit einer physikalischen Datei assoziieren oder dies erst später mittels der *open*-Funktion vornehmen:

```
ofstream datei1("Dateiname", ios :: out);
```

oder

```
ofstream datei1;
datei1.open("Dateiname", ios :: out);
```

Der in Anführungszeichen stehende physikalische Dateiname wird hierdurch mit dem logischen Namen *datei1* assoziiert. Alle Operationen, die auf *datei1* ausgeführt werden, werden somit entsprechend auf der physikalischen Datei *Dateiname* ausgeführt. Der zweite Parameter des Konstruktoraufrufs bzw. der *open*-Funktion gibt den Modus an, in welchem die Datei bearbeitet werden darf. Es existieren drei Modi:

ios :: in   lesender Zugriff
ios :: out   schreibender Zugriff
ios :: app   anhängender Zugriff ('append')

Anmerkungen:
ios ist eine Aufzählung (Enumeration).

Wird eine Datei im append-Modus geöffnet, so wird der Schreib/Lesekopf an das Dateiende gesetzt. Befindet sich der Schreib/Lesekopf am Dateiende, werden keine weiteren Ein/Ausgabe-Operationen durchgeführt. Um weitere Operationen auf dieser Datei vornehmen zu können, müssen einige Status-Flags mittels der Member-Funktion *clear* gelöscht werden:

```
ofstream dat("Datei_Name", ios :: app);
dat.clear();                    // Weitere Ausgaben auf Datei_Name möglich
```

Das Öffnen einer nicht existierenden Datei zum Schreiben bewirkt das Anlegen einer neuen Datei mit dem angegebenen Dateinamen. Existiert die Datei dagegen, so wird sie überschrieben. Für Objekte der Klasse *ifstream* ist nur der lesende Zugriff, für Objekte der Klasse *ofstream* sind die Zugriffsarten schreibend und anhängend und für Objekte der Klasse *fstream* zusätzlich auch der lesende Zugriff erlaubt.

Die Angabe mehrerer Zugriffsarten wird mittels des "bitweise Oder"-Operators vorgenommen:

```
fstream ein_ausgabe("Dateiname",ios::in | ios::app);
```

Eine geöffnete Datei kann durch *close* wieder geschlossen werden:

```
datei1.close( );
```

Da die Klassen zur Dateimanipulation von den Klassen *istream, ostream* bzw. *iostream* abgeleitet sind, stehen somit alle Funktionen und Operationen dieser

Klassen auch zur Manipulation der Klassenobjekte vom Typ *ifstream*, *ofstream* bzw. *fstream* zur Verfügung:

```
datei1 << "Ergebnisausgabe: \n";
datei1.put('a');
```

Zusätzlich werden in o.g. Klassen einige wichtige Memberfunktionen angeboten. Dies sind:

- **eof( ):**
  Abfrage auf das Ende der Datei. Es ist *eof( )* ≠ 0, falls das Ende der Datei erreicht worden ist, andernfalls liefert der Aufruf der Funktion einen Wert gleich 0:

  ```
  while (!datei1.eof( ) ) ...
  ```

  Anmerkung:
  Das Lesen von einer Datei kann auch ohne explizite Abfrage der EOF-Markierung vorgenommen werden. Z.B. liest

  ```
  while (cin >> ch) ...
  ```

  die Eingabe zeichenweise und bricht nach Lesen der EOF-Markierung ab. Dies liegt daran, daß in der Klasse ein Konvertierungsoperator existiert, der den Wert 0 nach Lesen der EOF-Markierung liefert.

- **bad( ):**
  Abfrage auf unerlaubte Operation. *bad* liefert einen Wert ≠ 0 (true), falls eine solche Operation, z.B. weiteres Lesen nach der EOF-Markierung, durchgeführt wurde.

- **fail( ):**
  liefert einen Wert ≠ 0 (true), falls eine Operation nicht durchgeführt werden konnte oder falls *bad* true liefert:

  ```
  ifstream date1("Dateiname", ios::in);
  if ( datei1.fail( ) ) ...
                /* Die Datei mit Namen "Dateiname"
                   konnte nicht geöffnet werden, da
                   z.B. nicht vorhanden. */
  ```

- **good( ):**
  liefert einen Wert ≠ 0 (true), falls keine der Funktionen *eof, bad, fail* einen Wert ≠ 0 liefert. Ferner ist in diesen Klassen der Operator ! überladen. Seine Wirkungsweise entspricht der *fail*-Funktion. Also ist

  ```
  !datei1
  ```

  äquivalent zu

```
datei1.fail( )
```

Allerdings reichen obige Funktionen noch nicht aus, um auch folgenden Fall
zu behandeln. Wird z.B. ein *ofstream*-Objekt kreiert, aber noch nicht mit
einer Datei assoziiert, so liefert die Funktion *good* für dieses Objekt einen
Wert $\neq 0$ (true):

```
ofstream dat;
int i = dat.good( );        // i ≠ 0
```

Der Test, ob die Datei geöffnet ist, also *dat* bereits mit einem physikalischen
Namen assoziiert wurde, muß hier durch Zugriff auf interne Daten des
Stream-Objektes vorgenommen werden. Dieser Zugriff wird mittels der
Memberfunktion *rdbuf* realisiert. Der Test sieht wie folgt aus:

```
if (dat.rdbuf( ) -> is_open != 0)
{
    // Datei bereits geöffnet
    dat << "Ergebnisausgabe: \n";
    ...
}
```

Zum Abschluß noch ein Beispiel, wie eine Datei kopiert werden kann.

```
#include <iostream.h>
#include <fstream.h>

ifstream dat1;
ofstream dat2;

main(int argc, char *argv[ ])
/* Beim Aufruf eines Programms wird nur die Funktion main
   aufgerufen. Dabei werden zwei Parameter übergeben,
   üblicherweise argc und argv genannt. argc gibt die Anzahl
   der Parameter und argv die jeweiligen Parameter an. Der
   erste Parameter ist der Programmname selbst (somit ist
   argc immer >=1), die weiteren Parameter sind hier die
   beiden Dateinamen. Vgl. Kapitel 6 */
{
    switch (argc)
    {
      case 3 :
          dat1.open(argv[1], ios::in);
          if ( ! dat1.fail( ) )    // Datei existiert
          {
              dat2.open(argv[2], ios::out);
              /*
                  Existiert die Datei, so wird sie
                  überschrieben, ansonsten wird eine neue
                  Datei unter diesem Namen angelegt */

              char   ch;
```

```
        while ( dat1.get(ch) ) dat2.put(ch);
        cout << "Kopiervorgang beendet! \n";
    }
    else
    {
        cerr << "Datei " << argv[1]
            << " existiert nicht! \n";
        exit(1);
    }
    break;

    default: cerr << "Falsche Anzahl von Parametern\n";
            exit(1);
    }
}
```

Angenommen, unser Programm wird fehlerfrei kompiliert und wir nennen es
copy. Dann wird durch

```
    copy adressen tabelle
```

die Eingabedatei *adressen* nach *tabelle* kopiert. *argc* hat in diesem Fall den
Wert 3, denn es existieren 3 Parameter (einschließlich des Programmnamens
copy selbst) und *argv[ ]* besitzt folgende Werte:

        argv[0]   = "copy"
        argv[1]   = "adressen"
        argv[2]   = "tabelle"

Die Verwendung von *argc* und *argv* ist in vielen Fällen sehr sinnvoll, da
hierdurch beim Programmaufruf direkt Werte für den Programmlauf
angegeben werden können, ohne sie im Programm selbst abfragen zu müssen.
Fast alle unter Unix laufenden Systemroutinen arbeiten nach diesem Prinzip,
denn sie sind selbst in C geschrieben.

13 AUFGABEN

Hinweise zur Bearbeitung der Aufgaben:

Die Aufgabenreihenfolge entspricht dem Inhalt dieses Buches. Leser, denen sowohl C als auch C++ nicht geläufig sind, sollten daher die Aufgaben in der aufgeführten Reihenfolge bearbeiten. Als Hilfestellung werden hinter jeder Aufgabe die vorausgesetzten Kapitel in Klammern angegeben. Die zugehörigen Musterlösungen in Kapitel 14 sollten sinnvollerweise erst nach eigenen Versuchen konsultiert werden.

Aufgabe 1: (vorausgesetzt wird Kapitel 2)

Schreiben Sie ein Programm, welches den Satz "Mein erstes C++- Programm" auf den Bildschirm ausgibt.

Aufgabe 2: (2, 3)

Schreiben Sie ein Programm, welches Fahrenheit in Celsius umrechnet und umgekehrt. Die Eingabe soll dabei interaktiv wahlweise in Celsius oder Fahrenheit erfolgen können (etwa durch Angabe eines weiteren Zeichens zur Kennzeichnung der gewünschten Umrechnungsart).

Es gilt: <Celsius> = 5/9 * (<Fahrenheit> - 32).

Aufgabe 3: (2 bis 4)

Schreiben Sie ein Programm, welches ein Zeichen (Character) interaktiv einliest und per expliziter Typkonvertierung den entsprechenden Integer-Wert ausgibt.

Aufgabe 4: (2 bis 4)

Schreiben Sie ein Programm, welches die Größe (in Bytes) folgender fundamentaler Typen und Zeiger berechnet und ausgibt:

char, short int, int, long int, float, double, unsigned char, unsigned short int, unsigned int, unsigned long int, char*, short int*, int*, long int*, float*, double*.　　　　　　　(Hinweis : Funktion sizeof(...)).

Aufgabe 5: (2 bis 4)

Schreiben Sie ein Programm, welches mit Hilfe einer Matrix die Namen der Monate eines Jahres und die Anzahl der Tage jedes Monats für 1992 einliest (oder belegt) und wieder ausgibt.

Aufgabe 6: (2 bis 5)

Schreiben Sie ein Programm, welches die Länge eines Vektors von Zeichen (String) berechnet (ohne Zuhilfenahme von Standardfunktionen).

Aufgabe 7: (2 bis 5)

Schreiben Sie ein Programm, welches einen String in einen anderen kopiert.

Aufgabe 8: (2 bis 5)

Schreiben Sie ein Programm, welches zwei Strings auf exakte Gleichheit überprüft.

Aufgabe 9: (2 bis 5)

Schreiben Sie ein Programm, welches zwei Strings konkateniert, d.h. aneinanderhängt.

Aufgabe 10: (2 bis 5)

Schreiben Sie ein Programm, welches einen String in umgekehrter Reihenfolge wieder ausgibt.

Aufgabe 11: (2 bis 6)

Definieren Sie einen Typ "Matrix von Integern" mit konstanter Anzahl von Spalten und Zeilen. Implementieren Sie folgende Funktionen auf dieser Matrix (und testen Sie ihr Programm mit einer beliebigen Belegung der Matrizen):

a)   Addition zweier Matrizen

b)   Multiplikation einer Matrix mit einem Skalar

c)   Multiplikation einer Matrix mit einem Vektor (die Anzahl der Vektorelemente muß gleich der Anzahl der Spalten der Matrix sein; das Ergebnis ist ein Vektor, dessen Anzahl von Elementen gleich der Anzahl der Zeilen der Matrix ist!).

Aufgabe 12: (2 bis 6, 12, Anhang)

Schreiben Sie ein Programm, welches einen String solange einliest, bis ein ´?´ eingegeben wird, und anschließend die Länge des Strings ausgibt.

Aufgabe 13: (2 bis 6)

Setzen Sie die korrekte Klammerung, für folgende Ausdrücke, gemäß der im Anhang in der Operatorentabelle angegebenen Prioritäten und unter Berücksichtigung der Links- bzw. Rechtsassoziativität der Operatoren:

1)   a = b + c * d << 2 & 8
2)   a & 077 != 3
3)   a == b ‖ a == c && c < 5
4)   c = x != 0
5)   0 <= i < 7
6)   f(1,2) + 3
7)   a = - 1 + + b -- - 5
8)   a = b = c = 0
9)   a[4] [2] *= * b ? c : * d * 2
10) a - b, c = d
11) *p++
12) *--p
13) ++a--
14) (int*) p -> m
15) *p.m
16) *a[i]

Aufgabe 14: (2 bis 6)

Schreiben Sie folgende *while*-Anweisung in eine äquivalente *for*-Anweisung um:

```
int      i, quest_count;
char     ch;
i = quest_count = 0;
```

```
while (i < max_length)
{
    cin >> ch;
    if (ch == '?') quest_count++;
    i++;
}
```

Aufgabe 15: (2 bis 6)

Integrieren Sie die Aufgaben 6-10 zur String-Behandlung in ein einziges Programm, nun unter Verwendung von Funktionen für jede einzelne Operation. Rufen Sie jede Funktion mindestens einmal im Hauptprogramm auf.

Aufgabe 16: (2 bis 6)

Schreiben Sie eine Funktion, die die Werte zweier Integer-Variablen vertauscht. Benutzen Sie einmal *int** und einmal *int&* als Parametertyp.

Aufgabe 17: (2 bis 7)

Schreiben Sie ein Programm, welches eine Liste von Monaten des Jahres anlegt und in jedem Listenelement den Namen des Monats und die Anzahl seiner Tage einträgt und anschließend wieder ausgibt.

Aufgabe 18: (2 bis 7)

Definieren Sie eine Structure "*stack-element*", die einen Inhalt besitzt (vom Typ *char*) und einen Verweis auf das nächste Stapel-Element. Implementieren Sie dann die üblichen Stapel-Operatoren:

top	-	liefert den Inhalt des obersten Stapel-Elementes.
push	-	legt ein Element (oben) auf dem Stapel ab.
pop	-	entnimmt dem Stapel das oberste Element.

Aufgabe 19: (2 bis 9)

Definieren Sie eine Klassenhierarchie der Art *Angestellter, Manager, Direktor, Praesident*.

Angestellter besitze als Member *name, gehalt, alter* und einen Verweis auf den nächsten Angestellten.

Manager besitze zusätzlich einen Verweis auf eine Liste von Namen "untergebener" Angestellter.

Direktor besitze weiterhin zusätzlich einen Member *geleitete_abteilung* und einen Verweis auf eine Liste von Namen "untergebener" Manager.

Praesident schließlich besitze zusätzlich einen Verweis auf eine Liste von Namen "untergebener" Direktoren und einen Member namens *schweizer_bankkontonr.*

Erzeugen Sie 4 Angestellte, 2 Manager, 2 Direktoren und 1 Präsident mit der folgenden "Untergebenen"-Hierarchie:

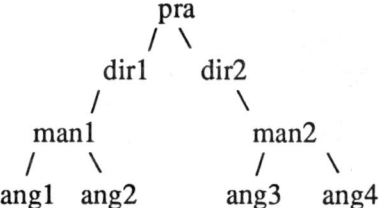

und belegen Sie die Member mit sinnvollen Werten.

Implementieren Sie dann eine Funktion *print*, die die Daten eines jeden Angestellten ausdruckt und dabei auch festhält, welche Funktion die jeweiligen Angestellten ausüben und welche "Untergebenen" sie besitzen (Man beachte, daß auch Manager, Direktoren und Präsidenten Angestellte sind).

Aufgabe 20: (2 bis 9)

Definieren Sie für die Klasse *fahrzeug* aus Kapitel 9 eine virtuelle Funktion *print* zur Ausgabe von Fahrzeug-Daten. Ändern Sie hierzu die Klassendefinition von *fahrzeug* und reichern Sie diese um zusätzliche Member zwecks Ausgabe an.

Definieren Sie ebenfalls eine Ausgabefunktion *print* für die Klassen *landfahrzeug, wasserfahrzeug* und *amphibienfahrzeug.*

Welches Problem tritt bei Ausgabe von Objekten des Typs *amphibienfahrzeug* auf? Versuchen Sie eine Lösung für dieses Problem zu implementieren.

Aufgabe 21: (2 bis 12)

Entwerfen Sie eine Klasse, welche das Konzept einer Menge, wie in Kapitel 8 beschrieben, realisiert. Verwenden Sie als zugrundeliegende Datenstruktur eine einfach verkettete, unsortierte Liste.

Statten Sie die Klasse mit entsprechenden Konstruktoren und Destruktor aus und definieren Sie einen entsprechenden Konstruktor, so daß eine Initialisierung durch Zuweisung möglich ist.

Überladen Sie ferner den Zuweisungsoperator für eine solche Klasse *menge*. Implementieren Sie die in Kapitel 8 angegebenen Operatoren auf Mengen:

- Vereinigung zweier Mengen,
- Durchschnitt zweier Mengen,
- Test auf Gleichheit zweier Mengen,
- Einfügen eines Objektes in eine Menge,
- Löschen eines Objektes aus einer Menge,
- Test auf Zugehörigkeit eines Objektes zu einer Menge.

Wenden Sie ferner die Möglichkeit des Überladens von Operatoren an, um folgende Operationen darzustellen:

Vereinigung durch   +
Durchschnitt durch   /
Gleichheit durch   ==

Realisieren Sie Ihre Definition durch Angabe einer Klassenschablone, so daß Elemente eines beliebigen Typs verwendet werden können. Welche Voraussetzungen muß der Typ der Elemente erfüllen?

14 MUSTERLÖSUNGEN

Dieses Kapitel enthält zu jeder in Kapitel 13 gestellten Aufgabe einen Lösungsvorschlag. Sinnvollerweise sollten diese Musterlösungen jedoch erst nach eigenen Lösungsversuchen überprüft werden. Gleichzeitig bieten diese Lösungen dank ihrer Ausführlichkeit auch ein wichtiges und schnelles Nachschlagewerk für Probleme praktischer Art. Sämtliche Lösungen sind nicht unbedingt im Hinblick auf Effizienz entworfen worden, sondern orientieren sich am fortschreitenden Wissensstand gemäß dem im Hauptteil dieses Buches dargestellten Stoff. So sind etwa zur Lösung der ersten Aufgaben nur Kenntnisse der vorderen Kapitel notwendig. Welche Kapitel zur Bearbeitung der einzelnen Aufgaben vorausgesetzt werden, wird bei der Aufgabenstellung (s. Kap. 13) angegeben.

Die hier aufgeführten Musterlösungen sind für den AT&T C++ Compiler Version 3.0 angegeben.

Lösung für Aufgabe 1

```
/*    Ausgabe des Strings "Mein erstes C++-Programm"       */

#include <iostream.h>

void main( void )
{
       cout << "Mein erstes C++-Programm\n";
}
```

Lösung für Aufgabe 2

```
/*    Die Eingabe wird von Fahrenheit in Celsius umgerechnet oder umgekehrt. Die Art der
      Umrechnung wird durch einen der eingegebenen Zahl folgenden Buchstaben
      gekennzeichnet. */

#include <iostream.h>

const float factor      = 9.0/5.0;
char  character         = 0;
int fehler              = 0;
float x                 = 0, fahrenheit = 0, celsius = 0;
```

```
void main( void )
{
    cout  << "Bitte geben Sie eine Ganze Zahl in folgender Form ein :\n "
          << "\nZahl Umwandlungsversion (f fuer Celsius    --> Fahrenheit"
          << "\n                          (c fuer Fahrenheit --> Celsius)";
    cout  << "\n\nEingabe Zahl      --> ";
    cin   >> x;
    cout  << "\n\nUmwandlungsversion --> ";
    cin   >> character;
    cout  << "\n";

    if (character == 'f')
    {
        fahrenheit  = (factor * x) + 32;
        celsius     = x;
    }
    else
    if (character == 'c')
    {
        celsius     = (x - 32) / factor;
        fahrenheit  = x;
    }
    else
    {
        fehler = 1;
        cout << "Falsche Eingabe!!\n\n";
    }
    if (fehler == 0)
    cout << celsius << " Grad Celsius = " << fahrenheit << " Grad Fahrenheit\n";
}
```

Lösung für Aufgabe 3

```
/*    Dieses Programm liest ein Zeichen interaktiv ein und gibt es anschließend per expliziter
      Typkonvertierung wieder aus.    */

#include <iostream.h>
void main( void )
{
    char a  = 0;
    cout  << "Explizite Typkonvertierung\n\n";
    cout  << "Geben Sie ein Zeichen ein --> ";
    cin   >> a;
    cout  << "\nUmwandlung in Integerzahl ergibt: " << (int) a << " \n";
}
```

Lösung für Aufgabe 4

```
/*    Dieses Programm druckt die Größen aller fundamentalen Typen und Zeiger mittels der
      Funktion sizeof aus.        */
```

```
#include <iostream.h>
void main( void )
{
        cout << "Groesse der fundamentalen Typen und Zeiger : \n\n";
        cout << "char                : "    << sizeof(char)              << "\n";
        cout << "short               : "    << sizeof(short)             << "\n";
        cout << "int                 : "    << sizeof(int)               << "\n";
        cout << "long                : "    << sizeof(long)              << "\n";
        cout << "float               : "    << sizeof(float)             << "\n";
        cout << "double              : "    << sizeof(double)            << "\n";
        cout << "unsigned char       : "    << sizeof(unsigned char)     << "\n";
        cout << "unsigned short      : "    << sizeof(unsigned short)    << "\n";
        cout << "unsigned long       : "    << sizeof(unsigned long)     << "\n";
        cout << "character pointer    : "   << sizeof(char*)             << "\n";
        cout << "short int pointer   : "    << sizeof(short*)            << "\n";
        cout << "integer pointer     : "    << sizeof(int*)              << "\n";
        cout << "long int pointer    : "    << sizeof(long*)             << "\n";
        cout << "float pointer       : "    << sizeof(float*)            << "\n";
        cout << "double pointer      : "    << sizeof(double*)           << "\n";
}
```

Lösung für Aufgabe 5

```
/*      Dieses Programm belegt eine Matrix mit den Namen der Monate und der Anzahl der Tage
        für 1992.   */

#include <iostream.h>
char months_and_days[2][12][10]
    = {     "Januar", "Februar ", "Maerz", "April", "Mai", "Juni", "Juli", "August",
            "September", "Oktober", "November", "Dezember",
            "31", "29", "31", "30", "31", "30", "31", "31", "30", "31", "30", "31"
    };

void main ( void )
{
        cout << "Monate     Tage        1992\n\n";
        for ( int i = 0; i < 12; i++)
            cout << months_and_days[0][i] << " : " << months_and_days[1][i] << "\n";
}
```

Lösung für Aufgabe 6

```
/*      Dieses Programm ermittelt die Laenge eines Strings.           */

#include <iostream.h>
char        string[100];
int         count       = 0;
char*       p           = &string[0];
```

```
void main( void )
{
    cout        << "Bitte String eingeben --> ";
    cin         >> string;
    while (*p++)  count++;
    cout        << "\nLaenge des Strings   --> " << count << "\n";
}
```

Lösung für Aufgabe 7

```
/*    Dieses Programm kopiert einen String in einen anderen.    */

#include <iostream.h>
 char string1[100]          , string2[100];
 char *p1 = &string1[0]     , *p2 = &string2[0];

void main( void )
{
    cout        << "Bitte String eingeben --> ";
    cin         >> string1;
    while (*p1)  *p2++ = *p1++;
    *p2 = '\0';
    cout        << "Inhalt des zweiten Strings   --> " <<  string2 << "\n";
}
```

Lösung für Aufgabe 8

```
/*    Dieses Programm vergleicht zwei Strings.    */

#include <iostream.h>
char string1[100]          , string2[100];
char *p1 = &string1[0]     , *p2 = &string2[0];

void main( void )
{
    cout  << "Bitte String1 eingeben       --> ";
    cin   >> string1;
    cout  << "\nBitte String2 eingeben       --> ";
    cin   >> string2;
    while (*p1 == *p2)
    {
        if (*p1 == '\0') break;
        p1++;
        p2++;
    }
    if (*p2 || *p1)      cout << "\nDie Strings sind verschieden!\n";
    else                 cout << "\nDie Strings sind identisch!\n";
}
```

Lösung für Aufgabe 9

```
/*    Dieses Programm konkateniert zwei Strings. */

#include <iostream.h>
char string1[100]          , string2[100]        , string3[200];
char *p1 = &string1[0]     , *p2 = &string2[0]   , *p3 = &string3[0];

void main( void )
{
       cout  << "Bitte String1 eingeben      --> ";
       cin   >> string1;
       cout  << "\nBitte String2 eingeben       --> ";
       cin   >> string2;
       while (*p1)  *p3++ = *p1++;
       while (*p2)  *p3++ = *p2++;
       *p3 = '\0';
       cout  << "\nKonkatenation der Strings ist --> " << string3 << "\n";
}
```

Lösung für Aufgabe 10

```
/*    Dieses Programm spiegelt die Zeichen eines Strings.       */

#include <iostream.h>
char string1[100]              , string2[100];
char *p1        = &string1[0]  , *p2 = &string2[0];
char *lauf      = &string1[0];

void main( void )
{
       cout       << "Bitte String eingeben    --> ";
       cin        >> string1;
       while (*lauf)  lauf++;
       lauf--;
       while (lauf >= p1) *p2++ = *lauf--;
       /*   Vergleich von Zeigern sinnvoll, wenn gesichert ist, daß beide Zeiger auf
            denselben Vektor verweisen. */
       *p2 = '\0';
       cout       << "Spiegelung des Strings    --> " << string2 << "\n";
}
```

Lösung für Aufgabe 11

```
/*    Dieses Programm fuehrt folgende Operationen auf Matrizen mit konstanter Anzahl von
      Zeilen und Spalten durch :
                         - Addition zweier Matrizen
                         - Multiplikation einer Matrix mit einem Skalar
                         - Multiplikation einer Matrix mit einem Vektor       */
```

```
#include <iostream.h>
const int rows   = 5;
const int cols   = 4;


//    Man beachte, dass der Bereich der Matrix folgender ist:    [0..4] x [0..3]
typedef int   matrix[rows][cols];
typedef int   vector_cols[cols];
typedef int   vector_rows[rows];


matrix          inp1, inp2, out;
vector_cols     v_inp;
vector_rows     v_out;
int             scalar = 10;

void add_two_matrices(matrix inp1, matrix inp2, matrix outp)
{
      for (int i=0; i < rows; i++)
            for (int j=0; j < cols; j++) outp[i][j] = inp1[i][j] + inp2[i][j];
}


void mult_matrix_with_scalar(matrix inp, matrix out, int factor)
{
      for (int i=0; i < rows; i++)
            for (int j=0; j < cols; j++) out[i][j] = factor * inp[i][j];
}


void mult_matrix_with_vector(matrix inpm, vector_cols inpv, vector_rows outv)
{
      for (int i=0; i < rows; i++)
      {
            outv[i] = 0;
            for (int j=0; j < cols; j++) outv[i] = inpv[j] * inpm[i][j] + outv[i];
      }
}


// Funktion zum Ausdrucken einer Matrix
void print_matrix(matrix m)
{
      cout << "\n";
      for (int i=0; i < rows; i++)
      {
            for (int j=0; j < cols; j++)      cout << m[i][j] << " \t";
            cout << "\n";
      }
      cout << "\n";
}


// Funktion zum Ausdrucken eines Vektors
void print_vector(int* v, int dim)
{
      cout << "\n";
      for (int i=0; i < dim; i++)      cout << v[i] << " \t";
      cout << "\n\n";
}
```

```
void main( void )
{
    // Initialisierung der Matrizen
    for (int i=0; i < rows; i++)
    {
        for (int j=0; j < cols; j++)
        {
            inp1[i][j]  = i+j;
            inp2[i][j]  = i*j;
            out[i][j]   = 0;
        }
    }

    // Initialisierung der Vektoren
    for (int j=0; j < cols; j++)
    {
        v_inp[j]    = j;
        v_out[j]    = 0;
    }

    cout << "\nEingabematrizen: \n";
    print_matrix(inp1);
    print_matrix(inp2);
    add_two_matrices(inp1, inp2, out);
    cout << "\nSumme der Matrizen: \n";
    print_matrix(out);

    cout << "\n\n\n\nEingabematrix: \n";
    print_matrix(inp1);
    cout << "\nmultipliziert mit dem Skalar " << scalar << " ergibt: \n";
    mult_matrix_with_scalar(inp1, out, scalar);
    print_matrix(out);

    cout << "\n\n\n\nEingabematrix: \n";
    print_matrix(inp2);
    cout << "\nmultipliziert mit dem Vektor \n";
    print_vector(v_inp, cols);
    cout << "\nergibt\n";
    mult_matrix_with_vector(inp2, v_inp, v_out);
    print_vector(v_out, rows);
}
```

Lösung für Aufgabe 12

```
/*  Dieses Programm liest solange Zeichen ein bis ein Fragezeichen eingegeben wird.
    Anschliessend wird die Anzahl der eingegebenen Zeichen ausgegeben.    */

#include <iostream.h>
extern "C" system(char*);
                        /*      Deklaration der C-Funktion system.
                                system ermöglicht das direkte
                                Ausführen von Betriebssystemkommandos */
```

```
void main( void )
{
        char*  zeichen      = new char[2];
        zeichen[0]          = '\0';
        int    zaehler      = 0;

        cout  << "\nGeben Sie einen String ein.\n";
        cout  << "Abbruchbedingung: Eingabe eines '?' ! \n" << "Eingabe   : ";
        system("stty cbreak");
                        // Alle Eingaben werden direkt an read weitergeleitet
                        // Die Eingabe eines Returns ist nicht noetig
        do
        {
                cin.read(zeichen, 1);
                zaehler++;
        }
        while (zeichen != '?');

        system("stty -cbreak");
        cout  << "\nDer String besitzt die Laenge: " << (zaehler - 1) << "\n";
}
```

Lösung für Aufgabe 13

1) $a = (((b + (c * d)) << 2) \& 8)$
2) $a \& (077 != 3)$
3) $(a == b) || ((a == c) \&\& (c < 5))$
4) $c = (x != 0)$
5) $(0 <= i) < 7$ // Wegen Linksassoziativitaet binaerer Operatoren gleicher Prioritaet

6) $(f(1,2)) + 3$

7) $a = (((-1) + (+ (b--)) - 5)$
/* Bei einigen Compilern kann es passieren, dass das unaere Plus (bei (+(b--)) nicht
    implementiert ist. Trotzdem ist dieser Ausdruck korrekt. Verwendet man ein unaeres
    Minus (also -b--), so laesst sich die Korrektheit des Ausdrucks im allgemeinen mit allen
    Compilern ueberpruefen. */

8) $a = (b = (c = 0))$
9) $(a[4][2]) *= ((*b) ? (c) : ((*d) * 2))$
10) $(a - b) , (c = d)$
11) $*(p++)$
12) $*(--p)$

13) $++a--$
/* ist immer ein Compiler-Fehler, egal ob man und wie man klammert. Dies liegt daran,
    dass sich beispielsweise bei ++(a--) das ++ auf einen Ausdruck bezieht und nicht auf
    eine Speicherzelle (kein *lvalue*). Ein ++ auf einen Ausdruck kann man aber nicht
    ausfuehren. */

14) $(int*) (p -> m)$
15) $*(p.m)$
16) $*(a[i])$

Lösung für Aufgabe 14

```
/*    Dieses Programm enthaelt aequivalente for- und while-Anweisungen.    */

#include <iostream.h>

void main ( void )
{
      char ch;
      int quest_count   = 0, max_length = 10, i;
      for (i = 0; i < max_length; i++)  // for-Anweisung
      {
            cin >> ch;
            if (ch == '?') quest_count++;
      }
      cout      << "Anzahl der ?'s in dem input string der "
                << "Laenge " << max_length << ": "    << quest_count << "\n";
      quest_count     = 0;   // aequivalente while-Anweisung
      i               = 0;

      while (i < max_length)
      {
            cin >> ch;
            if (ch == '?') quest_count++;
            i++;
      }
      cout      << "Anzahl der ?'s in dem input string der "
                << "Laenge" << max_length << ": "   << quest_count << "\n";
}
```

Lösung für Aufgabe 15

```
/*    Dieses Programm
              - zaehlt die Laenge eines Strings mit Funktion countstring
              - kopiert einen String in einen anderen mit Funktion copystring
              - vergleicht zwei Strings mit Funktion comparestrings
              - konkateniert zwei Strings mit Funktion cat
              - spiegelt die Zeichen eines String mit Funktion rev
      Vgl. Aufgaben 6-10. */

#include <iostream.h>
char string1[100]            , string2[100];
char *p1 = &string1[0]       , *p2 = &string2[0];

void countstring(char *string1)
{
      char *p1    = &string1[0];
      int count   = 0;
      while (*p1++) count++;
      cout        << "\nLaenge von String1            --> " << count << "\n";
}
```

```
void copystring(char *string1)
{
        char string2[100];
        char *p1 = &string1[0], *p2 = &string2[0];
        while (*p1) *p2++ = *p1++;
        *p2 = '\0';
        cout    << "\nInhalt des kopierten Strings   --> " << string2 << "\n";
}

void comparestrings(char *string1, char *string2)
{
        char *p1 = &string1[0], *p2 = &string2[0];
        while (*p1 == *p2)
        {
                if (*p1 == '\0') break;
                p1++;
                p2++;
        }
        if (*p2 || *p1)      cout << "\nString1 und String2 sind verschieden!\n";
        else                 cout << "\nString1 und String2 sind identisch!\n";
}

void cat(char *string1, char *string2)
{
        char string3[200];
        char *p1 = &string1[0], *p2 = &string2[0], *p3 = &string3[0];
        while (*p1) *p3++ = *p1++;
        while (*p2) *p3++ = *p2++;
        *p3 = '\0';
        cout    << "\nKonkatenation von String1 und String2";
        cout    << "\nergibt                   --> " << string3 << "\n";
}

void rev(char *string1)
{       char string2[100];
        char *p1 = &string1[0], *p2 = &string2[0];
        char *lauf;
        lauf = &string1[0];
        while (*lauf)  lauf++;
        lauf--;
        while (lauf >= p1) *p2++ = *lauf--;
        *p2 = '\0';
        cout    << "\nSpiegelung von String1        --> " << string2 << "\n";
}

void main( void )
{
        cout    << "Bitte String1 eingeben       --> ";
        cin     >> string1;
        cout    << "\nBitte String2 eingeben      --> ";
        cin     >> string2;
        countstring(string1);
        copystring(string1);
        comparestrings(string1, string2);
        cat(string1, string2);
        rev(string1);
}
```

Lösung für Aufgabe 16

```
/*      Dieses Programm vertauscht den Inhalt zweier Integer-Variablen. Einmal wird int* und
        einmal int& als Parametertyp verwendet.        */

#include <iostream.h>
int wert1, wert2;

void swap1(int* a, int* b)
{
        int help;
        help  = *a;
        *a    = *b;
        *b    = help;
}

void swap2(int& a, int& b)
{
        int help;
        help  = a;
        a     = b;
        b     = help;
}

void main( void )
{
        cout  << "\n1. Wert --> : ";
        cin   >> wert1;
        cout  << "2. Wert --> : ";
        cin   >> wert2;
        swap1(&wert1, &wert2);
        cout  << "\nVertauschte Werte : \n";
        cout  << "1. Wert : " << wert1 << " 2. Wert : " << wert2 << "\n\n";
        swap2(wert1, wert2);
        cout  << "\nNochmal vertauschte Werte : \n";
        cout  << "1. Wert : " << wert1 << " 2. Wert : " << wert2 << "\n\n";
}
```

Lösung für Aufgabe 17

```
/*      Dieses Programm legt eine Liste von Monaten des Jahres 1992 an, wobei jedes
        Listenelement den Monatsnamen und die Anzahl der Tage des Monats enthaelt.  */

#include <iostream.h>
struct month_and_number_of_days
{
        char*        month;
        int          day;
        month_and_number_of_days* next;
};
```

```
month_and_number_of_days*     main_pointer;
month_and_number_of_days*     run;

void main ( void )
{
        main_pointer = new month_and_number_of_days;
        run = main_pointer;        run->month = "Januar      "; run->day = 31;
        run->next = new month_and_number_of_days;
        run = run->next;           run->month = "Februar     "; run->day = 29;
        run->next = new month_and_number_of_days;
        run = run->next;           run->month = "Maerz       "; run->day = 31;
        run->next = new month_and_number_of_days;
        run = run->next;           run->month = "April       "; run->day = 30;
        run->next = new month_and_number_of_days;
        run = run->next;           run->month = "Mai         "; run->day = 31;
        run->next = new month_and_number_of_days;
        run = run->next;           run->month = "Juni        "; run->day = 30;
        run->next = new month_and_number_of_days;
        run = run->next;           run->month = "Juli        "; run->day = 31;
        run->next = new month_and_number_of_days;
        run = run->next;           run->month = "August      "; run->day = 31;
        run->next = new month_and_number_of_days;
        run = run->next;           run->month = "September   "; run->day = 30;
        run->next = new month_and_number_of_days;
        run = run->next;           run->month = "Oktober     "; run->day = 31;
        run->next = new month_and_number_of_days;
        run = run->next;           run->month = "November    "; run->day = 30;
        run->next = new month_and_number_of_days;
        run = run->next;           run->month = "Dezember    "; run->day = 31;
        run->next = 0;             //Endemarkierung der Liste

        run = main_pointer;
        cout << "Monat      Tage      1992\n\n";
        while (run)
        {
                cout << run->month << " : " << run->day << "\n";
                run = run->next;
        }
}
```

Lösung für Aufgabe 18

```
/*    Dieses Programm definiert die Structure eines Stack-Objekts und fuehrt die bekannten
      Funktionen push und pop durch. In der Funktion main kann der Benutzer eine beliebige
      Anzahl von Zeichen eingeben, die auf den Stack gelegt und spaeter wieder vom Stack
      genommen werden.          */

#include <iostream.h>
struct stack_object
{
        char contents;
        stack_object* next;
};

stack_object* stack;
```

```
//      Die Funktion create erzeugt ein neues Stack-Element und initialisiert seine Member
stack_object* create( )
{
        stack_object* s;
        s = new stack_object;
        s->contents     = ' ';
        s->next         = 0;
        return s;
}

void print_stack_object(stack_object* pointer)
{ if (pointer) cout << "\nInhalt ist  " << pointer->contents << "\n"; }

/*      Die Funktion top liefert einen Zeiger auf das oberste Stack-Element, ohne es vom Stack
        zu loeschen.    */
stack_object* top(stack_object* st) { return st; }

void push(stack_object*& stack, char cont)
// call by reference
{
        stack_object* s  = create( );
        s->contents      = cont;
        s->next          = stack;
        stack            = s;
}

void pop(stack_object*& stack)
// call by reference
{
        stack_object* s  = stack;
        stack            = stack->next;
        s->next          = 0;
        delete s;
}

void main( void )
{
        char inp;
        cout  << "Geben Sie bitte Zeichen (Characters) ein (0=Ende) \n";
        cin   >> inp;
        while (inp != '0')
        {
                push(stack,inp);
                cin >> inp;
        }

        // Ausgabe und Loeschen des Stacks
        while (stack)
        {
                print_stack_object(top(stack));
                pop(stack);
        }
}
```

Lösung für Aufgabe 19

/* Dieses Programm definiert eine Klassenhierarchie der folgenden Art :
Angestellter, Manager, Direktor und Praesident.

Ein Manager verwaltet einige Angestellte , ein Direktor einige Manager und ein
Praesident einige Direktoren. Jeder Manager, Direktor und Praesident hat einen Zeiger
auf die von ihnen verwalteten Personen.
Vier Elemente der Klasse *employee*, zwei der Klasse*manager*, zwei der Klasse *director*
und ein Element der Klasse *president* werden erzeugt und in eine Liste von Angestellten
eingetragen.
Die Funktion *print* wird als virtuelle Funktion der Klasse *employee* definiert und druckt
die verschiedenen Informationsinhalte der jeweiligen Klassen einschliesslich der
verwalteten Personen aus.

Die Hierarchie (betreffend der verwalteten Personen) ist:

```
                  pre
                 /   \
              dir1    dir2
              /          \
           man1          man2
          /    \        /    \
       emp1  emp2    emp3  emp4
```

Die Liste der Angestellten sieht wie folgt aus :
emp1, emp2, emp3, emp4, man1, man2, dir1, dir2, pre   */

```cpp
#include <iostream.h>
int p_print = 0, d_print = 0, m_print = 0, e_print = 0;

struct names
{
        char*      na;
        names*     succ;
        names( char* nam) { na = nam;  succ = 0; }
};

class employee
{
        public :
        char*      name;
        short      age;
        long       salary;
        employee*  next;

        virtual void print(employee*);        // Deklaration einer virtuellen Funktion

        employee(char* n, short a, long s)     // Konstruktor
        {
                name     = n;
                age      = a;
                salary   = s;
        }
};
```

```
class manager : public employee
{
    public :    names*     group;
                void       print(employee*);
                manager(char* n, short a, long s) : employee(n, a, s)
                /*     Definition des Konstruktors mit Parametern fuer den Konstruktor der
                       Basisklasse */
                { group = 0; }
};
```

```
class director : public manager
{
    public :    short      directed_department;
                names*     man_managed;
                void       print(employee*);
                director(char* n, short a, long s) : manager(n, a, s)
                {
                       directed_department  =   0;
                       man_managed          =   0;
                }
};
```

```
class president : public director
{
    public :    names*     direct;
                long       swiss_bank_account_no;
                void       print(employee*);
                president(char* n, short a, long s) : director(n, a, s)
                {
                       direct                      =   0;
                       swiss_bank_account_no       =   0;
                }
};
```

```
void president::print(employee* run)
{
    if (p_print == 0)
    {
        cout << "\nPraesidenten sind: \n\n";
        p_print = 1;
    }

    cout << run -> name << "  " << run -> age << "  " << run -> salary << "  ";

    president* p = (president*) run;
    cout  << "Schweizer Bankkontonr. : " << p -> swiss_bank_account_no
          << "\n" << "Verwaltete Direktoren  : ";

    names*  h = p -> direct;
    while (h)
    {
        cout << h -> na  << ", ";
        h = h -> succ;
    }

    cout << "\n";
}
```

```
void director :: print(employee* run)
{
      if (d_print == 0)
      {
            cout << "\nDirektoren sind : \n\n";
            d_print = 1;
      }

      cout   << run -> name << "   " << run -> age << "   " << run -> salary << "   ";
      director* d = (director*) run;
      cout   << "Abteilung  : " << d -> directed_department << "\n"
             << "Verwaltete Manager : ";

      names*  h = d -> man_managed;
      while (h)
      {
            cout << h -> na  << ", ";
            h = h -> succ;
      }

      cout << "\n\n";
}

void manager :: print(employee* run)
{
      if (m_print == 0)
      {
            cout << "\n\nManager sind : \n\n";
            m_print = 1;
      }

      cout << run -> name << "   " << run -> age << "   " << run -> salary << "\n";
      manager* m = (manager*) run;
      cout << "Verwaltete Angestellte : ";

      names*  h = m -> group;
      while (h)
      {
            cout << h -> na  << ", ";
            h = h -> succ;
      }

      cout << "\n\n";
}

void employee :: print(employee* run)
{
      if (e_print == 0)
      {
            cout << "\n\nAngestellte sind : \n\n";
            e_print = 1;
      }

      cout << run -> name << "   " << run -> age << "   " << run -> salary << "\n";
}
```

```
void main( void )
{
    employee* test;
    employee   emp1("Peter", 26, 40000), emp2("Uschi", 45, 38000),
               emp3("Willi", 18, 22000), emp4("Carla", 39, 78000);

    names      e1("Peter"), e2("Uschi"), e3("Willi"), e4("Carla"),
               m1("Klaus"), m2("Bruno"), d1("Tommi"), d2("Berta"), p1("Hansi");

    manager man1("Klaus", 42, 110000);
    manager man2("Bruno", 47, 132000);
    man1.group            = &e1;
    man1.group -> succ    = &e2;
    man2.group            = &e3;
    man2.group -> succ    = &e4;

    director dir1("Tommi", 55, 210000);
    dir1.directed_department  = 1;
    dir1.man_managed          = &m1;
    director dir2("Berta", 54, 230000);
    dir2.directed_department  = 2;
    dir2.man_managed          = &m2;

    president pre("Hansi", 58, 360000);
    pre.swiss_bank_account_no = 789432145;
    pre.direct            = &d1;
    pre.direct -> succ    = &d2;

    emp1.next   = &emp2;    emp2.next   = &emp3;    emp3.next = &emp4;
    emp4.next   = &man1;    man1.next   = &man2;    man2.next = &dir1;
    dir1.next   = &dir2;    dir2.next   = &pre;     pre.next  = 0;

    cout << "Die Hierarchie ist : ";
    test = &emp1;
    for (; test; test = test -> next) test->print(test);
}
```

Lösung für Aufgabe 20

```
/*  Es werden die Klassen fahrzeug, landfahrzeug,wasserfahrzeug und amphibienfahrzeug
    definiert inklusive einer virtuellen Funktion print und einer speziellen Funktion printh
    Hierdurch läßt sich das Problem umgehen, daß die fahrzeug-Daten für ein
    amphibienfahrzeug zweimal ausgegeben werden.   */

#include <iostream.h>
class fahrzeug
{
    public:     virtual void print();
                fahrzeug(double = 0);
                void setze_gewicht(double g) { gewicht = g; }
    protected:  void printh();
    private:    double gewicht;
};
```

```cpp
fahrzeug :: fahrzeug(double g)
{
    if (g >= 0) gewicht = g;
    else
    {
        cerr << "Fehler bei Inkarnation eines Objektes der Klasse fahrzeug\n";
        exit(1);
    }
}

void fahrzeug :: print() { cout << form("Gewicht: \t \t %f \n", gewicht); }
void fahrzeug :: printh() { cout << form("Gewicht: \t \t %f \n", gewicht); }

class landfahrzeug : public virtual fahrzeug
{
    public:      virtual void print();
                 landfahrzeug(double,int);
    protected:   void printh();
    private:     int anz_insassen;
};

landfahrzeug :: landfahrzeug(double g, int i) : fahrzeug(g)
{
    if (i >= 0) anz_insassen = i;
    else
    {
        cerr   << "Fehler bei Inkarnation eines Objektes der Klasse landfahrzeug\n";
        exit(1);
    }
}

void landfahrzeug :: print()
{
    fahrzeug::print();
    cout << form("Anzahl der Insassen: \t %d \n", anz_insassen);
}

void landfahrzeug :: printh()
{ cout << form("Anzahl der Insassen: \t %d \n", anz_insassen); }

class wasserfahrzeug : virtual public fahrzeug
{
    public:      virtual void print();
                 wasserfahrzeug(double, double);
    protected:   void printh();
    private:     double verdraengung;
};

wasserfahrzeug :: wasserfahrzeug(double g, double v) : fahrzeug(g)
{
    if (v >= 0) verdraengung = v;
    else
    {
        cerr   << "Fehler bei Inkarnation eines Objektes der Klasse wasserfahrzeug\n";
        exit(1);
    }
}
```

```
void wasserfahrzeug :: print()
{
    fahrzeug::print();
    cout << form("Wasserverdraengung: \t %f \n", verdraengung);
}
```

```
void wasserfahrzeug :: printh()
{ cout << form("Wasserverdraengung: \t %f \n", verdraengung); }
```

```
class amphibienfahrzeug : public landfahrzeug, public wasserfahrzeug
{
    public:     virtual void print();
                amphibienfahrzeug(double, int, double, double);
    private:    double reichweite;
};
```

```
amphibienfahrzeug :: amphibienfahrzeug(double g, int a, double v, double r) :
                    landfahrzeug(g, a), wasserfahrzeug(g, v), fahrzeug(g)
{
    if (r >= 0) reichweite = r;
    else
    {
        cerr    << "Fehler bei Inkarnation eines "
                << "Objektes der Klasse amphibienfahrzeug\n";
        exit(1);
    }
}
```

```
void amphibienfahrzeug :: print()
{
    fahrzeug :: printh();
    landfahrzeug :: printh();
    wasserfahrzeug :: printh();
    /*
        Durch Aufruf der speziellen printh-Funktionen der Klassen fahrzeug, landfahrzeug
        und wasserfahrzeug wird ein zweimaliger Aufruf der print-Funktion
        der Klasse fahrzeug vermieden.
    */
    cout << form("Reichweite: \t \t %f \n", reichweite);
}
```

```
void main( void )
{
    landfahrzeug f1(123.34, 33);
    wasserfahrzeug f2(345.56, 56);
    amphibienfahrzeug f3(222.22, 356, 789.77, 9876.55);

    f1.print(); cout << "\n\n\n";
    f2.print(); cout << "\n\n\n";
    f3.print();
}
```

Lösung für Aufgabe 21

```
/*    Dieses Modul enthält die Definition eines Klassentemplates für Mengen aus Kapitel 8,
      samt der wichtigsten Konstruktoren und Operatoren. Als Datenstruktur wird hier eine
      einfach verkettete, unsortierte Liste verwendet. Ferner wurde bei der Implementation der
      Operationen mehr Gewicht auf eine kurze und verständliche Lösung gelegt, als auf
      effiziente Algorithmen.

      Für Objekte des Typs der Elemente müssen folgende Operatoren definiert sein:
            Operator        =
            Operator        new
            Operator        ==

      Ferner muß es ein ausgezeichnetes Objekt ausg_obj geben, welches nicht in den Mengen
      auftreten darf.    */

#include <iostream.h>

template <class T> class menge;      //Vorwaertsdeklaration

template <class T>
class elem
{
      friend class menge<T>;
      public:      elem(T i, elem* s)
                   {
                         inhalt = i;
                         suc   = s;
                   }

                   ~elem(void) { suc = 0; }

      private:     T            inhalt;
                   elem*        suc;
};

template <class T>
class menge
{
      friend menge<T>       operator+(menge<T>&, menge<T>&);
      friend menge<T>       operator/(menge<T>&, menge<T>&);
      friend int            operator==(menge<T>&, menge<T>&);

      public:
            menge( );
            menge(const menge&);
            ~menge( );
            menge&           operator=(const menge&);
            void             einfuegen(T);
            void             loeschen(T);
            int              in(T);
      private:
            T                operator() ( );  // Iterator, Hilfsfunktion daher private
            int              iter;            // kennzeichnet den Beginn einer Iteration
            elem<T>          *objekte, *iterator;
};
```

```
template <class T>
menge<T> operator+(menge<T>& m1, menge<T>& m2)
{
        menge<T> m;                 // m ist eine leere Menge
        for (T i = m1() ; ! (i == ausg_obj) ; i = m1() )
                m.einfuegen(i);
        for (i = m2() ;  ! (i == ausg_obj)  ; i = m2() )
                m.einfuegen(i);
        return m;
}

template <class T>
menge<T> operator/(menge<T>& m1, menge<T>& m2)
{
        menge<T> m;
        for (T i = m1() ; ! (i == ausg_obj)  ; i = m1() ) if ( m2.in(i) ) m.einfuegen(i);
        return m;
}

template <class T>
int operator==(menge<T>& m1, menge<T>& m2)
{
        for (T i = m1() ;  ! (i == ausg_obj)  ; i = m1() ) if (!m2.in(i)) return 0;
        for (i = m2() ;  ! (i == ausg_obj)  ; i = m2() ) if (!m1.in(i)) return 0;
        return 1;
}

template <class T>
menge<T>::menge( )
{
        objekte      = 0;           // objekte -Zeiger auf NULL entspricht der leeren Menge
        iterator     = 0;
        iter         = 0;
}

template <class T>
menge<T>::menge(const menge<T>& m)
{
        objekte      = 0;
        iterator     = 0;
        iter         = 0;
        *this = m;  // Beachte: Zuweisungsoperator ist überladen
}

template <class T>
menge<T>::~menge( )
{
        elem<T>* p;
        for (; objekte; objekte = p)
        {
                p = objekte->suc;
                delete objekte;
        }
        iterator = 0;
        iter     = 0;
}
```

```
template <class T>
T menge<T>::operator() ()
{
     if (!objekte) return  ausg_obj;
     if (!iter)
     {
          iterator = objekte;
          iter     = 1;                  // Beginn der Iteration
     }
     if (iter == 1)
     {
          T i      = iterator->inhalt;
          iterator = iterator->suc;
          if (!iterator) iter = -1;
          return i;
     }
     if (iter == -1)
     {
          iter = 0;
          return  ausg_obj;
     }
}

template <class T>
menge<T>& menge<T>::operator=(const menge<T>& m)
{
     elem<T>* p;
     for (; objekte; objekte = p)
     {
          p = objekte->suc;
          delete objekte;
     }
     iterator  = 0;
     iter      = 0;

     p = m.objekte;
     for (; p;  p = p->suc) einfuegen(p->inhalt);
     return *this;
}

template <class T>
void menge<T>::einfuegen(T i)
{
     if (objekte)
     {
          if ( !in(i) )
          {
               elem<T>* p = new elem<T>(i,objekte);
               objekte = p;    // unsortierte Liste
          }
     }
     else
     {
          objekte = new elem<T>(i, 0);
     }
}
```

```
template <class T>
void menge<T>::loeschen(T i)
{
    if (objekte)
    if ( in(i) )
    {
        if (objekte->inhalt == i)
        {
            elem<T>* p  = objekte;
            objekte     = objekte->suc;
            delete p;
        }
        elem<T>* p1 = objekte;
        elem<T>* p2 = objekte->suc;
        while ( ! (p1->suc->inhalt == i) )
        {
            p1 = p1->suc;
            if (p2) p2 = p2->suc;
        }
        p1->suc = p2->suc;
        delete p2;
    }
}

template <class T>
int menge<T>::in(T i)
{
    for (elem<T>* p = objekte; p ; p = p->suc) if (p->inhalt == i) return 1;
    return 0;
}

void main( void )
{
    // Test
    menge<int> m;
    for (int i = 1 ; i < 20 ; i++)
        m.einfuegen(i);
    menge<int> m1;
    for ( i = 10 ; i < 30 ; i++)
        m1.einfuegen(i);

    menge<int> m2  = (m / m1);
    menge<int> m3  = m + m1;
    int ng         = (m == m1);
    int g          = (m == (((m/m1)/m2)+m));

    for (i = 1; i < 100; i++)
        if (m.in(i)) cout << "in der Menge m: " << i << "\n";
    for (i = 1; i < 100; i++)
        if (m1.in(i)) cout << "in der Menge m1: " << i << "\n";
    for (i = 1; i < 100; i++)
        if (m2.in(i)) cout << "in der Menge m2: " << i << "\n";
    for (i = 1; i < 100; i++)
        if (m3.in(i)) cout << "in der Menge m3: " << i << "\n";
    cout << form("ng ist %d und g ist %d \n", ng, g);
}
```

15 LITERATUR

Bause, Falko; Tölle, Wolfgang: "Einführung in die Programmiersprache C++", Vieweg, 1. Auflage1989; 2., verbesserte Auflage 1989.

Bause, Falko; Tölle, Wolfgang: "C++ für Programmierer", Vieweg, 1. Auflage 1990; 2., verbesserte Auflage 1991.

Bause, Falko; Tölle, Wolfgang: "Das Vieweg-Buch zu C++ (Version 3)", Vieweg, 1992.

Kernighan, Brian; Ritchie, Dennis: "Programmieren in C", 2. Auflage, Carl-Hanser-Verlag, München, 1990.

Lippman, Stanley B.: "C++ Primer", Addison-Wesley, 1989.

Lippman, Stanley B.: "C++ - Einführung und Leitfaden", Addison-Wesley, 1991.

Stroustrup, Bjarne: "The C++ Programming Language", Addison-Wesley, 1. Auflage 1986, 2. Auflage 1991.

ANHANG

A.1 Tabelle der Operatoren

Übersicht über die Operatoren und ihre Prioritäten:

Unäre Operatoren und Zuweisungsoperatoren sind rechts-assoziativ; alle anderen sind links-assoziativ.

Beispiele:

a = b = c	bedeutet a = (b = c),	
a + b + c	bedeutet (a + b) + c	und
*p++	bedeutet *(p++).	

In der folgenden Tabelle befinden sich in jedem Block Operatoren gleicher Priorität. Ein Operator in einem höheren Block hat Vorrang vor einem in einem niedrigeren Block.

Definition von *lvalue*: Ein Objekt ist ein Speicherbereich, ein *lvalue* ist ein Ausdruck, der sich auf ein Objekt bezieht.

Operator	Bedeutung	Beispiel
::	Scope	*class_name* :: *member*
::	Global	:: *name*
->	Member-Auswahl	*pointer* -> *member*
.	Member-Auswahl	*class_name.member*
[ ]	Vektoren	*pointer* [*expr*]
( )	Funktionsaufruf	*expr*(*expr_list*)
( )	Wertkonstruktion	*type*(*expr_list*)
sizeof	Objektgröße	sizeof *expr*
sizeof	Typgröße	sizeof(*type*)

++	Post-Inkrementierung	*lvalue++*
++	Prä-Inkrementierung	*++lvalue*
--	Post-Dekrementierung	*lvalue--*
--	Prä-Dekrementierung	*--lvalue*
~	Komplement	*~expr*
!	nicht	*!expr*
-	unäres Minus	*-expr*
+	unäres Plus	*+expr*
&	Adresse von	*&lvalue*
*	Dereferenz	**expr*
new	kreieren	new *type*
delete	löschen	delete *pointer*
delete[ ]	lösche Vektor	delete [*expr*] *pointer*
( )	Typkonversion (cast)	(type) *expr*

| -->* | Member-Zeiger-Auswahl | *pointer->*pointer-member* |
| .* | Member-Zeiger-Auswahl | *class-member.*pointer-member* |

*	multiplizieren	*expr * expr*
/	dividieren	*expr / expr*
%	modulo	*expr % expr*

| + | addieren | *expr + expr* |
| - | subtrahieren | *expr - expr* |

| << | links-shift | *lvalue << expr* |
| >> | rechts-shift | *lvalue >> expr* |

<	kleiner als	*expr < expr*
<=	kleiner oder gleich	*expr <= expr*
>	größer als	*expr > expr*
>=	größer oder gleich	*expr >= expr*

| == | gleich | *expr == expr* |
| != | ungleich | *expr != expr* |

&	bitweises UND	*expr & expr*

^	bitweises exklusives ODER	*expr ^ expr*

I	bitweises inklusives ODER	*expr I expr*

&&	logisches UND	*expr && expr*

II	logisches ODER	*expr II expr*

? :	arithmetisches IF	*expr ? expr : expr*

=	einfache Zuweisung	*lvalue = expr*
*=	muliplizieren und zuweisen	*lvalue *= expr*
/=	dividieren und zuweisen	*lvalue /= expr*
%=	modulo und zuweisen	*lvalue %= expr*
+=	addieren und zuweisen	*lvalue += expr*
-=	subtrahieren und zuweisen	*lvalue -= expr*
<<=	linksschieben und zuweisen	*lvalue <<= expr*
>>=	rechtsschieben und zuweisen	*lvalue >>= expr*
&=	UND und zuweisen	*lvalue &= expr*
I=	inklusives ODER und zuweisen	*lvalue I= expr*
^=	exklusives ODER und zuweisen	*lvalue ^= expr*

,	Komma (Sequenz)	*expr, expr*

A.2   Tabelle der reservierten Wörter

Folgende Wörter sind reserviert und dürfen nicht anderweitig benutzt werden:

```
asm         auto        break       case
catch       char        class       const
continue    default     delete      do
double      else        enum        extern
float       for         friend      goto
if          inline      int         long
new         operator    private     protected
public      register    return      short
signed      sizeof      static      struct
switch      template    this        throw
try         typedef     union       unsigned
virtual     void        volatile    while
```

Erläuterungen zu den reservierten Wörtern *asm, auto, register, volatile*:

asm :
Durch *asm(String)* wird die Assembler-Anweisung *String* ohne Kompilierung an den Assembler weitergereicht.

auto :
Objekte, die in Blöcken deklariert werden, oder für formale Parameter einer Funktion kann zusätzlich das Schlüsselwort *auto* angegeben werden. Hierdurch wird (analog zu den Schlüsselwörtern *static* und *extern*) die Speicherklasse des Objektes festgelegt. Solche Objekte haben nur Gültigkeit innerhalb eines Blockes oder einer Funktion. Im allgemeinen ist die Verwendung der Angabe *auto* überflüssig und dient nur der besseren Lesbarkeit komplizierter Deklarationen/Definitionen, z.B.

```
auto    double* (*p) [5];
```

register :
Mittels der zusätzlichen Angabe des Schlüsselwortes *register* wird ein Objekt als ein Objekt der Speicherklasse *auto* (s. oben) gekennzeichnet. Diese Angabe ist ein Hinweis an den Compiler, daß dieses Objekt sehr häufig im Programm angesprochen wird und es somit aus Effizienzgründen vorteilhaft wäre, den Wert des Objektes in einem CPU-Register zu halten.

```
register    float i;
```

volatile :
Objekte können zusätzlich als *volatile* (flüchtig) definiert werden. *Volatile* ist ein Hinweis an den Compiler eine Optimierung an den Stellen zu vermeiden an denen solche Objekte auftreten. Dies ist zum Beispiel erforderlich, wenn der Wert des Objekts nicht nur durch das Programm geändert wird, sondern beispielsweise auch durch andere laufende Programme. Typisches Beispiel für solche Objekte sind Ports.

```
volatile int port[10];
...
int i  =  port[0];
    i  =  port[0];
    /*
       Die beiden Anweisungen werden hier nicht zu der
       Anweisung int i = port[0];  optimiert, da port ein
       volatile-Objekt ist.
    */
```

A.3   Tabelle der besonderen Zeichen

Folgende Zeichen haben eine spezielle Bedeutung und werden insbesondere zur Steuerung der Ausgabe verwendet:

```
'\a'        Alarm (Klingel)
'\b'        Backspace
'\f'        Seitenvorschub
'\n'        neue Zeile
'\r'        Carriage Return
'\t'        Horizontaler Tabulator
'\v'        Vertikaler Tabulator
'\\'        Backslash
'\''        Einfaches Anführungszeichen
'\"'        Doppeltes Anführungszeichen
'\?'        Fragezeichen
```

A.4   Tabelle der Anweisungen

Die folgende Beschreibung richtet sich nach der ANSI C++ Spezifikation.

Der Index *opt* kennzeichnet optionale Ausdrücke bzw. Anweisungen, d.h. diese können auch ausgelassen werden.

statement:
```
labelled-statement
expression-statement
coumpound-statement
selection-statement
iteration-statement
jump-statement
declaration-statement
```

labelled-statement:
```
identifier : statement
case constant-expression : statement
default: statement
```

expression-statement:
```
expression_opt  ;
```

compound-statement:
```
{ statement-list_opt }
```

statement-list:
```
statement
statement-list statement
```

selection-statement:
```
if ( expression ) statement
if ( expression ) statement else statement
switch ( expression ) statement
```

iteration-statement:
```
while ( expression ) statement
do statement while ( expression ) ;
for ( for-init-statement expression_opt ; expression_opt )

                                    statement
```

for-init-statement:
```
expression-statement
declaration-statement
```

jump-statement:
```
break ;
continue ;
return expression_opt ;
goto identifier ;
```

declaration-statement:
```
declaration
```

Man beachte, daß eine Deklaration eine Anweisung ist, und daß es keine Zuweisungsanweisung oder Funktionsaufrufanweisung gibt. Dies sind spezielle Ausdrücke.

A.5   Tabelle der Ausdrücke

Die folgende Beschreibung richtet sich nach der ANSI C++ Spezifikation.

expression::
```
assignment-expression
expression , assignment-expression
```

assignment-expression:
```
conditional-expression
unary-expression assignment-operator assignment-expression
```

assignment-operator: einer aus
```
= *= /= %= += -= >>= <<= &= ^= |=
```

conditional-expression:
```
logical-or-expression
logical-or-expression ? expression : conditional-expression
```

logical-or-expression:
```
logical-and-expression
logical-or-expression || logical-and-expression
```

logical-and-expression:
```
inclusive-or-expression
logical-and-expression && inclusive-or-expression
```

inclusive-or-expression:
```
exclusive-or-expression
inclusive-or-expression | exclusive-or-expression
```

exclusive-or-expression:
```
and-expression
exclusive-or-expression ^ and-expression
```

and-expression:
```
    equality-expression
    and-expression  &  equality-expression
```

equality-expression:
```
    relational-expression
    equality-expression  ==  relational-expression
    equality-expression  !=  relational-expression
```

relational-expression:
```
    shift-expression
    relational-expression  <  shift-expression
    relational-expression  >  shift-expression
    relational-expression  <=  shift-expression
    relational-expression  >=  shift-expression
```

shift-expression:
```
    additive-expression
    shift-expression  <<  additive-expression
    shift-expression  >>  additive-expression
```

additive-expression:
```
    multiplicative-expression
    additive-expression  +  multiplicative-expression
    additive-expression  -  multiplicative-expression
```

multiplicative-expression:
```
    pm-expression
    multiplicative-expression  *  pm-expression
    multiplicative-expression  /  pm-expression
    multiplicative-expression  %  pm-expression
```

pm-expression:
```
    cast-expression
    pm-expression  .*  cast-expression
    pm-expression  ->*  cast-expression
```

cast-expression:
```
    unary-expression
    ( type-name )  cast-expression
```

unary-expression:
```
    postfix-expression
    ++  unary-expression
    --  unary-expression
    unary-operator  cast-expression
    sizeof  unary-expression
    sizeof  ( type-name )
    allocation-expression
    deallocation-expression
```

unary-operator: einer aus
```
    *  &  +  -  !  ~
```

allocation-expression:
$::_{opt}$ new placement$_{opt}$ new-type-name   new-initializer$_{opt}$
$::_{opt}$ new placement$_{opt}$ (type-name)   new-initializer$_{opt}$

placement:
(expression-list)

new-type-name:
type-specifier-list   new-declarator$_{opt}$

new-declarator:
* cv-qualifier-list$_{opt}$ new-declarator$_{opt}$
complete-class-name ::cv-qualifier-list$_{opt}$ new-declarator$_{opt}$
new-declarator$_{opt}$ [expression]

   (Hierbei bezeichnet cv-qualifier-list eine Liste
   bestehend aus den Wörtern const und volatile)

new-initializer:
(initializer-list$_{opt}$)

deallocation-expression:
$::_{opt}$ delete cast-expression
$::_{opt}$ delete [] cast-expression

postfix-expression:
primary-expression
postfix-expression [expression]
postfix-expression (expression-list$_{opt}$)
simple-type-name (expression-list$_{opt}$)
postfix-expression . name
postfix-expression -> name
postfix-expression ++
postfix-expression --

expression-list:
assignment-expression
expression-list , assignment-expression

primary-expression:
literal
this
:: identifier
:: operator-function-name
:: qualified-name
(expression)
name

name:
```
identifier
operator-function-name
~ class-name
qualified-name
```

qualified-name:
```
qualified-class-name   ::   name
```

literal:
```
integer-constant
character-constant
floating-constant
string-literal
```

A.6 Einbinden von C-Funktionen in C++

In einem C++-Programm können auch C-Funktionen verwendet werden. Hierzu muß dem Compiler der Hinweis gegeben werden, daß es sich um eine extern definierte C-Funktion handelt.

Beispiele:

```
extern "C"   int   vsprintf(char*, const char*, va_list);

extern "C"   system(char*);

extern "C"   char*  malloc(size_t);
```

Die Bezeichnung *"C"* weist die so deklarierte Funktion als C-Funktion aus.

A.7 Unterschiede der Version 2.0 zur Version 1.2

Generell fallen die Unterschiede in zwei Kategorien:

1) Änderungen in der Semantik der Version 1.2, die zu Inkompatibilitäten führen können. Hierunter fallen z.B. die Initialisierung und Zuweisung von Klassenobjekten (früher bitweise und in Version 2.0 memberweise) und die unterschiedliche Behandlung von überladenen Funktionen (z.B. früher mit Schlüsselwort *overload* und in Version 2.0 ohne).

2) Erweiterungen der Sprache wie z.B. mehrfache Vererbung, die zusätzliche Schutzebene *protected*, virtuelle Basisklassen, das Überladen der Operatoren *new* und *delete* und konstante sowie statische Member-Funktionen.

A.7.1 Änderungen der Semantik von Version 1.2

Das Verhalten folgender Sprachmittel und Konzepte hat sich in Version 2.0 gegenüber Version 1.2 geändert:

- Das Schlüsselwort *overload* braucht zum Überladen von Funktionen nicht mehr verwendet zu werden.

- Literale Konstanten wie z.B. ´a´ werden nun als *char*-Typ gewertet und nicht mehr als *int*. Gleichzeitig ist der Ausgabe-Operator << jetzt in der Lage, literale Konstanten direkt als *char* auszugeben und nicht mehr nur die Integer-Repräsentation.

- Klassenobjekte werden nicht mehr bitweise, sondern memberweise kopiert.

- Der Argumentenvergleich unterscheidet in Version 2.0 auch zwischen konstanten und nicht-konstanten Zeiger- und Referenz-Argumenten. Ebenso wird zwischen den "kleinen" Integer-Typen und *int* sowie zwischen *float* und *double* unterschieden.

- Eine Funktion kann nicht mehr verwendet werden, bevor sie deklariert worden ist (In Version 1.2 wurde eine Warnung generiert; möglich war es trotzdem).

- Anonyme Unions, welche auf Dateiebene definiert sind, müssen nun als statisch deklariert werden.

- Die Initialisierung von Default-Argumenten kann nur einmal spezifiziert werden.

- Variablen auf Dateiebene müssen in Version 2.0 nicht mehr mittels konstanter Ausdrücke initialisiert werden (in Version 1.2 mußte der konstante Ausdruck zur Kompilierzeit ausgewertet werden können; dies entfällt in Version 2.0).

- Operator-Funktionen als Member von Klassen unterliegen in Version 2.0 den evtl. vorhandenen verschiedenen Zugriffsrechten.

A.7.2   Nicht unterstützte Konzepte in Version 1.2

Folgende Konzepte und Sprachmittel sind der Version 2.0 hinzugefügt worden
und werden nicht von Version 1.2 unterstützt:

-   Mehrfache Vererbung,

-   Pure virtuelle Funktionen,

-   Virtuelle Basisklassen,

-   Typensicheres Binden,

-   Überladen der Operatoren *new* und *delete* sowohl auf Dateiebene als
    auch bei individuellen Klassen,

-   Überladen des Kommaoperators und des -> Operators,

-   Konstante Member-Funktionen,

-   Statische Member-Funktionen,

-   Explizite Initialisierung statischer Member,

-   Explizite Speicherplazierung von Objekten mittels des Operators
    new,

-   Explizites Löschen von Klassenobjekten durch direkten Aufruf des
    Klassen-Destruktors.

A.8   Unterschiede der Version 3.0 zur Version 2.0

Die Version 3.0 bietet zusätzlich die Möglichkeit der Definition von
Funktions- und Klassenschablonen an. Ferner können jetzt die Inkrement- und
Dekrementoperatoren als Postfix- und Präfix-Operatoren im Kontext von
Klassen definiert werden.

Die wichtigsten weiteren Unterschiede sind:

-   Ab Version 3.0 ist es zusätzlich möglich, Basisklassen als *protected*
    Basisklassen zu verwenden. In Version 2.0 ist nur die private oder
    öffentliche Ableitung erlaubt:

```
class landfahrzeug : protected fahrzeug
        /*
          Alle public-Member der Klasse fahrzeug
          werden protected-Member der Klasse
          landfahrzeug
        */
{
  ...
};
```

- Vererbung purer virtueller Funktionen:
  In Version 2.0 muß eine abgeleitete Klasse, deren Basisklasse eine pure virtuelle Funktion definiert, eine Funktionsdefinition angeben. Version 3.0 hebt diese Einschränkung auf. Falls keine Funktionsdefinition angegeben wird, erbt die abgeleitete Klasse die pure virtuelle Funktion. In diesem Fall dürfen keine Objekte der abgeleiteten Klasse definiert werden (abstrakte Klasse).

- Typen können jetzt innerhalb einer Klasse definiert werden und besitzen auch nur innerhalb dieser Klasse Gültigkeit. In Version 2.0 ist eine Typdefinition innerhalb einer Klasse in dem gleichen Gültigkeitsbereich gültig wie die Klasse selbst.

Beispiele:

```
class fahrzeug
{
    public:   enum Art  {Land, Wasser, Luft, Raum};
              ...
};

class landfahrzeug : public fahrzeug
{
    public:   enum Art  {PKW, LKW, Bus, Bahn};
              /*Fehler in Version 2.0, da Redefinition
                des Typs Art.
                OK in Version 3.0. Für abgeleitete
                Klassen ist jetzt diese Defintion des
                Typs Art gültig. */
              ...
};

Art mein_typ;
              /*OK in Version 2.0, da Typ Art global
                definiert ist.
                Fehler in Version 3.0, da der Typ nur
                in der Klasse fahrzeug bzw.
                landfahrzeug Gueltigkeit hat. */
fahrzeug :: Art  dein_typ;
              /*Fehler in Version 2.0; fehlerhafte
                Syntax.
                OK in Version 3.0, da Scope-Operator
                angewendet wird. */
```

- Die Aufrufsyntax für den Destruktor wurde geändert:

```
Zeiger -> X :: ~X();
         /*  Sowohl in Version 2.0 als auch Version 3.0
             erlaubt. */

Zeiger -> ~X();          // Nur in Version 3.0 erlaubt
```

- Beim Löschen von Vektoren von Klassen mittels des Operators *delete* muß nicht mehr die Dimension des Vektors angegeben werden; es genügt die Angabe von leeren eckigen Klammern:

```
X  *Zeiger  = new X[5];
delete [5] Zeiger;
         /*  Sowohl in Version 2.0 als auch in Version
             3.0 erlaubt. */

X  *Zeiger  = new X[5];
delete [ ] Zeiger;      // Nur in Version 3.0 erlaubt
```

- Existieren überladene Funktionen mit mehreren Parametern, so wird bei Aufruf die Funktion gewählt, die eindeutig besser bzgl. mindestens eines Arguments im Vergleich zu den anderen Funktionen zugeordnet werden kann. In Version 2.0 wird dagegen nur gefordert, daß die Zuordnung genauso gut <u>oder</u> besser sein muß.

- Um Klassenschablonen zu unterstützen, ist der Aufruf von Konstruktoren und Destruktoren jetzt auch für elementare Typen erlaubt:

```
double d(29.1);        // Entspricht: double d = 29.1;
double *zd  = new double();
         /*      zd zeigt auf einen nicht
                 definierten double-Wert  */
zd -> ~double();
```

- Der Name eines formalen Parameters einer Funktion ist sofort nach seiner Deklaration gültig:

```
double d = 4.1;
f( int d, int e = d) { ... }
         /*  In Version 2.0 entspricht dies
             f(int d, int e = ::d) { ... }
             In Version 3.0 bezieht sich der Name d auf
             den ersten formalen Parameter */
```

Obige Funktionsdefinition ist daher in Version 3.0 nicht erlaubt, da es nicht zulässig ist, lokale Variablen als voreingestellte Werte (Defaultwerte) zu verwenden.

A.9 Ausnahmen

Ausnahmen (Exceptions) werden durch die derzeitige AT&T C++ Version 3.0 noch <u>nicht</u> unterstützt. Sie sind dagegen als sprachliche Erweiterung von C++ in die ANSI C++ Spezifikation aufgenommen worden und es existieren bereits Compiler, die diese Form der Erweiterung unterstützen. Da sich die folgende Beschreibung nach der ANSI C++ Spezifikation richtet, ist es möglich, daß spätere Implementierungen im Detail leicht von der hier vorgestellten Form der Ausnahmebehandlung abweichen. Dem Leser soll hier vielmehr die Grundidee vermittelt werden.

Unter Ausnahmen werden Programmsituationen verstanden, die erst zur Laufzeit des Programmes auftreten und nicht dem gewünschten Normalfall entsprechen. Typische Beispiele sind die Division durch Null oder die Überschreitung von Vektorgrenzen. Wird eine Ausnahmesituation erkannt, so läßt sich mittels eines sog. **throw**-Ausdrucks ein entsprechender Handler (**catch**-Funktion) zur Ausnahmebehandlung aufrufen. Man sagt auch, daß die *catch*-Funktion die Ausnahme abfängt. Handler sind mit einem *try*-Block verbunden, um so zu kennzeichnen, welche *throw*-Ausdrücke mit welchen Handlern (*catch*-Funktionen) korrespondieren. Am Beispiel der *pop*-Funktion des Zeichen-Stapels *c_stack* (vgl. Kapitel 8 und 11) wollen wir dies verdeutlichen.

```
char c_stack :: pop()
{
    try
    {
        if (top == stack)
            throw "Fehler: pop-Aufruf fuer leeren Stack";
        return  *--top;
    }

    catch (char* str)
    {
        cerr << str;
        exit(1);
    }
}
```

Der *throw*-Ausdruck ähnelt einem *return*-Ausdruck in einer Funktion. Nach dem Schlüsselwort *throw* wird ein Ausdruck angegeben, der durch seinen Typ festlegt, welche *catch*-Funktion aufgerufen wird. Die Angabe der *catch*-Funktion erfolgt direkt im Anschluß an den *try*-Block. Es können auch mehrere *catch*-Funktionen angegeben werden. Sollen z.B. im Stack nur bestimmte Zeichen - beispielsweise Großbuchstaben - aufgenommen werden, so läßt sich dies durch Modifikation der *push*-Funktion realisieren:

```
void bereichspruefung(char c)
{ if ( (c < 'A') || (c > 'Z') ) throw c; }

void c_stack :: push(char c)
{
    try
    {
        bereichspruefung(c);
        if ( (top - stack) >= groesse)
            throw "Fehler: push-Aufruf fuer vollen Stack";
        *top++ = c;
    }

    catch (char c)
    {
        cerr << c << " kein Großbuchstabe";
        exit(1);
    }

    catch (char* str)
    {
        cerr << str;
        exit(1);
    }
}
```

Wird die *throw*-Anweisung innerhalb der Funktion *bereichspruefung* ausgeführt, so wird die erste *catch*-Funktion aufgerufen, da nach dem Schlüsselwort
throw ein Ausdruck vom Typ *char* folgt. Wie das obige Beispiel deutlich
macht, erfolgt die Zuordnung des *throw*-Ausdrucks zur *catch*-Funktion
dynamisch, d.h. wird während des Programmablaufs ein *throw*-Ausdruck
ausgewertet, so wird nach der zugehörigen *catch*-Funktion gesucht, die dem
try-Block folgt, in dem diese Auswertung vorgenommen wurde.

Innerhalb eines *try*-Blockes können auch weitere *try*-Blöcke auftreten bzw.
Funktionen aufgerufen werden, die *try*-Blöcke enthalten. Kann der *throw*-
Ausdruck nicht einer *catch*-Funktion zugeordnet werden, so wird die Suche
nach einer passenden *catch*-Funktion im nächsten umfassenden *try*-Block
fortgesetzt, u.s.w. Existiert keine zugehörige *catch*-Funktion, so wird die
vordefinierte Funktion *terminate* aufgerufen.

Hinweis:
Gemäß der Voreinstellung ruft die Funktion *terminate* die Funktion *abort* auf. Mittels der
Funktion *set_terminate* kann eine andere Funktion angegeben werden, die durch *terminate*
aufgerufen werden soll. Hierzu muß ein Zeiger auf diese Funktion übergeben werden. Als
Ergebnis liefert *set_terminate* einen Zeiger auf die zuvor mittels *set_terminate* gesetzte Funktion:

```
typedef void (*Zf) ();
Zf set_terminate(Zf);
```

Bei der Zuordnung eines *throw*-Ausdrucks zu einer *catch*-Funktion muß keine exakte Typübereinstimmung zwischen dem Ausdruck, der dem Schlüsselwort *throw* folgt, und dem formalen Parameter der *catch*-Funktion vorliegen. Sofern möglich, wird eine implizite Typkonvertierung vorgenommen. Ferner kann ein *throw*-Ausdruck mit einem Objekt einer abgeleiteten Klasse durch eine *catch*-Funktion "abgefangen werden", deren formaler Parameter vom Typ einer Basisklasse ist. Die Suche nach der zugehörigen *catch*-Funktion erfolgt in der Reihenfolge der Definitionen der *catch*-Funktionen:

```
try              { ... }
catch (void* s)  { ... }
catch (char* s)  { ... }
```

In diesem Fall wird die zweite *catch*-Funktion nie aufgerufen, da alle Zeiger vom Typ *char** implizit in den Typ *void** konvertiert werden. Somit fängt die erste *catch*-Funktion alle Ausnahmen ab, die durch Zeiger aufgerufen werden:

```
try              { ... }
catch ( ... )    { ... } // Faengt alle Ausnahmen ab
catch (int i)    { ... } // Wird nie aufgerufen
```

Um einen Überblick über mögliche Ausnahme-Situationen zu erhalten, die bei Abarbeitung einer Funktion aufgeworfen werden können, kann eine Liste der Ausnahmefälle angegeben werden.

```
void c_stack :: push( char c )  throw(char, char*);
/*   Es ist gesichert, daß bei Abarbeitung der Funktion push
     nur Ausnahmen vom Typ char und char* mittels eines
     throw-Ausdruckes aufgeworfen werden koennen; waere die
     throw-Liste leer, so waere gesichert, daß keine
     Ausnahme aufgeworfen wird.  */
```

Diese Liste der Ausnahmen ist allerdings nicht Bestandteil des Funktionsprototyps:

```
void f()  throw(char*);
void f();                // Zweite Deklaration der Funktion f
```

Wird bei Abarbeitung der Funktion eine Ausnahme aufgeworfen, die nicht in der *throw*-Liste der Funktion eingetragen ist, wird die spezielle Funktion *unexpected* aufgerufen.

Hinweis:
Gemäß der Voreinstellung ruft *unexpected* die Funktion *terminate* auf. Um den Aufruf einer anderen Funktion zu erreichen, kann diese mittels *set_unexpected* gesetzt werden. Als Ergebnis liefert *set_unexpected* einen Zeiger auf die zuvor mittels *set_unexpected* gesetzte Funktion:

```
typedef void (*Zf) ();
Zf set_unexpected(Zf);
```

REGISTER

Strukturiertes Programmieren in C

Ein einführendes Lehrbuch

von Harry Feldmann

1992. XIII, 175 Seiten mit Diskette. Gebunden.
ISBN 3-528-05204-X

Strukturiertes Programmieren und C – ein Widerspruch in sich? Buch und Diskette von Professor Feldmann zeigen, wie beides zusammengeht und sinnvoll das Lernen der Programmiersprache C erleichtern.

C ist eine höhere, universelle Programmiersprache mit Blockstruktur, ist include-file-orientiert und zur Zeichenverarbeitung besonders gut geeignet. Didaktisch gut strukturiert, gibt der Autor einen Überblick über die historische Entwicklung, einfache Datentypen und den Programmaufbau, stellt Unterprogramme, maschinennahe Sprachelemente und Präprozessordirektiven dar. Syntaxdiagramme, Standard- und Nonstandardbibliothek ergänzen das für Anfänger und fortgeschrittene Studenten gleichermaßen geeignete Lehrbuch. Es werden die CtoAda-modifizierten Originalregeln von in Form von leicht lesbaren Syntaxdiagrammen verwandt und alle grammatischen Formulierungen ins Deutsche übersetzt.

Verlag Vieweg · Postfach 58 29 · D-6200 Wiesbaden 1

vieweg

Programmieren in C

Eine elementare Einführung.

von Günther Lamprecht

2., verbesserte Auflage 1991. VI, 161 Seiten. Kartoniert.
ISBN 3-528-13362-7

Bei diesem Buch handelt es sich um eine prägnant gehaltene Einführung in die Grundlagen der C-Programmierung. Das Werk eignet sich sowohl für den Einsatz in Lehrveranstaltungen wie auch als Orientierungswerkzeug für das „Learning by programming".

Der Aufbau des Buches spiegelt die klassische Form der Vermittlung strukturierter Programmierung wider. nach einem Überblick über die Sprache wird der Leser Schritt für Schritt an die entsprechenden Sprachmittel von C herangeführt, wobei Beispiele insbesondere aus dem mathematischen Bereich die Darstellung unterstützen. Es geht um Boole'sche Ausdrücke; Programmverzweigungen und Schleifen / Formatierung der Ausgabe; Standard-Eingabe; Zugriff auf Dateien / Strukturierte Datentypen / Vorgegebene Unterprogramme.

Ein Kapitel mit Lösungen zu den gestellten Aufgaben runden neben einem Anhang zum Nachschlagen das Buch ab.

Verlag Vieweg · Postfach 58 29 · D-6200 Wiesbaden 1

vieweg